KB175061

한·중·일 미디어 보도는
동북아 지역 안보에 긍정적 역할을 하고 있는가?

미디어 보도와 동북아 지역 안보

허재철

景仁文化社

서문

"그거 거짓말 아냐?"

"아니야, 어제 뉴스에서 봤단 말이야!"

"어, 그래?..."

우리의 일상생활에서 어렵지 않게 발견할 수 있는 대화다. 의심이 가는 내용이더라도 방송과 신문 등 뉴스 미디어에서 보도된 것이라고 하면 일단 '진실'일 것이라고 믿는 우리들. 그 만큼 뉴스 미디어는 신뢰, 권위의 상징성을 갖고 있다. 뉴스 미디어가 우리들의 사고에 미치는 영향력이 그 만큼 크다고도 말할 수 있을 것이다.

그런데 몇 가지 조건이 충족될 경우 이러한 뉴스 미디어의 영향력은 더욱 증대된다. 그 중 몇 가지를 소개하면, 1) 수용자가 뉴스 미디어에 습관적으로 노출될 때, 2) 여러 뉴스 미디어의 보도 내용이 유사할 때, 3) 뉴스 미디어의 보도 내용이 수용자의 직접 경험과 거리가 먼 것 일 때, 4) 장기간 같은 내용의 보도가 일정한 방향으로 반복 될 때이다. 생각해 보면, 이러한 조건을 충족하는 소재중의 하나가 대외정책, 즉 외교와 관련된 내용이 아닐까 싶다. 가까운 예로, 일본과 관련된 독도문제는 우리 뉴스 미디어에서 끊임없이 보도되는 내용의 하나이고, 적어도 3·1절, 8·15 광복절 즈음에서는 독도에 관한 뉴스가 꼭 등장한다. 게다가 독도는 우리 일반 서민들에게 있어 어떤 상징성을 갖고 있을지는 모르지만, 우리의 일상생활과 밀접한 관련이 있는 문제는 아니다. 또, 국내 정치 이슈에 있어 서로 의견이 충돌하는 진보, 보수 미디어들도 독도 문제에 있어서는 의견의 차이가 거의 없다. 그야 말로 독도 문제와 같은 이슈에 있어, 우리들은 뉴스 미디어로부터 더욱 강력한 영향을 받을 수 있는 것이다.

실제로, 2012년 9월 중국 시안(西安)시에서는 이런 일이 있었다. 조어도를 둘러싼 중·일 간의 대립이 고조되고 있던 가운데, 시안시에서는 대규모 반일데모가 발생했다. 그런데, 데모 행렬에 참가하고 있던 한 시위자가 흥분하여 근처를 지나가고 있던 도요타 승용차에 발길질을 하는 등 물질적 피해를 주었다. 이에 운전자(중국인)가 운전석에서 나와 습격하지 말라고 설득하려 했지만, 그 시위자는 한술 더 떠 갖고 있던 둔기로 운전자의 머리를 내리쳤고, 운전자는 머리가 함몰되는 중상을 입은 사건이 발생했다. 더욱 이해할 수 없었던 것은 주변에 있던 사람들이 이 장면을 보고만 있었다는 것이다. 나중에 알려진 사실인데, 그 시위자는 농촌에서 자라난 청년으로, 어렸을 적부터 텔레비전의 항일 드라마와 학교 수업, 뉴스 등을 통해 반일감정을 키워왔다고 고백했다고 한다.

좀 극단적인 사례이긴 하지만, 대외관계, 외교와 관련된 사안에 있어 미디어의 영향력이 얼마나 큰지를 실감할 수 있는 사례가 아닐까 생각한다.

필자는 감사하게도 일본과 중국에서 각각 석사과정과 박사과정을 진행할 수 있었는데, 유학을 하면서 얻은 가장 큰 수확은 '동질감' 이었다. 유학 전에 필자가 속한 한국인은 '우리'였고, 일본인과 중국인은 '남'이었다. 그래서 이들 나라와 관련된 어떤 문제를 생각할 때는 항상 '우리'를 중심으로 판단하게 됐고, 이들 '남'은 고려의 대상에서 뒷전이었다. 그러다 보니 문제에 대한 대답은 생각보다 간단하고, 명료하게 나왔다.

사실 중국인과 일본인은 가까운 이웃나라 사람들이고, 같은 동양 문화권의 사람들이면서도 한국인들과 사고방식이나 생활방식 등에 있어 적지 않은 차이점을 갖고 있다. 융통성 없는 일본인들과 생활하다보면, “우리 사이에 이 정도는 그냥 넘어가면 안 되나? 진짜 정나미 떨어지네!”라고 느낄 때가 많았고, 반대로 인정이 너무 많은 건지 일을 대충하는 건지 모를 중국인들과 생활하다보면, “이렇게 넘어가 주니 고맙긴 하지만, 이러다 나중에 뒤통수 맞는 거 아냐?”라고 불안할 때도 있었다. 유학 생활 자체가 이들에게 적응하기 위한 좌충우돌의 시간이었을지도 모른다. 그럼에도 불구하고 시간이 흐르면서 점점 적응이 되고, 이들을 이해하다 보니 어느 새 일본인과 중국인은 ‘남’이 아닌, 한국인과 같은 ‘우리’가 되어 있었다. 그러다 보니, 이들 나라와 관련된 문제를 생각할 때면 오히려 과거 보다 더 복잡해지고 답이 잘 나오지 않게 됐다. 왜냐하면, 고려해야 할 대상이 더 많아졌기 때문이다. 또 다른 ‘우리’인 중국과 일본도 생각해야 하기 때문이다. 일상생활에서는 둘도 없는 친구이고, 존경스런 스승이며, 사랑스런 동생인데, 왜 ‘한국인’, ‘중국인’, ‘일본인’이 되었을 때는 관계가 불편해져야 하는지 답답할 때도 많았다. 그러면서 필자에게는 자연스럽게 “어떻게 하면 우리들이 좀 더 평화롭고, 서로 이해해 주며 행복하게 살아갈 수 있을까?”하는 물음이 따라 다니게 됐다. 그리고 이런 물음이 필자로 하여금 미디어 보도, 특히 동북아 지역 문제에 대한 미디어의 보도태도에 관심을 갖게 했다. 물론 여기에는 과거 기자로 일했던 경험도 한 몫 했지만 말이다. 필자의 의문은 간단했다. “미디어 보도가 우리 동북아 사람들이 화목하게 사는데 도움을 주고 있을까?”였고, 이것을 좀 더 학문적으로 발전시킨 것이 “동북아 각국 미디어의 보도가 이 지역 안보에 긍정적인 역할을 하고 있을까?”

였다. 이 질문에 대한 답을 찾는 것은 결코 쉬운 일은 아니었다. 어쩌면 필자가 평생 연구해야 할 과제일지도 모른다. 그렇기에 그 첫 걸음으로써 "한·중·일 미디어의 보도가 동북아 지역 안보에 미치는 영향"을 주제로 박사 논문을 쓰게 됐고, 이를 우리 말로 수정 보완하여 쓴 것이 본 책이다. 많이 부족한 연구이지만, 동북아 평화를 만들어 가는데 있어 미디어의 역할을 생각해 볼 수 있는 기회가 될 수 있길 간절히 기원한다.

본 연구를 진행하는데 있어 개인적인 능력에서부터 객관적인 상황까지 많은 어려움이 있었다. 그 중에서 가장 곤혹스러웠던 점 중의 하나가 일본 텔레비전 뉴스의 영상을 확보하는 것이었다. 기존의 적지 않은 논문들이 뉴스 미디어의 보도를 분석했지만, 대부분 분석이 용이한 신문을 그 대상으로 했었다. 하지만, 필자는 어떻게 해서든 텔레비전 뉴스를 꼭 분석해야 한다고 생각했다. 왜냐하면 텔레비전 뉴스는 그 영향력이 매우 큼에도 불구하고 분석의 어려움과 자료 확보의 어려움 때문에 분석의 대상에서 벗어난 경우가 많았기 때문이다. 그런데 한국과 중국의 텔레비전 뉴스 영상은 인터넷이 발전하면서 방송국 홈페이지에 무료로 게재되어 있어, 적어도 자료를 확보하는데 드는 수고는 덜 수 있었다. 하지만, 일본의 경우 저작권에 대한 철두철미한 원칙과 최근 모든 방송이 디지털화 되면서 인터넷을 통해서도, 오프라인에서 유료로 관련 영상을 구매하는 것도 허용되지 않았다. 결국, 일본인 지인들의 도움을 받아 현지에서 일일이 녹화한 영상을 우편으로 받아서 겨우 분석 작업을 진행할 수 있었다. 이 자리를 빌려 다시 한 번 감사의 말을 전하고 싶다.

한편, 한국이나 일본과 정치 이념이 다른 중국이기에 그들의 뉴스 미디어 환경을 이해하는 것도 본 연구를 진행하는데 있어 어려운 부분의 하나였다. 다행히, 중국의 주요 언론사에서 기자로 일한 경험이 있는 두 명의 중국인 친구가 필자의 연구를 마치 자기 일처럼 생각하며 적극적으로 도와줘 많은 고민을 해결할 수 있었다. 책에서는 얻을 수 없는 생생한 이야기들을 이 친구들을 통해 들을 수 있었고, 이것이 중국의 미디어 환경을 이해하는 데 큰 도움이 됐다. 한 번 친해지면 간도 쓸개도 다 내어 준다는 중국에서의 '친구' 개념을 새삼 느끼게 해준 두 친구에게 감사의 말을 전한다.

마지막으로, 본 연구를 진행하는 과정에서 물심양면으로 적극 지원해 주시고, 지도해 주신 황따후이(黃大慧), 아사노켄이치(淺野健一) 교수님과 학문적 고민을 함께 나눴던 대학원 동료들, 흔쾌히 출판을 허락해 주신 경인문화사 한정희 대표님에게도 감사의 마음을 전한다. 그리고 무엇보다 나의 가장 든든한 후원자인 부모님과 가족들에게 정말 감사드린다.

2013년 9월

허재철

목 차

5장 ‘광명성 3호’ 발사와 미디어 보도 = 219

1장 서론

1절 연구 배경 및 문제 제기

20세기 말 소련 해체 이후 세계 역학구도는 미국과 소련을 중심으로 한 양극체제에서 미국을 중심으로 한 1극체제로 전환됐다.[1] 그리고 21세기에 들어 중국이 급속히 부상하면서 미국과 중국을 중심으로 하는 G2시대가 도래했다는 분석도 있다. 이러한 세계적 역학구도의 변화와 함께 지역의 이익을 도모하기 위한 지역협력체제의 대두도 동시에 진행되고 있다. '팍스 아메리카(Pax America)', 또는 '중국의 굴기(屈起)'와 함께 EU, ASEAN, NAFTA, APEC, AU, AL[2] 등이 공존하고 있는 현재의 모습이 이를 대변해 주고 있다. 최근 우리가 살고 있는 환태평양 지역에는 관세와 비관세 장벽 철폐를 목표로 더 높은 수준의 경제협력체제, '환태평양경제동반자협정(TPP: Trans-Pacific Partnership or Trans-Pacific Strategic Economic Partnership)'에 대한 논의가 진행되고 있기도 하다.

지역 내의 협력뿐만 아니라, 지역 간의 협력도 활발하다. 아시

---

1) 냉전 이후 미국의 패권에 의한 단극 체제 또는 미국 패권 하에 지역 강대국의 역할이 강화된 단일-다극체제로 전환되었다는 분석도 있다. (하영선·남궁곤 편저. 2007. 『변환의 세계정치』. 서울: 을유문화사, pp. 100-102, 106-107.)

2) AU(Africa Union): 아프리카연합; AL(Arab League): 아랍연맹.

아와 미주를 중심으로 한 경제협력체제 '아시아태평양경제협력체(APEC)'가 1993년 발족됐고, 이에 자극을 받은 유럽도 아시아와의 협력체제를 강화하기 위해 1996년 '아시아유럽정상회의(ASEM)'를 출범시켰다.

이와 같이 지역 내, 또는 지역 간의 협력체제가 활발히 형성되고 있는 가운데 세계적으로 정치, 경제, 문화 등 여러 방면에서 날로 그 중요성이 부각되고 있는 동북아시아(이하 동북아) 역내에서도 각종 협력의 움직임이 관찰되고 있다. 그 중에서도 경제 분야에서의 협력 움직임이 가장 활발하게 이뤄지고 있다. 이 지역은 경제규모가 세계 2위인 중국과 3위인 일본, 13위인 한국이 위치해 있는 만큼, 경제협력을 통한 지역협력의 움직임이 가장 두드러진다. 경제협력체제 구축의 전제조건이라 할 수 있는 FTA 체결과 관련해, 한국과 중국, 일본은 1999년부터 2009년까지 민간 공동연구를 추진해 왔으며, 2010년 5월 처음으로 산관학 공동연구를 시작했다.[3] 2013년 6월 박근혜 대통령이 중국을 국빈 방문했을 때, 한중간 FTA 체결 가속화는 중요한 의제의 하나이기도 했다. 또한 1997년 아시아 금융위기를 계기로 탄생한 한·중·일 통화스왑 제도도 2008년 서브프라임 모기지 사태를 거치며 한층 확대되어, 역내 금융위기에 공동 대응해 왔다.

한편, 정치 분야에서는 2008년부터 매년 한·중·일 정상회의가 개최되고 있는데, 아직 체계적인 협력체제라고 부르기에는 부족함이 있으나,[4] 정치적 차원에서의 협력강화를 위해 노력하고 있다.

---

3) 2012년 11월 20일, 한·중·일 3국 통상장관들은 캄보디아 프놈펜에서 열린 ASEAN+3 회의에서 한·중·일 FTA 체결을 위한 협상을 2013년 초에 시작한다는 협상개시를 선언하기도 했다.

4) 2008년부터 개최되기 시작한 한·중·일 정상회의는, 2011년에서야 상설 사무국이 설치됐고, 구체적이고 강제적인 합의사항 없이 협력의 방향성만 논의되고 있는 실정이다. 또한, 최근에는 해양 영토분쟁 및 역사

또, 한류와 일본 애니메이션 붐 등으로 대변되듯, 상호간의 문화교류도 과거에 비해 눈부시게 증가했으며 관광과 유학 등 인적교류 또한 급격히 증가하고 있다.

이와 같이, 지역협력 강화라는 세계적인 추세에 맞춰 동북아에서도 정치, 경제, 문화, 교육, 과학기술 등 다방면에서 정도의 차이는 있을지언정, 상호 교류 및 협력이 이뤄지고 있다.

하지만 안타깝게도 동북아에서는 EU, NAFTA, ASEAN 등과 같이 체계적이고 강제력이 있는 지역협력체제를 아직 구축하지 못하고 있다. 이에 대해 와다하루키(和田春樹)와 강상중(姜尙中)은 동북아 지역협력을 방해하는 두 가지 주요 원인으로 한반도의 분단으로 인한 냉전체제 존속과 식민지배, 전쟁 등에 대한 지역 차원의 역사 청산이 이뤄지지 않고 있다는 점을 지적한다.[5] 또, 박명림은 동북아와 유럽의 상황을 비교하며, 동북아와 유럽의 경제상황이 유사함에도 불구하고, 유럽은 지역평화체제를 정착시켰으나 동북아는 그렇지 못한 이유로서 급속한 경제성장이 평화강화가 아니라 군비강화로 연결되고 있는 점을 든다.[6] 한편, 한차이쩐(韓彩珍)은 동북아의 협력제도를 추진하기 위해서는 지역의식을 강화해야 하고, 이를 위해서는 무엇보다 한반도의 대립을 해소하고, 중·일 사이의 인식차를 해소하는 일이 필요하다고 지적한다.[7] 이 밖에

인식의 차이로 정상회담이 연기되기도 했고, 특히 이 지역의 주요 당사국인 조선민주주의인민공화국(북한)이 배제되어 있는 것도 지역협력체제로 부르기에는 한계가 있다.

5) 和田春樹. 2003.『東北アジア共同の家－新地域主義宣言』. 東京: 平凡社.; 姜尙中. 2001.『東北アジア 共同の家を目指して』. 東京: 平凡社.

6) 박명림. 2006. "동북아 시대, 동북아 구상, 그리고 남북관계."『동북아구상과 남북관계 발전전략』(통일연구원 학술회의 총서 06-03).

7) 韓彩珍. 2010. "東北亞合作制度化的起点." 黃大慧 主編.『构建和諧東亞』, 北京: 社會科學文獻出版社.

도 김기수[8], 주펑(朱鋒)[9], 찐찬롱(金燦榮)[10], 황따후이(黃大慧) 등 많은 전문가들이 동북아 지역에서의 지역협력을 위해서는 정치, 군사 분야에서의 상호신뢰 및 협력이 필요함을 강조하고 있다.

이와 같이, 많은 동북아 지역 연구자들이 이 지역에서 보다 체계적이고 안정적이며, 광범위한 지역협력체제를 구축하기 위해서 강조하고 있는 것이 바로 안보협력이다. 동북아 지역 협력체제를 추진하기 위해서는 경제, 문화, 교육 등 다양한 부문의 노력이 필요하지만, 무엇보다 안보분야에서의 상호신뢰 및 협력이 기본적으로 뒷받침 되어야 한다는 것이다. 실제로, 2008년 이명박 정부 출범 이후 남북의 정치, 군사적 대립이 심화되면서, 꾸준히 증가 추세를 보여 오던 남북간 경제교류가 주춤했으며, 2010년과 2012년 중·일 사이에 조어도(중국명 釣魚島, 일본명 尖閣諸島) 영토분쟁이 발생했을 때도, 중·일간의 경제교역과 관광객 수가 크게 감소한 사실이 있다.[11] 안보문제가 다른 분야의 협력에 영향을 끼치고 있음을 보여준 사례라고 할 수 있다.

한편, 지역 안보에 영향을 끼치는 중요 사건이 발생하면, 각국

---

8) 김기수. 2005. 『동아시아 역학구도』. 서울: 한울아카데미.

9) 朱鋒. 2007. 『國際關系理論与東亞安全』. 北京: 中國人民大學出版社.

10) 金燦榮. 2009. "東北亞安全合作的背景變化." 黃大慧 主編. 『變化中的東亞与美國』. 北京: 社會科學文獻出版社.

11) 12월 10일 발표된 중국의 11월 무역통계에 따르면, 조어도를 둘러싼 중·일간의 마찰로 인해 일본으로부터의 수입이 15.1% 감소하고, 일본으로의 수출도 3.8% 감소하는 등 일본과의 무역이 축소되는 경향을 보였다. (요미우리신문, "中國経済、回復基調續く…11月統計", 2012년 12월 11일, http://www.yomiuri.co.jp/atmoney/mnews/20121211-OYT8T00330.htm) 또한, 일본 정부관광국(JNTO)이 21일 발표한 통계데이터에 의하면, 일본정부가 9월에 조어도 국유화를 선언한 이후 중·일간 조어도 분쟁이 격화되자, 10월 일본을 방문한 중국인 관광객이 전년 같은 시기 대비 33% 급감한 것으로 나타났다. (아사히신문, "訪日中國人觀光客數, 大幅に減少", 2012년 12월 25일, http://www.asahi.com/international/jinmin/TKY 201212250550.html)

뉴스 미디어[12)]들은 관련 내용을 적극적으로 보도한다. 특히, 동북아 지역 안보에 직결되는 사안에 대해서, 동북아의 주요 구성국인 한국과 중국, 일본의 미디어들은 많은 보도를 생산해 낸다. 이는 뉴스 미디어로서 당연한 활동이며, 국민의 알권리를 충족시키기 위한 뉴스 미디어의 의무이기도 하다. 그런데, 많은 경우 이들 보도를 보고 있으면 과연 문제 해결에 도움을 주는 방향으로 보도를 하고 있는지 의문이 들기도 한다. 오히려 문제 해결은커녕, 자국 국민들의 정서를 자극하거나, 잘못된 정보를 제공함으로써 문제 해결을 더욱 어렵게 하지는 않는지 의문을 갖게 하기도 한다. 그럼에도 불구하고, 많은 이들이 안보 문제에 있어 미디어 보도를 중요한 요소로 생각하지 않고, 큰 관심을 기울이지 않는다. 동시에 미디어 관계자들 또한 미디어 보도가 지역 안보에 어떤 영향을

12) 신문(News Paper)이나 방송뉴스(TV News Program)와 같이 뉴스(News)를 전달하는 대중매체(Mass Media)를 '뉴스 미디어(News Media)'라고 부른다. 본 연구에서는 '뉴스 미디어'와 '미디어'를 특별히 구분하여 부를 필요성이 없는 한, 연구의 범위를 고려하여 '뉴스 미디어'를 '미디어'로 간략하게 부른다. 또한 영어논문에서의 '(The) Media'와 'The Press'는 모두 '뉴스 미디어', 즉 '미디어'로 해석했다. 본 논문에서 사용되어지는 주요 개념을 정리하면 다음과 같다.

용어	예
Communication	혼잣말, 대화, 회의, 강연, 방송 등
Mass Communication	방송, 라디오, 강연 등
Media	언어, 기호, TV, 라디오, 인터넷 등
Mass Media	TV, 신문, 라디오, 인터넷 등
News	사건, 사고 등의 내용
press	뉴스를 매스 미디어를 통하여 전하는 행위
News Media = The press = (The) Media	TV 뉴스 프로그램, 신문 등
Journalism	저널리즘

주는지 깊은 고민을 하지 않은 채 보도활동을 하고 있는 것이 현실이다.

2절 선행 연구 고찰

서방학계에서는 오래전부터 미디어 보도와 정부의 관계에 대해서 큰 관심을 기울이며 많은 연구를 진행해 왔다. 그 중에서 리버스(W.Rivers)는 이전의 주요 선행연구들을 종합하여, 정부와 미디어의 관계에 영향을 미치는 요소를 미디어에 대한 정부의 영향력, 정부의 정보체제, 정부에 대한 미디어의 영향력, 미디어의 성격 등 4가지로 정리했다.[13)] 또, 갠스(H.Gans)는 정보원과 대중, 미디어 사이의 경쟁, 언론인의 이데올로기 등을 뉴스 선택과 그 처리과정에 영향을 미치는 요소로 규정했으며[14)], 린스키(Linsky)는 6가지의 사례를 통해서 현대사회의 미디어는 단순한 정보전달자나 분석가, 비평가가 아닌 공공정책 결정과정에 영향을 미치는 중요 참여자라고 지적했다.[15)] 또 버네트(Bennett)는 《뉴욕타임즈》의 기사와 사설을 분석한 뒤, 미디어는 여론을 반영하여 정부를 견제하는 역할(adversary role)을 하는 것이 아니라, 오히려 정부의 관점과 견해의 범위 내에서 여론을 조정하는 역할을 한다고 주장하기도 했다.[16)] 국내 연구에서는 유재천과 이민웅이 정부와 미디어의 관계를 아래와 같은 모형으로 나타내기도 했다.[17)]

---

13) W. Rivers, S. Miller & O. Gandy. 1975. "Government and the Media," in S. Chaffee(ed), *political Communication*, pp. 217-236.

14) H. Gans. 1979. *Deciding What's News*, London: Constable, p. 81.

15) M. Linsky. 1986. I*mpact*, New York: W. W. Norton & Company.

16) L. Bennett. 1990. "Toward a Theory of Press-state Relations in the United States of America," Journal Of Communication, 40(2), pp. 103-125.

〈그림 1〉 정부-언론 관계의 구성모형

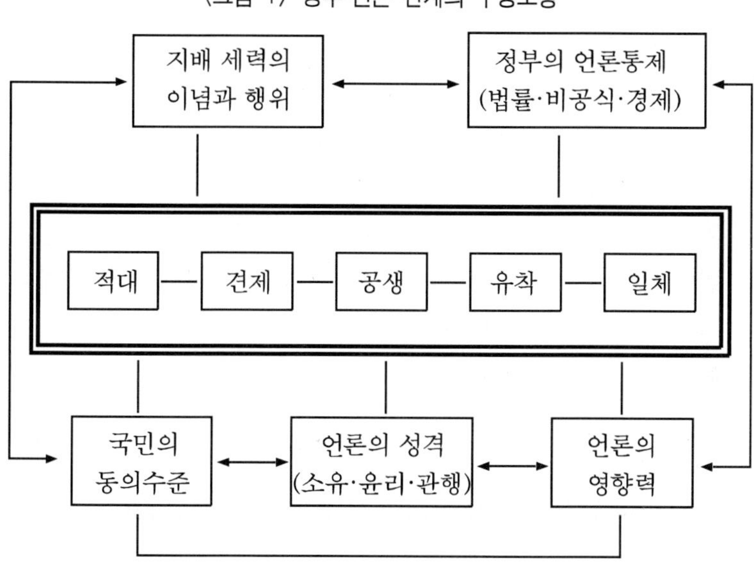

〈출처: 유재천·이민웅. 1994. 『정부와 여론』. 서울: 나남출판, p. 34.〉

한편, 미디어와 정부정책, 특히 본 논문의 주제와 직접적인 관계를 갖고 있는 '미디어와 외교정책'에 관한 연구는 앞에서 언급한 '미디어와 정부'에 관한 연구의 중요한 부분을 차지하고 있다. 코헨(Bernard Cohen)이 1963년 『미디어와 외교정책(The Press and Foreign Policy)』을 출판한 이후, 미디어와 외교정책에 대한 연구는 새로운 전기를 맞이하게 됐다.[18] 20세기 90년대 초기, 냉전구조가 해체되고 미디어 기술이 급속하게 발전하면서 국제무대에서 미디어의 역할이 점차 주목을 받기 시작했고,[19] 최근에는 정치학, 국제관계

---

17) 유재천·이민웅. 1994. 『정부와 여론』. 서울: 나남출판, p. 34.

18) Abbas Malek, Krista Wiegand. 1997. "News Media and Foreign Policy : an integrated review," *News Media and Foreign Relations*, Ablex Publishing Corporation..

19) Derek Miller. 2007. *Media Pressure on Foreign Policy: The Evolving Theoretical*

학, 미디어학 등 다양한 영역에서 미디어의 역할에 대한 연구가 활발하게 진행되고 있다.

그 중, 싱거(J. David Singer)나 앨리슨(Graham Allison), 힐스만(Roger Hilsman) 등의 연구에 따르면 외교정책에 대한 미디어의 영향력은 국제관계, 관료정치, 국내정치, 정책결정자의 4가지 분석레벨을 통해서 설명이 가능하다.

먼저 국제관계 분석레벨에서 연구를 진행한 학자들은 미디어의 중요한 역할의 하나가 지도자의 관심을 국내에서 국제적인 문제로 확대시키는 것이라고 주장한다. 이와 같은 역할은 정책결정 과정 중에 국제사회라는 새로운 변수를 증가시킬 뿐만이 아니라, 이러한 과정을 통해 생성된 정책이 국제사회의 변화를 일으키기도 한다고 주장한다. 이러한 레벨에서 미디어의 외교정책에 대한 영향력을 연구한 학자로는 헤퍼난(O'Heffernan)[20], 서퍼티(Simon Serfaty)[21] 등을 대표적으로 꼽을 수 있다.

다음으로, 관료정치 레벨에서의 연구들은 미디어가 단순히 대중과 정부 사이의 매개역할을 할 뿐만이 아니라, 정부 내부의 최고 결책권자와 실무담당자 사이, 또는 실무담당자 사이의 매개역할도 담당한다고 주장한다. 이와 같은 과정 속에서 정책의제의 우위성을 확보하고, 대중의 정책에 대한 지지를 확보하며, 국제사회의 국내정치에 대한 지지를 얻어내기 위해 최고 결책권자가 적극적으로 미디어를 활용한다는 것이다. 실무담당자 또한 업무추진 과정에서 적극적으로 미디어를 활용하게 되는데, 이러한 레벨에

Framework, NewYork: PALGRAVE MACMILLAN, p. 2.

20) Patrick O'Heffernan. 1991. *Mass Media and American Foreign Policy: Insider Perspectives on Global Journalism and the Foreign Policy Process,* Norwood: Ablex Publishing Company.

21) Simon Serfaty. 1990. *The Media and Foreign Policy*, MACMILLAN ACADEMIC AND PROFESSIONAL LTD.

서 진행된 연구로는 Julio Borquez,[22] 코헨(Bernard Cohen)[23] 등의 연구가 있다.

한편, 국내정치 분석레벨에서는 외교정책에 대한 미디어의 영향력을 다음과 같이 설명한다. 일반적으로 다양한 집단들이 정책결정과정에 영향력을 행사하고 싶어 하는데, 압력단체라던가 미디어도 이러한 집단들에 해당하며, 특히 미디어는 이런 단체들이 정책결정 과정에 영향력을 행사하는 과정에서 사용하는 중요한 매개체가 된다. 슈넬·링(Nayda Terkildsen, Frauke I. Schnell, Cristina Ling)[24], 만(Thomas E. Mann)[25], 아이젠하워(David Eisenhower)[26], 로만(Peter W. Rodman)[27], 바세비치(A. J. Bacevich)[28] 등의 연구가 이러한 레벨에서 외교정책에 대한 미디어의 영향력을 분석했다.

마지막으로 정책결정자 분석레벨에서의 연구들은, 비록 정책결정자들이 정책에 대한 결정권을 갖고 있지만 분명 미디어 보도로부터 영향을 받고 있으며, 이는 외교정책 결정과정에서도 그렇다는

---

22) Julio Borquez. 1993. "Newsmaking and Policymaking: Steps toward a dialogue," in Robert J. Spitzer (ed.), *Media and Public Policy*, Westport: Praeger.

23) Bernard Cohen. 1963. *The Press and Foreign Policy, Princeton:* Princeton University Press.

24) NaydaTerkildsen, Frauke I. Schnell, and Cristina Ling. 1998. "Interest Groups, the Media, and Policy Debate Formation: An Analysis of Message Structure, Rhetoric, and Source Cues," *Political Communication*, Vol. 15, No. 1.

25) Thomas E. Mann. 1990. "Making Foreign Policy: President and Congress," in Thomas E. Mann (ed.), *A Question of Balance: The President, the Congress and Foreign Policy*, Washington: Brookings Institution.

26) David Eisenhower. 1996. "The Year of the Weary Electorate: Politics and Foreign Policy in 1996," *Orbis*, Vol. 40, No. 1.

27) Peter W. Rodman. 1996. "The Paradox of Presidential Campaigns: Politics and Foreign Policy in 1996," *Orbis*, Vol. 40, No. 1.

28) A. J. Bacevich. 1996. "The Impact of the New Populism: Politics and Foreign Policy in 1996," *Orbis*, Vol. 40, No. 1.

것이다. 저비스(Robert Jervis)[29], 다우닝(John Downing, Ali Mohammedi and Annabelle Sreberny-Mohammedi)[30], 서퍼티(Serfaty)[31] 등의 연구가 이러한 레벨에서 외교정책에 대한 미디어의 영향력을 설명한다.

이와 같이, 미디어 보도와 외교정책의 관계에 대한 연구는 미국과 유럽 등 서방의 정치학, 국제관계학, 언론학계에서 비교적 활발하게 이뤄져 왔다. 특히, 90년대 탈냉전 이후, 이념적 요소를 넘어 외교정책에 영향을 미치는 새로운 요소를 찾는 노력이 이어지면서 미디어에 대해 주목하기 시작했다.[32] 이런 의미에서 미디어 보도와 외교정책의 관계에 대한 연구는 비교적 최신의 연구 주제라고도 할 수 있다. 특히 이러한 연구는 'CNN Effect'[33] 및 '진실보도와 국익'[34]과 같은 구체적인 논쟁거리를 만들어 내기도 했다.

---

29) Robert Jervis. 1976. *Perception and Misperception in International Politics*, Princeton University Press, pp. 172-187.

30) John Downing, Ali Mohammedi and Annabelle Sreberny-Mohammedi. 1995. *Questioning The Media: A Critical Introduction* (2nd ed.), Thousand Oaks: Sage, pp. 104-111.

31) Serfaty, op. cit.(1990).

32) Derek Miller, op. cit.(2007), p. 2.

33) 1995년 Livingston과 Todd Eachus가 "Humanitarian Crises and U.S. Foreign Policy"라는 논문을 통해 1990년과 1991년 걸프전에서의 'CNN 효과'에 대해 언급한 이후, 'CNN 효과'가 있는지 여부에 대한 논쟁이 활발하게 이뤄져 왔다. 그리고 이러한 논쟁은 미디어 보도와 외교정책의 관계에 있어 중요한 쟁점 사항이 됐다.

34) 서방의 학계와 언론 종사자들 사이에서는 '진실보도와 국익' 중에서 무엇이 우선되어야 하는지에 대한 끊임없는 논쟁이 있어왔다. 특히, 1971년 미국이 베트남 전쟁에 개입하게 된 '통킹만 사건'이 조작됐음을 폭로한《워싱턴포스트》보도나 이라크 전쟁 당시 미국《NBC》TV의 특파원으로 바그다드에서 현장 취재를 하고 있던 피터 아넷(Peter Arnett)이 이라크 국영 텔레비전에 나와 '미국 정부의 초기전략 오판'에 대해 비판한 사건을 둘러싼 논쟁 등이 대표적인 사례라고 할 수 있다. '진실보도와 국익'에 대한 주장은 크게 '국익 우위론'과 '진실보도 우위론', '상

하지만 이러한 연구들은 일개 국가 내에서의 미디어 보도와 외교정책 사이의 관계에만 주로 집중하고 있어, 지역 전체의 안보와 미디어 보도의 관계에 대해서는 상대적으로 관심을 소홀히 하고 있다. 게다가 주요 분석대상이 자유주의 국가에 한정되어 있고, 우리가 살고 있는 동북아 지역에서는 이러한 연구마저 활발하게 이뤄지고 있지 못하다. 물론 서방세계와 비슷한 미디어 정책을 취하고 있는 한국과 일본에서도 미디어와 정부 또는 미디어와 외교정책에 대한 연구가 이뤄져 왔다. 하지만 서방학계에 비하면 연구가 활발하게 이뤄지고 있다고 볼 수 없으며, 특히 미디어와 외교정책에 대한 연구는 더더욱 희소하다. 그 중 한국과 일본을 대상으로 연구한 논문으로는 한성주[35], 임수환[36], 이토우타카시(伊藤高史)[37] 등의 연구가 주목할 만하다. 중국학계에서도 미디어와 정부, 미디어와 외교정책에 대한 연구가 있긴 하지만 서방학계에 비해서 매우 부진하고, 게다가 학술적으로 진행된 연구보다는 미디어 보도와 관련된 실무적 정책 보고가 많은 수를 차지하고 있다.

이상에서 살펴본 미디어 보도와 외교정책의 관계에 대한 선행 연구들, 더 나아가 미디어 보도와 지역 안보의 관계에 대한 논의는 본 논문의 중요한 이론적 근거가 된다. 따라서 본 논문에서는 이와 관련된 내용들을 별도의 장(제1장)을 마련하여 좀 더 자세히

호 조화론'으로 구분할 수 있다.

35) 한승주. 1995. "세계화시대의 한국외교와 언론."『연세커뮤니케이션즈』3 (1995年9月), pp. 88-94.

36) 임수환. 1990. "한국외교정책과 언론의 보도태도 : 한·소 샌프란시스코 회담을 접하고."『저널리즘』19(1990년 봄여름호), pp. 51-60.

37) 伊藤 高史. 2008. "外交政策とメディア, あるいはCNN効果--「政策-メディア相互行爲モデル」の北朝鮮拉致事件におけるメディア--日本政府間關係への応用."『メディア·コミュニケーション』(慶応義塾大學メディア·コミュニケーション研究所)(58)2008年3月, pp. 101-114.

살펴보고, 이를 통해 미디어 보도가 외교정책, 더 나아가 지역 안보에 영향을 끼칠 수 있음을 살펴본다. 그리고 이러한 이론적 근거를 바탕으로 한·중·일 뉴스 미디어가 지역 안보와 관련된 주요 사건에 대해 어떻게 보도했는지를 분석하고, 이러한 보도태도가 동북아 지역안보에 어떤 영향을 주는지 해석한다.

3절 연구 의의

본 연구는 동북아 지역안보 연구에 있어 크게 두 가지 측면에서 공헌할 수 있을 것으로 기대된다.

먼저, 이론적인 측면에서의 공헌이다.

일반적으로 안보에 영향을 미치는 요인으로서 정치, 경제, 군사적 요소 등이 주로 제기된다.[38] 물론, 이들 요소가 안보에 영향을 미치는 주요 요소라는 것은 부정할 수 없는 사실이지만, 이것만으로 안보문제를 100% 설명할 수는 없다. 기타 다른 요인들에 대해서도 관심을 기울일 필요가 있는데, 미디어 보도가 그 중의 한 요소이다.

본 연구는 기존의 관련 연구들에 대한 고찰을 통해 미디어 보도가 지역 안보에 영향을 미칠 수 있음을 이론적으로 살펴본다. 또한 미디어 보도와 외교정책에 대한 기존의 연구가 거의 대부분

38) 리우위에진(劉躍進)은 국가 안보에 영향을 끼치는 요소를 자연적 요인과 사회적 요인으로 나누었는데, 그 중 사회적 요인은 일반적으로 사람에 의해 발생하는 사건을 말하고, 여기에는 '내환'(內患)과 '외환(外患)'의 두 가지 측면이 있다. 이 중에서 '외환'은 주로 군사 침략, 정치 등의 요인을 나타낸다. (劉躍進. 2004. "試析危害國家安全的因素."『山西師大學報』(社會科學版) 第31卷 第4期, pp. 36-40.)

자유주의 국가를 대상으로 이뤄진 반면, 본 연구는 자유주의 국가인 한국, 일본과 함께, 사회주의 국가인 중국에 대해서도 미디어 보도와 외교정책, 더 나아가 미디어 보도와 지역 안보의 관계에서 대해 고찰한다.

이와 함께, 본 연구는 국제관계학 영역인 지역 안보를 연구하는데 있어 미디어 보도의 중요성에 주목하면서, 지역 안보의 관점에서 미디어 보도를 분석하는 것이 언론학 영역에서 어떤 의의를 갖는지도 살펴본다. 이를 통해, 본 연구는 연구 과제나 연구 의의가 국계관계학 영역뿐만 아니라, 언론학 영역과도 관련되어 두 학문 간의 학제간 연구로써의 의의를 갖는다.

다음으로 실증적인 측면에서의 공헌이다.

본 연구는 동북아 지역안보에 영향을 미치고 있는 주요 현안에 대해서, 미디어가 어떻게 보도하고 있는지 실증적으로 검토한다. 특히, 동북아 지역안보에 심각한 영향을 주고 있는 해양 분쟁과 북한의 광명성 3호 발사 사건, 천안함 침몰 사건을 사례로 하여 한·중·일 미디어가 실제로 어떤 보도태도를 보였는지 살펴본다. 그리고 이러한 보도태도가 동북아 지역안보에 어떤 영향을 끼치는지 분석하고, 동북아 지역안보를 위해서 미디어의 보도태도가 개선되어야 함을 실증적으로 입증한다. 그리고 이를 위해, 한국과 중국, 일본의 3개국 미디어를 모두 분석대상으로 한다. 동시에 기존의 연구들이 주로 분석이 용이한 활자매체 신문을 중심으로 분석이 이뤄진 반면, 본 연구는 신문과 함께 실질적으로 많은 영향력을 지닌 방송 뉴스도 분석 대상으로 함으로써 분석 대상의 폭을 넓혔다.

과학기술의 발달로 미디어가 우리 생활에서 차지하는 비중이 점점 더 높아지고 있고, 그 영향력 또한 나날이 증대되고 있다. 이에 따라, 미디어의 영향에 대한 연구도 활발하게 이뤄지고 있다.

하지만, 동북아 지역안보 연구에 있어서는 미디어 보도를 중심으로 접근해 보려는 시도가 거의 전무한 상황이다. 일상생활뿐 만이 아니라, 동북아 지역안보 차원에서도 미디어 보도의 중요성이 점차 증대되고 있는 상황에서, 미디어 보도를 통해 동북아 지역안보 문제에 접근하려는 본 연구는 더더욱 가치가 있을 것으로 기대된다.

4절 연구 방법

과학적 연구의 접근 방법은 일반적인 것으로부터 특수한 것을 추론해 내는 연역법과 반대로 특수한 사실을 전제로 하여 일반적 진리 또는 원리로서의 결론을 형성해 가는 귀납법이 있다. 이 연역법과 귀납법은 상호 대립적인 관계가 아니라 상호 보완적인 관계에 있는데, 실제로 대부분의 과학적 연구들이 이 두 가지의 접근 방법을 모두 활용하고 있다.[39)]

본 연구도 주요 사건에 대한 미디어의 보도태도 분석을 통해 동북아 지역 안보와 미디어 보도라는 큰 개념에 대한 해석을 시도한다는 점에서 귀납적 접근방법을 사용하고 있으면서, 동시에 미디어 보도와 외교정책(지역안보)에 대한 이론적 근거를 바탕으로 구체적인 사례에 대해 분석을 진행한다는 점에서 연역적 접근 방법을 활용한다.

한편, 양적 연구와 질적 연구는 오늘날 사회과학 연구의 방법을 대변하는 두 가지 흐름을 이루고 있다. 양적 연구는 사회현상을 연구하기 위해서 연구대상의 속성에 숫자(numerals)를 부여하여 자료를 수집하며, 그 자료를 분석하는데 기술통계와 추리통계라

39) 채서일. 1992. 『사회과학 조사방법론』. 서울: 학현사, pp. 24-28.

는 통계분석 기법을 사용한다. 반면에 질적 연구에서는 자료가 숫자로 표현되는 것이 아니라 단어(words)의 형태로 수집되며, 자료는 주제와 범주(categories)로 구분되어 분석된다.[40] 이러한 기본 개념에 비추어 볼 때, 본 연구는 질적 연구의 방법을 택하고 있다. 뉴스 미디어의 보도 내용을 통계적으로 분석하기 보다는, 기사에서 사용되어지는 단어의 의미와 기사의 논리적 전개, 기사의 전체적인 분위기, 근거의 타당성 등을 근거로 분석 작업이 이뤄지기 때문이다.

더 나아가, Tesch는 구체적인 질적 연구방법으로 20여 가지 유형을 제시하고 있고,[41] Lancy는 질적 연구방법을 인류학적 관점, 사회학적 관점, 생물학적 관점, 사례연구, 개인적 이야기, 인지적 연구 및 역사적 연구로 분류한다.[42] 본 연구는 이 중에서 사례연구 방법을 통해 미디어 보도와 지역 안보에 관해 살펴보며, 특히 동북아 지역 안보에 큰 영향을 끼친 세 가지 사건을 선정하여 이에 대한 미디어 보도를 분석한다는 점에서 복수사례연구에 속한다. 또한 본 연구는 미디어 보도와 외교정책의 관계에 대한 기존의 이론적 근거들을 기초로 하여 사례 분석을 진행한다는 점에서 해석적 사례연구(interpretative case studies)의 성격을 갖는다.[43] 해석

---

40) 남궁곤. 1998. 『행정조사 방법론』. 서울: 법문사, p. 70.

41) R. Tesch. 1990. *Qualitative Research: Analysis types and software tools*, New York: Falmer.

42) D. F. Lancey. 1993. *Qualitative Research in Education: An Introduction to the Major Traditions*, New York: Lo-ngman.

43) Lijphart(1971)는 이론화의 정도에 따라 사례연구를 무이론적 사례연구(atheoretical case studies), 해석적 사례연구(interpretative case studies), 가설창출적 사례연구(hypothesis-generating case studies), 이론논박적 사례연구(theory-infirming case studies), 이론확증적 사례연구(theory-confirming case studies), 일탈사례연구(deviant case studies) 등 여섯 가지 유형으로 구분하고 있다. (A. Lijphart. 1971. “Compartive Politics and the Comparative Methods,”

적 사례연구는 인과관계 규명을 포함한 일반이론의 도출을 목적으로 하는 것이 아니라, 이미 확립된 이론적 명제들이 특정한 사례를 해석하는데 있어 사용되어지는 사례연구의 한 유형이라고 할 수 있다.

1. 분석 대상

동북아 지역에 대한 정의는 정치적 요소, 경제적 요소, 문화적 요소 등 무엇을 중심으로 바라볼 것인가에 따라 다양하다. 그 중 본 연구의 중심 영역은 지정학적 요소이므로, 이를 중심으로 동북아에 대한 정의를 살펴보면 다음과 같다.

허쨴(何劍)은 "지리적으로 보면, 동북아 지역의 직접 당사국은 중국, 일본, 러시아, 몽고 및 조선반도의 조선과 한국을 포함한다"고 말하며, 여기에 지역안보를 고려한 지정학적 요소를 더하면 미국도 행위주체에 포함된다고 주장한다.[44]

또한, 동북아의 중요 안보문제인 북핵문제를 해결하기 위해 만들어진 6자회담을 보면, 그 구성국은 한국, 북한, 중국, 일본, 미국, 러시아로 지리적 개념의 동북아 구성국 중에서 몽골은 제외되어 있다. 실제로 많은 동북아 안보 관련 연구에서 몽골은 주요 행위체로서 다뤄지지 않고 있는 것이 현실이다.[45]

즉, 동북아시아를 지정학적, 특히 안보적 관점을 중심으로 정

APSR, 65:3.)

44) 何劍. 2008.『東北亞安全合作机制硏究』. 東北財經大學出版社, p. 10. 이 밖에, 찐찬룽(金燦榮, 중국인민대학 국제관계학원 교수) 등도 이러한 정의에 동의하고 있다.

45) 和田春樹. 2003.『東北アジア共同の家－新地域主義宣言』. 東京: 平凡社.; 門洪華. 2010. "東北亞安全困境及其戰略應對." 黃大慧 主編.『构建和諧東亞』. 北京: 社會科學文獻出版社. 등 다수.

의할 때, 일반적으로 6자회담의 당사국인 한국, 북한, 중국, 일본, 미국, 러시아 6개국을 주요 행위주체로 본다. 본 연구는 이 6개국 가운데 지리적으로도 동북아 구성 국가이며, 안보적 관점에서도 동북아 지역과 밀접한 관련을 맺고 있는 한국, 중국, 일본을 분석 대상으로 삼았다. 물론 북한도 이러한 요건을 충족하는 국가이나, 북한의 미디어를 분석하는데 객관적으로 많은 한계가 있어 분석 대상에서 제외했다.

한편, 본 연구가 분석 대상으로 하는 사례는 3가지 사건으로, 천안함 침몰 사건과 해양 귀속권 분쟁, 광명성 3호 발사 사건이 그것이다. 이들 세 사례는 동북아 지역 안보에 심각한 영향을 끼친 최근의 사례들로서, 한국과 중국, 일본이 모두 이들 사건들과 직간접적으로 깊은 관련을 맺고 있다. 특히 해양 귀속권 분쟁에서는 한일 간의 독도(일본명 다케시마), 중일 간의 조어도(일본명 센카쿠쇼토, 중국명 댜오위따오), 한중간의 이어도(중국명 쑤옌자오)를 중심으로 살펴본다.

그리고 분석 대상이 되는 뉴스 미디어로는 한·중·일 주요 신문과 방송 뉴스 프로그램을 선정했다. 천안함 침몰 사건과 관련해서는 신문과 방송 보도의 구분 없이 각국에서 영향력이 있으면서도 본 사건에 대해 빈번한 보도를 내보낸 3개 뉴스 미디어를 선정했는데, 한국에서는 KBS《뉴스 9》[46]을, 중국에서는《환치우스빠오(环球時報)》[47]를, 일본에서는《요미우리(讀賣)신문》[48]을 분석 대

---

46) 2010년 10월 21일, 한국광고주협회가 효율적인 광고 전략을 수립하기 위해 전국 성인 남녀 1만 명을 대상으로 실시한 조사에서, 가장 영향력 있는 매체로서《KBS》가 53.9%로 1위를 차지했고, 이어《MBC》가 22.6%,《네이버》8.8%,《SBS》6.4%,《조선일보》2.3% 등의 순으로 나타났다.

47)《환치우스빠오(环球時報)》는 중국공산당 기관지《런민(人民)일보)》의 자매지로서, 중국을 통치하고 있는 중국공산당의 입장을 대변함과 동시에, 국제문제를 전문으로 취급하는 매체이기 때문에 본 연구와 관련

상으로 삼았다.

한편, 해양 귀속권 분쟁과 관련해서는 한국과 중국, 일본의 일간지 중에서 발행부수가 많은 전국 일간지 각 5개를 조사 대상으로 선정하여, 신문사의 논조가 비교적 명확히 드러나는 사설을 중심으로 분석을 실시했고, 일반 기사는 이를 보충하는 자료로서 활용했다. 이에 따라 한국에서는《조선일보》,《중앙일보》,《동아일보》,《경향신문》,《한겨레》를 조사 대상으로 선정했고,[49] 일본에서는《요미우리(讀賣)신문》,《아사히(朝日)신문》,《마이니치(毎日)

해 중국의 대표적 매체로 선정하였다.

48) 돔 하우스(ドゥ・ハウス)의 2010년 여론조사 결과에 따르면, 정보 미디어 중에서 텔레비전의 이용도가 88%, 신문이 67%로 각각 1, 2위를 차지했고, 신뢰도에 있어서는 신문이 86%로 1위, 텔레비전이 77%로 2위를 차지했다. 비록, 이용도에 있어서는 신문이 방송에 비해 뒤지지만, 신뢰도에 있어서 신문이 1위를 차지했고, 자료 수집의 용이성 등을 고려하여 신문을 분석대상으로 선택했다. (http://www.myenq.com/topics/detail.php?topic_id=31)

한편, 일본 ABC협회「신문발행사 리포트 반기(新聞發行社レポート半期)」(2010년1월~6월 평균)의 자료에 따르면《요미우리(讀賣)신문》이 판매부수 10,016,735부로 1위를 차지했고, 뒤이어《아사히(朝日)신문》이 7,955,595부로 2위를 차지했다. (요미우리 신문 판매부수 http://adv.yomiuri.co.jp/yomiuri/n-busu/abc.html, 아사히 신문 판매부수 http://adv.asahi.com/modules/ad/index.php/about.html)

49) 한국ABC협회가 2010년 11월 29일 발표한 전국 일간신문 발행부수 인증내역에 따르면, 전국 종합일간신문에서《조선일보》발행부수(발송부수) 184만4천부(184만3천부),《중앙일보》130만9천부(130만8천부),《동아일보》128만9천부(128만8천부),《국민일보》29만5천부(29만4천부),《경향신문》29만2천부(29만1천부),《한겨레신문》28만1천부(27만9천부),《서울신문》17만부(16만9천부),《문화일보》16만2천부(16만2천부),《세계일보》8만5천부(8만4천부) 순으로 나타났다. 이 중에서 발행부수가 많으면서도 비교적 보수적으로 평가되는《조선일보》,《중앙일보》,《동아일보》와 상대적으로 진보적으로 평가되는《경향신문》,《한겨레》를 조사 대상으로 선정했다.

신문》, 《니혼케이자이(日本経済)신문》, 《산케이(産経)신문》을 조사대상으로 선정했다.[50] 한편, 중국 신문의 경우 사회주의 국가의 언론 제도상 발행부수를 중심으로 분석 대상을 선정할 경우 조사 결과가 동일하게 나올 가능성이 높아 발행 형태 등을 고려하여 분석 대상을 선정했다. 왜냐하면, 중국은 외교관련 중요 사안에 있어, 당과 정부의 선전기관이 뉴스 미디어의 보도를 지도하는 구도가 형성되어 있으며, 특히 발행부수가 많은 당 기관지의 경우 그런 경향이 더욱 뚜렷하게 나타나고 있기 때문이다. 따라서 논조의 다양성을 최대한 확보하기 위해서 발행부수가 많은 신문 중에서도 전국지, 전문지, 지방지, 석간 등 다양한 발행 형태를 고려하여, 《런민(人民)일보》, 《환치우스빠오(环球時報)》, 《베이징(北京)일보》, 《광저우(广州)일보》, 《신민완빠오(新民晩報)》를 분석대상으로 선정했다.[51]

마지막으로 광명성 3호 발사 사건과 관련해서는 사회적 영향력이 큼에도 불구하고, 자료수집의 어려움 때문에 좀처럼 연구의 대상에서 제외되어 온 텔레비전 뉴스를 분석대상으로 삼았다. 특

---

50) 일본ABC협회가 발표한 「신문발행사 리포트 반기(新聞發行社レポート半期)」(2011년7월~12월 평균)에 따르면, 《요미우리신문》(9,955,031), 《아사히신문》(7,713,284), 《마이니치신문》(3,421,579), 《니혼케이자이신문》(3,010,558), 《산케이신문》(1,607,577) 순으로 발행부수가 많은 것으로 나타났다.

51) 《런민일보》는 중국공산당 중앙위원회 기관지로서 중국에서 가장 권위 있는 신문(280만부)으로 평가되고 있으며, 《환치우스빠오》는 《런민일보》 자매지이면서 국제문제를 전문적으로 다루는 상업적 성격의 전국지(240만부)이다. 또 성(省)급 신문 중에서는 당 기관지이면서 중국의 수도에서 발행되는 《베이징일보》와 성급 신문 중 최고의 발행부수(185만부)를 보이는 《광저우일보》를 선정했다. 한편, 조간신문에 비해 비교적 가벼운 뉴스를 다룬다고 평가되는 석간 중에서는 상하이의 대표적 석간인 《신민완빠오》(120만)를 분석 대상으로 삼았다.

히, 활자 매체보다 텔레비전과 같은 시청각 매체에서는 사건이 보도되는 과정에서 사용되어지는 언어와 기호, 부호 등에 따라서 함축적 의미, 이데올로기적인 이미지가 들어갈 위험성이 높다.[52] 따라서 텔레비전 뉴스를 통해서 특정 사안에 대한 미디어의 보도태도를 좀 더 명확하게 읽어낼 수 있다. 게다가 북한은 2012년 4월 13일 '광명성 3호' 발사를 준비하는 과정에서 각국 주요 텔레비전 미디어를 초청하여 현장취재를 허용했는데, 이 때문에 이번 사건에 대한 텔레비전 미디어의 보도가 그 어느 때보다 활발하게 이뤄졌다. 이에 따라, 한·중·일 3개국 국영방송의 대표적인 뉴스 프로그램인 KBS《9시 뉴스》, CCTV《똥팡스콩(東方時空)》, NHK《뉴스워치9(ニュースウオッチ9)》을 분석대상으로 했다. CCTV의 경우, 저녁 7시 생방송과 저녁 9시에 재방송되는《新聞聯播》가 가장 권위 있는 뉴스로 알려져 있으나, 이 뉴스 프로그램은 중국 공산당 지도부의 동정 및 중국 국내 사정을 중심으로 뉴스가 편성되는 관계로 조사대상에서 제외했다. 대신에 저녁 8시에서 9시 사이에 방영되며 국내뉴스와 국제뉴스를 다양하게 보도하는《東方時空》을 분석대상으로 선정했다.

2. 분석 기간

'천안함 침몰 사건' 보도에 대한 분석기간은 천안함 침몰 사건이 발생한 2010년 3월 26일부터 2010년 11월 22일까지로 정했다. 2010년 11월 22일까지로 기간을 한정한 이유는 11월 23일 서해에서 연평도 포격사건이 발생함으로써 지역 정세가 이 사건을 중심으로

52) 이우승. 2004. "국내방송의 북한관련 보도 자세에 대한 연구-KBS의 9시 종합뉴스와 남북의 창을 중심으로." 『북한연구학회보』 제10권 제1호, pp. 258-289.

전개됐기 때문이다. 물론, 연평도 포격사건도 천안함 사건의 연장선에서 발생한 사건이고, 2010년 11월 23일 이후에도 미디어에서 천안함 사건을 지속적으로 언급했지만, 역시 연평도 사건이 중심을 이루고 있었다. 또한 2010년 11월 22일까지의 자료만으로도 각 미디어의 보도태도를 분석하는데 충분한 근거가 수집됐다.[53)]

다음으로 '해양 귀속권 분쟁' 보도에 대한 분석기간은 독도와 조어도, 이어도 문제가 발생한 시점을 구분하여 다음과 같이 설정했다.

2005년 3월 16일, 일본 시마네현 의회는 1905년 2월 22일 독도를 시마네 현으로 편입 고시한 지 100주년이 되는 해를 기념하기 위해서 '다케시마의 날'을 제정했다. 하지만 이에 대해 한국 측이 강력하게 반발하면서 독도를 둘러싼 한일 간의 충돌이 그 어느 때보다 격렬하게 전개됐다. 이어 2012년 8월 10일에는 한국의 이명박 대통령이 대통령으로서는 처음으로 독도를 방문했는데, 분쟁 지역에 분쟁 상대국 최고 지도자가 방문했다는 상징성으로 인해 일본 측이 강력하게 반발했다. 본 연구는 이 두 시기를 중심으로 한·중·일 언론의 독도 분쟁에 대한 보도태도를 살펴봤다.[54)]

한편, 중국과 일본이 각각 영유권을 주장하고 있는 조어도에서

---

53) 천안함 침몰 사건과 관련해서, KBS 《뉴스 9》에서는 224개의 보도가 분석대상으로 선정됐고, 《환치우스빠오(环球時報)》에서는 '天安'을 키워드로 해서 검색된 257건의 기사 중 '天安門'과 관련된 기사 8건을 제외한 249건의 기사를 분석대상으로 했다. 그리고 《요미우리(讀賣)신문》에서는 '天安'을 키워드로 해서 검색된 175건의 기사 중 '天安門' 관련 기사 2건을 제외한 173건의 기사를 분석대상으로 삼았다.

54) 중국의 경우, 2010년 이전에 발행된 신문들에 대해서는 디지털화 작업이 이뤄져 있지 않다. 따라서 2005년에 발생한 '다케시마의 날' 제정 조례를 둘러싼 마찰에 대한 중국 신문의 자료를 획득하는데 어려움이 있었다. 이에 독도 분쟁에 대한 중국 신문의 보도태도는 2012년 8월 발생한 분쟁을 중심으로 살펴봤다.

2010년 9월 7일 양국 사이에 충돌이 발생했다. 조어도 부근을 순찰 중이던 일본 해상보안청 순시선이 이 지역에서 어업행위를 하고 있던 중국어선을 발견하고 불법어업 행위로 규정하여 단속하려 했다. 하지만 중국어선이 이에 불응하고 도주하는 과정에서 일본 순시선과 중국어선 사이에 충돌이 발생한 것이다. 일본 측이 국내법에 근거해 중국인 선장을 구속하려 하자, 중국 측이 즉각 석방을 요구하면서 양국 사이에 심각한 마찰이 발생했다. 또한 2012년 8월과 9월에는 홍콩의 활동가들이 조어도에 대한 중국의 주권을 주장하기 위해 조어도에 상륙했다가 일본 해상보안청에 의해 체포되는 일이 발생했다. 이어 일본 정부도 조어도에 대한 관리를 강화하기 위해서 조어도를 국유화하는 결정을 내렸는데, 이 과정에서 중국과 일본은 다시 한 번 조어도를 둘러싸고 격렬하게 대립했다. 본 연구는 이 두 시기를 중심으로 한·중·일 언론의 조어도 분쟁에 대한 보도태도를 살펴봤다.

이어도 문제와 관련해서는 2012년 3월 3일에 중국의 국가해양국장이 중국 미디어와의 인터뷰에서 이어도가 중국의 관할해역으로 해양감시선 및 항공기의 정기순찰 범위에 포함된다고 발언했다. 이것이 한국 국내에 알려지면서 중국과 한국 사이에서 이어도를 둘러싼 논쟁이 발생했다.

이렇게 본 연구는 2005년 다케시마의 날 제정과 2010년 조어도 어선 충돌 사건, 2012년 3월 이어도 논쟁 시기를 중심으로 한·중·일 미디어의 이들 분쟁에 대한 보도태도를 살펴봤다. 그리고 2012년 8월과 9월에 다시 불거진 독도, 조어도 분쟁을 통해 이러한 보도태도에 변화가 있는지를 살펴봤다.[55]

---

55) 본 연구가 분석한 독도 문제 관련 기사는 《조선일보》(28건), 《중앙일보》(38건), 《동아일보》(32건), 《경향신문》(30건), 《한겨레신문》(36건), 《요미우리신문》(28건), 《아사히신문》(22건), 《마이니치신문》(13건), 《닛

마지막으로 '광명성 3호' 발사와 관련해서, 2012년 북한은 두 차례에 걸쳐 '광명성 3호' 발사를 시도했다. 첫 번째 시도는 4월 13일이었으나 발사에 실패했고, 두 번째 시도는 12월 12일로 위성을 우주 궤도에 올리는데 성공했다. 본 연구에서는 '광명성 3호' 발사에 대한 분석 기간으로 첫 번째 시도 시기를 선정했다. 왜냐하면, 첫 번째 시도에서는 발사 시기가 비교적 구체적으로 공개되어 각국 미디어가 집중적으로 많은 보도를 했고, 두 번째 발사 때와는 달리 북한이 세계 각국 미디어를 국내로 초청하여 발사 진행 과정을 공개했기 때문이다. 이에 따라 '광명성 3호 발사 사건' 보도에 대한 분석기간은 4월 1일부터 동월 20일까지로 했다. 북한의 조선우주공간기술위원회는 2012년 3월 16일, 대변인 담화를 통해 실용위성(광명성 3호)을 4월 12일부터 16일 사이에 발사할 것이라고 발표했다. 이에 따른 주변국의 대응조치가 본격적으로 시작된 것이 4월 1일부터이고, 유엔 안보리 의장성명 발표로 사건이 어느 정도 소강국면으로 들어가기 시작한 것이 4월 20일이기 때문이다.[56)]

케이신문》(9건), 《산케이신문》(25건)였고, 조어도 문제에 대한 분석대상 기사는 《요미우리신문》(27건), 《아사히신문》(14건), 《마이니치신문》(21건), 《닛케이신문》(23건), 《산케이신문》(27건), 《런민일보》(25건), 《환치우스빠오》(24건), 《베이징일보》(17건), 《광저우일보》(22건), 《신민완빠오》(18건)였다. 또, 이어도 문제에 대한 분석대상 기사는 《조선일보》(12건), 《중앙일보》(10건), 《동아일보》(15건), 《경향신문》(12건), 《한겨레신문》(15건), 《런민일보》(1건), 《환치우스빠오》(16건), 《베이징일보》(1건), 《광저우일보》(1건), 《신민완빠오》(2건)였다.

56) 이 분석기간에 KBS 《뉴스 9》에서는 광명성 3호 발사와 관련하여 총 48건의 보도가 방송됐고, CCTV 《뚱팡스콩(東方時空)》에서는 총 45건이, NHK 《뉴스워치 9(ニュースウォッチ9)》에서는 총 43건의 보도가 방송됐다.

3. 분석 틀 (지역 안보의 개념)

본 연구는 지역 안보에 중요한 영향을 끼친 세 가지 주요 사건에 대한 미디어의 보도태도를 분석한다. 좀 더 구체적으로 말하자면, 지역 안보의 관점에서 미디어의 보도태도를 분석하는 것이다. 이에 따라 '지역 안보'가 미디어의 보도태도를 분석하기 위한 분석 틀(framework)이 되기 때문에, 동북아 지역 안보에 대해 좀 더 구체적으로 개념적 정의를 내릴 필요가 제기된다.

안보(Security)는 국제관계학의 주요 연구대상으로서, 국제관계를 바라보는 다양한 이론과 관점이 존재하듯, 안보에 대한 정의도 다양하다. 예를 들어, 데이비드 바드윈(David Baldwin) 등은 안보의 개념에 대해 모호한 상징에 불과하며, 구체적인 내용을 갖고 있지 않다고 말한다.[57] 반면, 해롤드 브라운(Harold Brown)은 국가의 통일과 국토를 보존하고, 합리적인 조건 아래서 다른 대상과의 경제적 관계를 유지하며, 외부 세력으로부터 자국의 특성과 제도, 통치 등을 지켜낼 수 있는 상태를 안보라고 말한다.[58]

이와 같이, 안보에 대한 개념에 대해서 다양한 의견이 존재함에도 불구하고, 일반적으로 안보란 객관적 현황과 주관적 심리에 의해 설명될 수 있다는 점에 많은 이들이 인식을 같이 하고 있다. 특히 아놀드 울퍼스(Arnold Wolfers)는 "안보란, 객관적으로는 획득된 가치에 위협이 존재하지 않고, 주관적으로는 이러한 가치에 공격의 불안이 존재하지 않는 상태"라고 말하며, 외부의 위협과 심

---

57) David Baldwin. 1997. "The Concept of Security," *Review of International Studies*, Vol. 23, pp. 5-26.

58) "Harold Brown on International Security," Council on Foreign Relations, February 26, 2003, http://www.cfr.org/national-security-and-defense/harold-brown-international-security/p5642

리상의 불안이 존재하지 않는 상태를 안보로 규정했다.[59)]

안보에 대한 울퍼스의 정의를 받아들인다면, 그가 말한 '외부의 위협'은 군사적 위협이라는 좀 더 현실적인 상황으로 구체화 할 수 있다. 실제로, 전통적인 관점이든 현대적인 관점이든, 또는 이상주의적 관점이든 현실주의적, 구성주의적 관점이든 안보에 대한 주요한 판단요소로서 군사적 위협은 중요하게 취급되고 있다.

한편, 심리상의 불안과 관련해서는 '안보딜레마(Security Dilemma)' 이론과 '죄수의 딜레마 게임(PD Game)' 이론에서 중요한 시사점을 찾을 수 있다.

허즈(Herz)의 '안보딜레마(Security Dilemma)' 이론에 따르면, 한 국가는 타국에 비해 자국의 군사적 역량이 우위에 있을 때, 안보상의 불안감을 해소할 수 있기 때문에 군비증강에 적극적으로 나선다. 하지만, 이러한 자국의 군비증강은 타국으로 하여금 안보상의 불안감을 조장하여 타국의 군비증강을 초래하는데, 이 과정이 반복되면서 상호간에는 군비경쟁의 악순환이 발생한다. 결국 자국의 안보를 위해 취한 조치가 자국의 안보를 위협하는 상황, 즉 안보 딜레마에 빠지고 만다.[60)]

또, '죄수의 딜레마 게임(PD Game)' 이론에 의하면, 죄수 A와 B는 서로에 대한 불신 때문에, 자신이 최악의 경우에 처하는 상황을 피하기 위하여 범죄에 대해 자백을 하게 된다. 결국, 두 죄수 모두 자백을 하게 되고 모두 침묵을 유지할 경우 얻을 수 있는 최상의 선택을 놓치게 된다.[61)]

이 '안보 딜레마'나 '죄수의 딜레마'에서 공통적으로 찾아볼 수

---

59) 劉力. 2009.『國際政治』. 北京: 旅游教育出版社, p. 132.

60) J. Herz. 1959. *International Politics in the Atomic Age*, New York: Columbia University Press, p. 157.

61) William Poundstone. 1993. Prisoner's Dilemma, Anchor.

있는 요소로서 서로에 대한 '불신', '신뢰의 부족'을 들 수 있다. 전자의 경우는 상대 국가를 믿지 못하기 때문에 군비증강으로서 자국의 안전을 확보하려는 것이고, 후자의 경우는 상대방이 자백할 수 있다는 불신 때문에 자신이 최악의 상황에 처하지 않도록 본인도 자백을 선택하는 것이다.

그런데, 일반적으로 '신뢰'나 '믿음'이라는 것은 어떤 대상이나 상황에 대한 '예측 가능성'에서 나오고, 이러한 '예측 가능성'은 그 대상에 대한 충분한 '정보'를 필요로 한다. 그리고 이 '정보'는 대상에 대한 접근, 접촉이 보장된 상황에서 더 수월하게 확보할 수 있다.

달리 말하면, 국가와 국가 사이에서의 안보 불안도 서로에 대한 신뢰의 부족에서 발생하고, 이러한 신뢰의 부족은 서로에 대한 정보의 부족에 기인하며, 정보의 부족은 상호간 접근과 교류가 제한 될 경우 더욱 증폭된다고 할 수 있다.[62]

따라서, 안보의 중요 판단요소 중 '객관적 외부 위협'은 '군사적 위협' 즉, '무력 충돌의 위험'으로 구체화 할 수 있고, '주관적 불안심리'는 국가 간의 '대화와 교류'가 정상적으로 이뤄지지 않는 상황으로 구체화 할 수 있다.

한편, 1945년 2차 세계대전이 종식된 이후, 국제관계 구도는 공산진영과 자유진영을 각각 대표하는 소련과 미국을 두 축으로 한 냉전(cold war)체제로 전환됐다. 정치, 경제, 군사, 문화 등 거의 모든 영역에서 나타난 양 진영의 대립은 동북아 안보 역학관계에도 결정적인 영향을 끼쳤다. 동북아에서의 지역 군사 패권을 장악하

62) 박인휘(2010)는 동북아 안보에서 북한 문제의 해결이 어려운 이유를 예로 들며, 외교관계에서 예측가능성이 상실될 때 안보를 달성하기 어려워진다고 주장한다. (박인휘. 2010. "안보와 지역-안보개념의 정립과 동북아 안보공동체의 가능성." 『국가전략』 제16권 제4호, p. 54.)

기 위한 미국과 소련의 대립은 '6·25'라는 내전을 국제전으로 확전시켰으며,[63] 이로 인한 한반도의 남북 분단과 대립은 지금도 이어지고 있다.

1991년 소련의 붕괴로 세계적 규모로 형성되어 있던 냉전체제는 해체됐다. 하지만 동북아에서는 한반도 남북 사이의 군사적 대립이 말해주듯 경제, 문화 등의 분야에서는 냉전구도가 사실상 해체되었으나, 안보 분야에 있어서는 여전히 냉전체제가 유지되고 있다.[64] 심지어, 과거 냉전시절 소련의 역할을 중국이 넘겨받아 동북아에서 안보를 둘러싸고 중·미간에 신냉전구도가 형성됐다는 견해도 있다.[65]

이에 대해, 주펑(朱鋒)은 동북아 지역이 직면하고 있는 안보문제의 원인 중 하나로 냉전상태가 여전히 잔존해 있다는 점을 지적한다. 동북아 지역은 냉전상태가 아직 철저하게 종식되지 않은 유일한 지역으로, 한반도의 분단이나 양안문제가 바로 냉전의 산물이고, 이로 인해 소련 붕괴 이후에도 지금껏 해결되지 않고 있다고 주장한다.[66] 먼홍화(門洪華)도 동북아 안보문제의 원인으로서 다자주의 전통의 결핍을 지적하며, 일·미동맹, 한·미동맹, 북·중 전통상호우호관계 등 군사동맹 및 쌍자주의가 이 지역 안보에 걸림돌로 작용하고 있음을 지적한다.[67] 북한도 동북아 지역 안보의

---

63) 김학준. 1990. "6·25연구의 국제적 동향 : 6·25연구에 관한 문헌사적 고찰." 김철범 편. 『한국 전쟁을 보는 시각』, p. 50. 서울: 을유문화사.
64) 냉전체제의 가장 큰 특징을 이념에 의한 동맹 형성과 대립, 그리고 동맹관계를 기본 축으로 한 문제 해결이라고 봤을 때, 한반도의 남북대립, 북·일대립, 북·미대립과 북·중우호, 한·미동맹, 일·미동맹은 냉전체제의 구도가 동북아에서 여전히 지속되고 있다는 것을 말해 준다.
65) 김기수, 앞의 책(2005), p. 163.
66) 朱鋒, 앞의 책(2007), p. 94.
67) 門洪華, 앞의 책(2010), p. 260.

중요한 변수로 작용하고 있는 북핵문제에 대해서, 동북아와 한반도에서의 냉전시기 대결구도를 해체하는 것이 한반도 비핵화의 필수조건이라고 주장하고 있다.

이와 같이, 동북아 지역에는 세계적으로 냉전구도가 해체된 이후에도, 여전히 안보분야에서 냉전적 대립구도가 잔존해 있다. 그리고 이러한 냉전구도가 이 지역의 안보협력체제를 구축하는데 장애가 되고 있으며, 심지어 안보불안의 주요 요소로 작용하고 있다는 주장도 제기되고 있다.

따라서 본 연구에서는 앞에서 언급한 '무력 충돌의 위험'이 적고, '대화와 교류'가 정상적으로 이뤄지는 것과 함께 '냉전구도'의 해체를 동북아 '지역 안보'에 대한 개념적 정의로 삼는다.

이와 함께, 해양 귀속권 분쟁에 대한 연구에서는 '지역 안보'의 요소로서 '정확하고 공정한 정보 제공'이라는 측면에도 주목한다. 그 이유는 다음과 같다.

영토분쟁은 기본적으로 국제분쟁으로서, 이러한 국제분쟁의 해결에 대해서 수많은 국제법 문서들은 이를 군사력에 의해서가 아니라 평화적으로 해결할 것을 촉구하고 있다. 가장 대표적으로 1899년 및 1907년의 '국제분쟁의 평화적 해결을 위한 헤이그협약', '국제연맹규약', 1928년 '국제분쟁의 평화적 해결을 위한 일반의정서', 'UN헌장' 등을 들 수 있다.[68] 이와 같은 국제법 문서들에 따르면, 영토(귀속권)분쟁에 있어서의 안보는 분쟁의 평화적 해결을 뜻하고, 이는 분쟁이 국제법에 의한 판결이나 분쟁 당사국간의 대화나 타협을 통해 외교적으로 해결될 때 확보될 수 있음을 나타낸다.

그런데, 분쟁 당사국 간에 대화와 타협이 가능하기 위해서는 기본적으로 상대편의 주장에 대한 이해와 존중이 필요하다. 특히,

---

68) 최태현. 2007. "외교적 방식에 의한 영토분쟁의 해결." 『법학논총』 24권 4호, pp. 77-78.

영토분쟁의 경우 여론이 이에 대해 민감하게 반응하고, 외교정책 당국자도 이런 여론으로부터 자유로울 수 없다는 것을 감안한다면 분쟁 사안에 대해서 일반 국민이 정확하고 공정한 정보를 제공받느냐 그렇지 못하느냐는 분쟁의 평화적 해결에 중요한 요인이 된다. 국민이 부정확하고 편향된 정보를 바탕으로 감정적이고 과격한 여론을 형성할 경우, 분쟁 당사국간 대화와 타협은 추진되기 어렵기 때문이다. 즉, 해양 귀속권 분쟁에 있어 지역 안보가 확보되기 위해서는 각국 국민들이 분쟁 사안에 대해서 정확하고 공정한 정보를 바탕으로 합리적이고 차분한 여론을 형성 할 수 있어야 한다.

이상의 내용을 종합하면, 본 연구는 동북아 '지역 안보'의 관점에서 세 가지 사건에 대한 미디어의 보도태도를 분석한다. 그리고 이를 위한 분석의 틀이 되는 '지역 안보'라는 추상적 개념에 대해서, '무력 충돌'의 위험이 적고, 국가 간에 '대화와 교류'가 정상적으로 이뤄지며, '냉전구도'가 해체되는 과정으로서 개념적 정의를 내린다. 여기에 더하여, 해양 귀속권 분쟁에 대한 분석에 있어서는 국민들에게 분쟁지역에 대한 정확하고 공정한 정보가 제공되는가를 지역 안보의 중요한 요소로서 추가한다.

5절 글의 구성

앞에서 살펴봤듯이, 1장 서론에서는 본 연구에 대한 전체적인 소개와 함께, 특히 미디어 분석의 틀(Framework)이 되는 '지역 안보'에 대해 개념적 정의를 내린다.

2장에서는 본 연구의 이론적 근거가 되는 지역 안보에 대한 미디어 보도의 영향에 대해 살펴본다. 우선 미디어 보도와 외교정책의 관계에 대한 기존 연구들의 성과를 검토하고, 이를 바탕으로 미디어 보도가 지역 안보에 영향을 끼칠 수 있음을 도출한다. 특히, 본 연구는 한·중·일 3개국의 뉴스 미디어를 분석 대상으로 하는 만큼, 자유주의 제도와 함께 사회주의 제도를 택하고 있는 중국의 미디어와 외교정책 사이의 관계에 대해서도 고찰한다. 또한, 지역 안보의 관점에서 미디어 보도를 분석하는 것이 언론학 영역에서 어떤 의의를 갖는지도 살펴본다.

3장부터 5장까지는 구체적인 사례를 통해, 서론에서 살펴본 '지역 안보'의 분석 틀로서 미디어의 보도태도를 분석한다.

먼저 3장에서는 '천안함 침몰 사건'에 대한 미디어의 보도태도를 분석한다. 여기서는 천안함 침몰 사건의 전개 과정과 사건의 발생 원인에 대한 세 가지 주장을 소개한다. 그리고 이러한 배경 지식을 바탕으로 한·중·일 미디어가 이 사건에 대해 어떤 보도태도를 보였으며, 이것이 지역 안보에 어떤 의미를 갖는지 해석한다.

이어서 4장에서는 '해양 귀속권 분쟁'에 대한 미디어의 보도태도를 분석한다. 한·중·일 3개국 사이에서 벌어지고 있는 해양 귀속권 분쟁은 상당히 복잡한 내용을 포함하고 있다. 따라서 미디어 보도가 이들 분쟁에 대해 어떤 보도태도를 보이는지 분석하기 위해서는 각각의 분쟁 문제에 대해서 정확하게 이해하지 않으면 안된다. 이에 본 장에서는 독도(일본명 다케시마)와 조어도(중국명 댜오위따오, 일본명 센카쿠쇼토), 이어도(중국명 쑤옌자오) 분쟁에 대해 자세히 살펴 본 뒤, 이를 바탕으로 미디어의 보도태도를 분석하고 이것이 지역 안보에 어떤 의미를 갖는지 해석한다.

5장에서는 '광명성 3호 발사 사건'에 대한 미디어의 보도태도를 분석한다. 광명성 3호 발사와 관련해서는 이것이 위성발사인가, 아니면 미사일 발사인가에 대한 첨예한 논쟁이 있었다. 본 장에서는 이에 대한 이해를 돕기 위해 북한의 핵과 미사일 문제에 대한 주요 연구로서 '비대칭 억지·강제 전략'과 '선군 외교' 이론을 소개한다. 그리고 이러한 기본 지식을 바탕으로 미디어의 보도태도를 분석하고 이것이 지역 안보에 어떤 의미를 갖는지 해석한다.

마지막 6장에서는 각각의 사례 분석을 통해 얻은 결론을 종합하고, 이를 바탕으로 동북아 지역에서의 미디어 보도와 지역 안보에 대한 시사점을 도출한다. 동시에 한·중·일 각국의 미디어에 대해서도 평가를 시도한다.

2장 미디어 보도와 지역 안보

1절 '자유주의' 국가에서의 미디어 보도와 외교정책

미디어와 정부의 관계에 대한 논의는 학계의 주요 관심분야로서, 오랜 기간에 걸쳐 수많은 연구가 이뤄져 왔다. 미디어와 정부정책, 특히 본 연구와 직접적으로 관련이 있는 '미디어와 외교정책'에 대한 연구는 이러한 '미디어와 정부'에 대한 연구의 한 부분을 이루고 있다.

미디어와 외교정책에 대한 연구는, 코헨(Cohen)이 『뉴스 미디어와 외교정책(The Press and Foreign Policy)』을 저술한 이후 새롭게 개척되기 시작했다고 할 수 있다.[1] 이어 1990년대 초, 탈냉전으로 국제환경이 변화하고 미디어 테크놀로지가 눈부시게 발전하면서 국제적 사안에서의 실질적이고, 강력하면서도, 근본적인 요소로서 미디어가 더욱 주목을 받게 됐다.[2] 이에 따라 근래에는 정치학과 국제관계학, 언론학 등 다양한 분야에서 미디어의 역할에 대한 연구가 활발하게 이뤄지고 있다.

미디어와 외교정책의 관계에 관한 기존의 연구는 크게 세 가지

1) Abbas Malek, Krista Wiegand, op. cit.(1997).

2) Derek Miller. 2007. *Media Pressure on Foreign Policy: The Evolving Theoretical Framework*. New York: PALGRAVE MACMILLAN. p. 2.

로 분류할 수 있다.

먼저, 미디어가 정부의 외교정책 수립과정에서 중요한 행위자로서 역할을 하고 있다는 시각이다. 초기 이 분야의 연구를 개척했던 코헨(Cohen)은 미디어를 "아주 중요한 정치적 연기자(a political actor of tremendous consequence)"[3]라고 표현했다. 이러한 시각을 나타낸 연구로는 레스턴(James Reston)[4], 브라이스트럽(Peter Braestrup)[5], 린스키(Martin Linsky)[6] 등의 연구가 있으며, 더욱 최근의 것으로는 힌델(Keith Hindell)[7], 로빈슨(Piers Robinson)[8], 밀러(Derek Miller)[9] 등의 연구가 있다. 특히, 힌델(Hindell)은 미디어보도가 정책결정자에게 미치는 영향은 두 가지 차원에서 이뤄진다고 주장했다. 하나는 직접적인 것으로 정책결정자가 직접 미디어 보도를 보고 영향을 받는 것이고, 다른 하나는 간접적인 것으로 미디어 보도를 통해 영향을 받은 유권자의 반응이 선거를 통해 정책결정자에게 영향을 끼친다는 것이다.

또, 로빈슨(Robinson)은 미디어가 정책결정자로부터 영향을 받

3) Bernard C. Cohen. 1963. *The Press and Foreign Policy*. Princeton: Princeton University Press. p. 4.
4) James Reston. 1967. *The Artillery of the Press*. New York: NY Harper & Row.
5) Peter Braestrup. 1977. *Big story : how the American press and television reported and interpreted the crisis of Tet 1968 in Vietnam and Washington*. Westview Press.
6) Martin Linsky. 1986. *Impact: How the Press Affects Federal Policymaking*. New York: W.W. Norton & Co.
7) Keith Hindell. 1995. "The Influence of the Media on Foreign Policy," *International Relations*, p. 73-83.
8) Piers Robinson. 2001. "Theorizing the Influence of Media on World Politics : Models of Media Influence on Foreign Policy," *European Journal of Communication*, pp. 523-544; Piers Robinson. 2002. T*he CNN Effect: The Myth of News Media, Foreign Policy and Intervention*, London: Routledge Press.
9) Derek Miller, op. cit.(1997).

는다는 주장을 'Manufacturing Consent paradigm'이라고 부르며, 이러한 주장은 경험적으로도, 이론적으로도 문제가 있다고 지적했다. 그러면서 자신이 고안한 '미디어 정책 상호작용 모델(The Media-Policy interaction model)'을 통해 미디어의 영향력을 강조한 컬버트(Culbert)의 이론과 미디어가 단순히 엘리트의 논쟁만을 따른다는 할린(Hallin)과 버네트(Bennett)의 이론이 서로 모순되지 않고 조화될 수 있다고 주장했다. 동시에 월프펠드(Gadi wolfsfeld)[10]의 '정치적 경쟁 모델(political contest model)'과 자신의 '미디어 정책 상호작용 모델(The Media-Policy interaction model)'을 비교하면서, 이 두 모델이 미디어의 영향력을 설명해 주는 이론적 도구가 될 뿐만 아니라, 미디어의 영향력이 있느냐 없느냐 하는 비생산적인 논쟁을 피할 수 있도록 현존하는 이론들을 조화시키는데도 도움을 준다고 주장했다.

한편, 밀러(Miller)는 미디어의 영향력에 대한 기존의 연구가 미디어의 압력을 어떻게 측정할 것인지에 대한 부분에서 구체적인 고민이 부족했다고 지적한다. 그러면서 명예훼손 법에 대한 역사적 분석을 통해 미디어의 압력을 측정할 수 있는 새로운 방법을 창조해 냈다. 그리고 이를 바탕으로 이라크 전쟁에 있어서 미디어 보도가 미국의 외교정책에 어떤 영향을 끼쳤는지 분석했다. 그는 분석을 통해, 비록 미디어의 압력이 미군의 이라크 철수에 대한 부시의 정책 변화를 이끌어내지는 못했다고 결론을 내렸지만, 미디어 보도가 쿠르드를 돕도록 미국 정부를 움직이는데 촉진제 역할을 했을 수 있다는 점에 대해선 인정했다.

이와 반대로, 외교정책에 대한 미디어의 영향력에 관해서 부정적인 의견을 나타내는 연구도 다수 존재한다. 시갈(Leon Sigal)[11]

---

10) Gadi wolfsfeld. 1997. *Media and Political Conflict: News from the Middle East*. Cambridge: Cambridge Unive-rsity Press.

11) Leon Sigal. 1973. *Reporters and Officials: The Organization and Politics of*

이나 아노(Andrew Arno)[12], 헤르만·촘스키(Herman, Edward S.·Norm Chomsky)[13], 도만·파랑(William A. Dorman·ansour Farhang)[14], 할린(Daniel Hallin)[15], 버네트(Lance Bennett)[16] 등에 의한 연구가 있으며, 특히 리빙스턴(Livingston)과 Todd Eachus의 "Humanitarian Crises and U.S. Foreign Policy"[17]가 발표된 이후, 'CNN Effect'로 대표되는 미디어의 영향력에 대한 회의적 시각이 부각되기 시작했다. 이들은 논문에서 뉴스 보도의 흐름을 봤을 때, 소말리아에 대한 미디어의 관심이 부시 정부의 정책을 개입 쪽으로 유도했다고는 볼 수 없으며, "개입으로의 결정은 외교관과 관료의 작용에 의한 결과이며, 미디어 보도는 이러한 결정에 대한 반응으로 나타났다"고 결론을 내렸다.[18] 이후 이러한 견해는 잴러·추이(John Zaller·ennis Chui)[19]와 머민(Jonathan Mermin)[20] 등의 연구에 의해 보완·발전됐다. 특히, 잴러·추이(Zalle

---

Newsmaking. D C Heath & Co.

12) Andrew Arno. 1984. *The News Media in National and International Conflict.* Westview Pr.

13) Herman, Edward S. and Norm Chomsky. 1988. *Manufacturing consent : the political economy of the mass media.* New York : Pantheon Books.

14) William A. Dorman·Mansour Farhang. 1988. *The U.S. Press and Iran: Foreign Policy and the Journalism of Deference.* University of California Press.

15) Daniel Hallin. 1989. The "Uncensored War": The Media and Vietnam. University of California Press.

16) Lance Bennett. 1990. "Toward a Theory of Press-State Relations in the United States," Journal of Communication, 40(2), pp. 103-25.

17) Livingston·Todd Eachus. 1995. "Humanitarian Crises and U.S. Foreign Policy: Somalia and the CNN Effect Reconsidered," *Political Communication*, Vol. 12, No. 4. (October 1995), pp. 413-429.

18) Ibid., p. 427.

19) John Zaller and Dennis Chiu. 1996. "Government's Little Helper: U.S. Press Coverage of Foreign Policy Crises, 1945-1991," Political Communication, Vol. 13, October-Cecember.

20) Jonathan Mermin. 1997. "Television News and American Intervention in Somalia :

r·ennis Chui)는 버네트(Bennett)의 연구가 의회의 의견을 측정하는데 실패했다고 하면서, 외교적 사건에서 나타난 보도의 호전성과 온건성에 주목하며 버네트의 가설을 재측정 했는데, 결과적으로는 이러한 새로운 방법을 통해 미디어의 영향력에 회의적 시각을 나타낸 버네트의 가설을 강하게 지지했다.[21] 이 밖에도 BBC 뉴스 프로그램의 앵커인 고윙(Nic Gowing)[22]은 국제관계에서 충돌을 막기에는 미디어의 보도가 대개 너무 느리다고 하면서, 국제적인 충돌을 막는데 있어 미디어의 힘이 여전히 부족하다고 주장했다.

한편, 양쪽의 견해를 모두 수용할 수 있는 이론도 시도되어 왔다. 미디어와 외교정책에 대한 초기 연구자인 코헨(Cohen)은 미디어가 외교정책 수립과정에서 중요한 역할을 담당하고 있다고 강조하면서도, 미디어와 외교정책 결정자는 서로 영향력을 주고받는 '공생'의 관계라고 주장했다. 이렇게 코헨에 의해 제기된 '공생'이라는 개념은 헤퍼난(O'Heffernan)에 의해 '함께 진화해 나간다는 공생과 반목(co-evolution)'이라는 개념으로 발전됐다. 그는 기자와 정책결정자 양자가 때로는 공동의 이익을 추구하고 때로는 모두에게 피해를 주는, 그리고 대부분의 경우 이 두 가지가 함께 일어나는 가운데 서로 성장해 나간다고 주장했다.[23] 즉 헤퍼난은 결국 미디어와 정부의 관계는 상호 착취적인 관계가 서로 연계되어 있는 관계(interdependent mutual exploitation)라고 말한다.[24]

The Myth of a Media-Driven Foreign Policy," Political Science Quarterly, Vol. 112, No. 3 (Autumn, 1997), pp. 385-403.

21) Miller, op. cit.(2007), p. 12.

22) Nic Gowing. 2000. "Media Coverage: Help or Hindrance in Conflict Prevention?," in Stephen Badsey. Ed. The media and international security, London : F. Cass, p. 205.

23) 김용호. 1999. 『외교안보정책과 언론 그리고 의회』. 서울: 오름, p. 183.

24) Patrick O' Heffernan, op. cit.(1991).

베리(Nicholas O. Berry)도 그의 저서 『Foreign policy and the press』[25]에서 미디어와 외교정책에 관한 기존의 연구를 크게 두 가지로 나눌 수 있다고 정리했다. 하나는 미디어가 외교정책 수립과정에서 중요한 역할을 한다는 것이고, 다른 하나는 미디어가 외교정책자들에 의해 이용당하는 수동적인 꼭두각시에 불과하다는 연구라고 했다. 그러면서 외교정책에서 미디어의 독립적인 역할이 아주 미미하고, 마찬가지로 정부에 의한 미디어 조작도 아주 미미하다는 가정을 살펴봄으로써 기존 두 주장의 중간 개념에 도전하기도 했다.

앞서 언급했던 봐와 같이 로빈슨(Robinson)도 '미디어 정책 상호작용 모델(The Media-Policy interaction model)'을 통해 미디어의 영향력을 강조한 이론과 미디어가 단순히 엘리트들의 논쟁만을 따른다는 이론이 서로 모순되지 않고 조화될 수 있음을 보여줬다.

비교적 최근의 연구로는 바움(Matthew A. Baum)과 포터(Philip B. K. Potter)에 의해 발표된 논문인 『The Relationships Between Mass Media, Public Opinion, and Foreign Policy: Toward a Theoretical Synthesis』를 주목할 만하다. 이 논문은 우선 '미디어와 여론, 외교정책의 관계'에 대한 기존의 연구들을 간략히 살펴본 후, 〈그림 2〉에서 그 영향관계를 정리했다.

바움과 포터는 기존의 이러한 연구들이 미디어와 여론, 외교정책(리더) 사이의 관계에 대한 추상적인 추측들을 명확하게 드러나게 해 준 공헌이 있다고 평가했다. 하지만, 이러한 관계는 너무 복잡하며, 각각의 연구는 외교정책과 관련된 행위자들 사이의 쌍변적 인과관계를 밝히는 것에 집중한 나머지 전체적인 관계를 설명하는데 모호한 점이 있었다고 평가한다.

---

25) Nicholas O. Berry. 1990. Foreign policy and the press : an analysis of the New York times' coverage of U.S. foreign policy. New York : Greenwood Press.

〈그림 2〉 기존의 연구들이 나타낸 미디어와 여론, 외교정책 사이의 관계

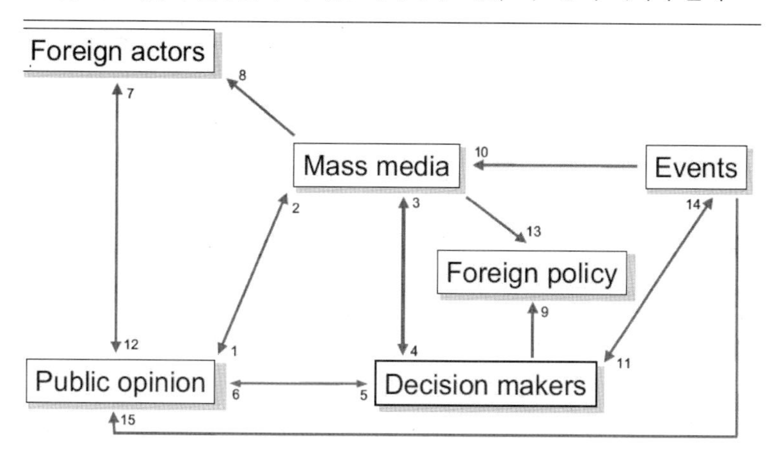

1) Paletz 2002, Graber 2002, Reese 2001, Baum 2003
2) Hamilton 2003, Zaller unpublished manuscript
3) Cohen 1963, Sigal 1973, Bennett 1990, Brody 1991
4) Powlick 1995, Denham 1997, Merril 1995, Malek 1996
5) Powlick 1991, Eisinger 2003, Meuller 1995
6) Zaller 1992, Lewis 2001, Brody 2001, Jentleson 1992
7) Evans, Jacobson, & Putnam 1993
8) Finel & Lord 1999
9) Hermann & Hermann 1989, Mintz 2004, Kolodziej 1981
10) Gartner 2004, Graber 1997, Tifft & Jones 1999
11) Behr & Iyengar 1985, Andrade & Young 1996
12) Manheim & Albritton 1984, Zhang & Cameron 2003
13) Sharkey 1993, Wolfsfeld 2004, Stetch 1994, Rotberg & Weiss 1996
14) DeRound & Peake 2000, Clark 2003, James & Oneal 1991, Meernik 2004
15) Feaver & Gelpi 2004, Mueller 1973, Slantchev 2004, Kull & Ramsay 2001

〈출처: Baum, Matthew A. and Potter, Philip B. K.. 2008. The Relationships Between Mass Media, Public Opinion, and Foreign Policy: Toward a Theoretical Synthesis. Annual Review of Political Science. Vol. 11 Issue 1, p. 41.〉

그러면서 이들 행위자들을 보다 역동적인 상호작용을 통해 외교정책을 생산해 내는 '외교정책 시장(foreign policy marketplace)'의 동등한 행위자로서 인식할 때 비로소 미디어와 여론, 외교정책 사이의 관계를 더 명확하게 이해할 수 있을 것이라고 주장하며 다음과 같은 새로운 논리를 전개했다.

이들은 〈그림 3〉을 통해 외교적 충돌에 있어 리더와 대중 사이에는 정보의 갭이 발생하지만 이는 시간이 흐르면서 점차 작아지는데, 미디어가 바로 리더와 대중 사이의 이 정보 갭 사이에서 중간자 역할을 담당한다고 주장한다. 즉, 군사적 충돌 발생 초기에는 대중들이 일반적으로 외교문제에 대해 큰 관심을 갖지 않는다. 하지만, 사상자라던가 엘리트 사이의 불협화음, 리더가 사실을 왜

곡한 증거가 드러나는 등의 여러 요인에 의해 대중들은 더 많은 정보를 얻고 싶어 하고, 시간이 흐르면서 리더와 대중 사이의 정보 갭은 줄어든다는 것이다. 그리고 여기서 미디어가 중요한 역할을 담당하는데, 왜냐하면 미디어가 이러한 역동성을 만들어 내기 때문이라는 것이다.[26)]

〈그림 3〉 군사적 충돌시, 시간의 흐름에 따른 리더와 대중 사이의 정보 차이

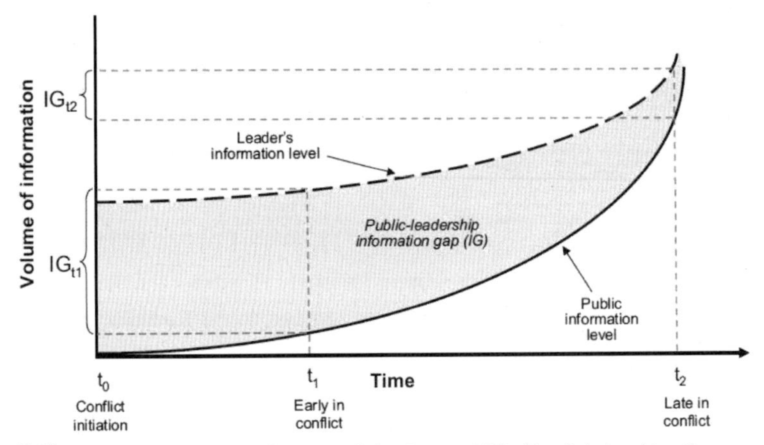

출처: Baum, Matthew A. and Potter, Philip B. K.. 2008. The Relationships Between Mass Media, Public Opinion, and Foreign Policy: Toward a Theoretical Synthesis. Annual Review of Political Science. Vol. 11 Issue 1, p. 42.

이러한 모형은 기존의 쌍변적 인과관계에만 집중했던 연구들로는 설명하기 힘든 개념으로, 바움과 포터은 인과관계에 대한 경직된 시각보다는 이러한 동적인 조정과정을 통해 기존의 분리된 견해들을 하나의 명확한 틀(framework)로서 조화시킬 수 있다고 주

26) Baum, Matthew A. and Potter, Philip B. K.. 2008. "The Relationships Between Mass Media, Public Opinion, a-nd Foreign Policy: Toward a Theoretical Synthesis," Annual Review of Political Science. Vol. 11 Issue 1, p. 43.

장한다. 동시에 이 개념이 초보적인 연구결과로서 보완해야 할 부분이 많다고 인정하면서도, 미디어를 외교정책 수립과정에서의 컨베이어 벨트 역할에 불과하다는 시각은 수정되어야 하며, 미디어를 외교정책 수립과정의 독립적이고 전략적 행위자로서의 역할로 승격시켜야 한다고 강조한다.[27)]

이상에서 살펴본 봐와 같이, 미디어와 외교정책에 대한 기존의 연구들은 강조하는 부분에 따라 미디어를 외교정책 수립과정의 중요한 행위자로 보는 시각이 있는가 하면, 미디어가 외교정책 결정자(또는 엘리트 계층)으로 부터 영향을 받는 수동적인 존재에 불과하다는 시각이 존재한다. 또 이 두 가지의 입장을 조화시키기 위한 이론도 시도되어 왔다. 물론, 이와 같이 미디어와 외교정책 사이에서 인과관계의 존재 유무나, 인과관계의 방향, 영향력의 크기 등에 대해서는 다양한 견해가 존재하고 있음에도 불구하고, 공통적으로 미디어가 외교정책에 대해 어느 정도의 영향력을 가지고 있음은 거의 모든 학자와 미디어 관계자들에 의해 인정되어 왔다.

실제로, 헤퍼난(O'Heffernan)이 미국, 나토, 러시아의 전, 현직 공무원(장교) 153명을 대상으로 실시한 설문조사에 따르면, 대중들에게 가장 중요한 영향력을 가진 것이 무엇이냐는 질문에 75퍼센트가 미디어가 가장 강력한 영향력을 가지고 있다고 대답했고, 21퍼센트만이 정부 관료라고 대답했다.[28)] 유재천·이민웅도 한국의 외교정책 관료 403명과 기자 196명을 대상으로 조사한 결과, 외교정책 관료들이 외교정책의 '문제인지'와 '결정', '평가' 단계에서 미디어의 영향을 강하게 받고 있음을 밝혔다.[29)] 또, 김용호의 조사

27) Ibid., p. 57.
28) Keith Hindell, op. cit.(1995), p. 74.
29) 유재천·이민웅, 앞의 책(1994).

에서도 외교통상부를 출입하는 대부분의 기자들이 정책결정과정이나 집행과정에서 자신들이 어느 정도의 영향력을 갖고 있다고 인정했으며, 특정 정책이 발표되기 이전에 사장시키거나 대중의 지지를 유도해 성공으로 이끈 경험이 있다는 기자도 45.8%나 되는 것으로 나타났다.[30] 한편, 허재철은 일본 미디어의 대북보도를 분석함으로써, 일본 미디어가 북한을 악마화 하고, 이를 통해 일본 국민들의 대북 인식에 부정적 영향을 끼쳐 결국 일본정부가 대북 강경외교정책을 취하도록 유도했다고 분석했다.[31]

2절 '사회주의' 국가에서의 미디어 보도와 외교정책

앞에서 살펴 본 선행 연구들은 주로 자유주의 국가의 미디어와 정부의 외교정책을 대상으로 이뤄진 성과들이다. 따라서 자유주의 체제를 기본 운영원리로 하고 있는 한국과 일본의 경우 이러한 연구 성과들이 미디어와 외교정책의 관계에 있어 중요한 이론적 근거가 된다.

그렇다면, 사회주의 체제를 채택하고 있는 중국의 경우 미디어와 정부 또는 미디어와 외교정책 사이의 관계를 어떻게 규정할 수 있을까?

중국에서는 대외전파(對外傳播), 대외보도(對外報道), 대외선전(對外宣傳), 국제전파(國際傳播), 국제뉴스(國際新聞) 등의 용어로서 미디어와 정부, 또는 미디어와 외교정책에 관한 논의가 이뤄져 왔다. 하지만, 이러한 논의는 학술계에서 이뤄진 체계적인 연구보

30) 김용호, 앞의 책(1999), p. 104.
31) ホジェチョル. 2008. "日本メディアの北朝鮮報道." 同志社大學 修士學位論文.

다는 미디어 보도와 관련된 실무적 성격의 정책이나 현황 보고서가 많고, 학술적인 연구들도 서방의 이론들을 소개하는 정도에 머무르고 있다.

허궈핑(何國平)은 그의 저서 『중국 대외보도 연구(中國對外報道思想研究)』(2009)에서 "중국공산당과 정부, 미디어 기관은 기본적으로 영도하고 영도 받는 수직 관계다. 당과 정부는 미디어 기관에 대해 직접적이고 전면적인 강력한 통제권을 갖고 있다"[32]라고 중국에서의 미디어와 정부의 관계에 대해 언급했다. 특히, 중국의 미디어 기관은 당과 정부, 인민의 대변자로서 당과 정부의 각종 방침과 정책 및 정보를 선전하는 전파 도구라고 하면서, 〈국무원 신문판공실(國務院新聞辦公室)〉과 〈중앙대외선전판공실(中央對外宣傳辦公室)〉을 국가차원에서 대외보도 실천 활동을 주도하는 중앙 기관으로 지목했다.[33]

또한, 국제관계학 분야의 학자인 쟝창잰(蔣昌建)·션이(沈逸)는 중국의 미디어가 외교정책 제정 과정에서 다섯 가지의 기능을 담당하고 있다고 말한다.

첫 번째는 당과 정부의 '대변인'이 되어야 한다는 것이고, 두 번째는 전문 지식인이 자기 의견과 입장을 밝혀 전달하는 '확성기' 역할을 해야 한다는 것이다. 특히 '확성기' 역할은 중국 외교정책 제정에 영향을 주는 뛰어난 인물이 미디어를 통해 정책에 대한 설명과 해설을 덧붙여 더 많은 지지자들을 끌어안을 수 있도록 만드는 기능을 한다고 주장한다. 이어 세 번째 기능은 정책을 토론하는 '경기장'이 되어 서로 다른 정책과 주장을 갖고 있는 사람들한테 열띤 토론의 기회를 제공하는 것이고, 네 번째는 정책 결정

32) 何國平 저·김일억 역. 2012. 『중국 대외보도 연구』. 서울: 커뮤니케이션북스, p. 212.
33) 위의 책, p. 108.

과정에 압력으로 작용하면서 정책 결정 시간을 앞당기는 '가속기' 역할을 한다는 것이다. 마지막으로 다섯 번째 기능은 일반 대중들이 특정국의 대외 정책에 대해 불만을 표출할 수 있는 '안전판' 역할을 한다는 것이다.[34)]

이들의 주장을 종합해 보면, 중국의 미디어는 자유주의 국가의 미디어와 달리 미디어가 거의 일방적으로 당과 정부의 지도를 받는 즉, 당과 정부로부터 수직적으로 영향을 받는 존재임을 알 수 있다. 이에 따라, 외교정책과 관련해서도 당과 정부의 외교정책을 미디어가 일방적으로 따르는 구도가 형성되어 있음을 알 수 있다.

하지만 일차적으로 미디어가 정부의 외교정책을 따르는 구도가 형성되어 있음에도 불구하고, 미디어 보도가 일정 정도 정부의 외교정책에 영향을 끼치는 역할도 하고 있음을 알 수 있다. 앞서 쟝창쟨(蔣昌建)·션이(沈逸)가 언급한 '경기장'의 기능과 '가속기'의 기능, '안전판'의 기능은 중국의 미디어가 제한된 범위에서나마 정부의 외교정책에 영향을 미칠 수 있음을 말해준다. 즉, 중국에서도 미디어가 외교정책 제정 과정에 미약하나마 일정 정도의 영향을 미치고 있음을 말해 준다.

이러한 주장은 오늘날 점차 그 중요성이 강조되고 있는 공공외교, 특히 미디어를 이용한 공공외교라는 개념을 통해서도 뒷받침될 수 있다.

공공외교라는 개념을 처음으로 사용한 사람은 직업 외교관이었던 에드먼드 걸리온(Edmond Gullion)으로 알려진다. 그는 공공외교를 "대외정책의 수립과 집행에 있어 대중의 태도가 미치는 영향"으로 정의하며, "정부에 의한 외국 국민의 여론형성 작업, 민간 그룹 간의 상호교류, 국가 간 이해관계에 대한 대화 및 국경을 넘어

---

34) 蔣昌建·沈逸. 2007. "大衆傳媒与中國外交政策的制定."《國際觀察》2007年01期.

선 정보와 신념의 교류"[35]라고 설명했다. 한편, 폴 샤프(Paul Sharp)는 "국민들의 이익을 증진하고 가치를 높이기 위하여 다른 국가의 국민들과 직접적인 관계를 맺는 과정"[36]이라고 좀 더 간결하게 정의하기도 한다. 즉, 기존의 외교활동이 정부 관료인 외교관들 사이에서 이뤄진 반면, 오늘날 주목을 받고 있는 공공외교는 정부가 상대국 국민을 대상으로 직접 외교활동을 펼치거나, 자국의 국민이 직접 상대국 정부를 상대로 외교행위를 펼치는 것이다. 외교의 행위자와 대상자가 일반 국민으로까지 확대된 것이다. 그리고 이러한 공공외교는 외교 행위자와 대상을 확대시켰을 뿐 아니라 외교활동의 수단도 다양화 시켰는데, 미디어도 공공외교의 수단으로서 날로 그 역할이 중요해지고 있다.[37] 물론 여기에는 뉴스 미디어도 포함된다.

이에 따라 중국도 미디어를 통한 공공외교에 관심을 기울이고 있다.

린제(林婕)는 과거에 있어 정부는 국제사회에서 국가 이미지를 형성하고, 대외정책을 결정하는 강력한 결정권자였지만, 지금은 미디어 특히 인터넷 등 뉴 미디어가 전 세계를 직접 연결하고 있어 공공외교의 내용과 방식을 점차 바꾸고 있다고 주장한다. 그러면서 중국이 새로운 형식의 공공외교를 발전시키고, 국제사회에서 중국의 국가 이미지를 개선시키며, 중국에 대한 국제사회의 진정한 태도를 이해하고자 한다면 반드시 미디어의 역할을 중시해

35) 김성해·강국진. 2007. 『국가의 품격과 저널리즘 외교』. 서울: 한국언론재단, p. 17.

36) An Melissen ed·박종일·박선영 역. 2008. 『신공공외교:국제관계와 스프트파워』. 서울: 인간사랑, p. 45.

37) 예를 들어, 최근 많은 국가들이 중국 국민을 상대로 공공외교를 펼치기 위해서 공식 웨이보(微博)를 만들어 중국 국민들과 직접 소통을 벌이고 있다.

야 한다고 주장한다.[38]

또한 청만리(程曼麗)는 중국 이미지는 서방 미디어들이 수립한 것이며 여기에는 '고정 관념'으로 가득하다고 지적하면서, 중국이 서방국가가 이미 설정해 놓은 기존의 편견을 극복하려면 반드시 국제 여론의 의제 설정 속에 들어가야 한다고 주장한다.[39] 그러면서, 다른 나라와 마찬가지로 중국의 대외관계에 중요한 영향을 끼치는 것이 중국 자신의 종합국력이고, 이 종합국력을 강화하기 위해서는 '軟實力(소프트파워)'을 키워야 하며, 소프트파워를 키우기 위해서는 미디어 전략을 잘 세워야 한다고 주장한다.[40] 자오치정(趙啓正)도 2004년 5월 칭화대학에서 행한 연설에서 "세계를 향해 중국을 말하는 능력이 곧 '소프트파워'다"라고 하며, '국제 지위'와 '소프트파워' 등의 중요한 국제 목표를 달성하는 것이 곧 바로 대외보도가 나아갈 구체적 방향임을 나타냈다.[41] 이러한 주장은 미디어가 국가 이미지, 외교정책, 국익에 영향을 미치므로 중국도 미디어를 활용하여 적극적으로 중국에 대한 좋은 의제를 설정해야 한다는 것을 의미한다.

허궈핑은 더 나아가 중국이 이미 대외보도를 통해 국제 여론에 영향을 끼치기 위한 '여론 탐색용 기구 띄우기 전략'을 전개하고 있다고도 주장한다.[42] 이는 중국의 미디어가 중국 외교에 영향을 미치는 중요한 요소인 만큼, 당과 정부에서 더욱 적극적으로 미디

---

38) 林婕. 2010. "中國公衆外交中媒体的作用."『中國媒体發展研究報告』2010年 00期, pp. 264-271.

39) 程曼麗. 2008. "論'議程設置'在國家形象塑造中的輿論導向作用."『北京大學學報(哲學社會科學版)』第45卷 第2期.

40) 程曼麗.. 2006. "論我國軟實力提升中的大衆傳播策略."『對外大傳播』2006年 10期.

41) 何國平, 앞의 책(2012), p. 106.

42) 위의 책, p. 257.

어를 외교의 수단으로 활용해야 한다는 인식을 나타낸 것이다.

실제로, 딴런핑(單仁平)은 "조어도는 긴 문장, 마침표가 없다(釣魚島是篇長文章, 沒有句号)"라는 기사에서 "중국 국민들은 지금 확실히 주변국가와의 마찰에 대해 화를 참으며, 일본 및 필리핀, 베트남에 강경하게 대응할 것을 주장하고 있다. 그들은 자주 외교부와 군대가 너무 부드럽다고 불만을 나타낸다. 이러한 불만은 정부의 대외정책에 영향을 미치지 않을 수 없다"[43]라고 하며, 중국 정부의 대외(외교)정책이 여론으로부터 자유롭지 못하다고 말한다.[44] 또한, 리우펑(劉鋒)는 "남해를 말한다. 일부 중국 미디어들은 오류가 너무 많다(談南海, 一些中國媒体紕漏太多)"라는 기사에서 "최근 남(중국)해와 관련한 의제는 이미 미디어 보도의 뜨거운 감자가 됐다. 특히 남해에서 일부 해상 마찰이 발생할 경우 상황은 더더욱 그러하다. 국민의 해양의식을 높이는데 있어, 미디어의 힘은 간과할 수가 없다. 만약 (미디어 관계자들이 남해문제와 관련해서) 공부를 더 한다면, 미디어의 효과는 더욱 좋아질 것이라고 생각한다"[45] 라고 말하며, 일반 국민에 대한 미디어의 영향력을 강조했다. 이를 종합하면, 중국에서도 미디어가 여론에 대한 영향을 통해 외교정책에 간접적으로 일정 정도의 영향을 끼치고 있음을 알 수 있다. 주루이(朱鋭)는 더욱 직접적으로 여론과 미디어가 외교정책 결정과정에 미치는 영향이 점점 더 커지고 있다고 주장하면서, 중국에서의 예로 2008년 '3·14 티벳 폭력 사건'과 '5·12 원촨 대지진 사건'을 들었다.[46]

---

43) 單仁平. 2012. "釣魚島是篇長文章, 沒有句号." 『环球時報』(7월 14일), 7.

44) 王存剛은 사례연구를 통해 전체적으로 아직 부족하긴 하지만, 중국에서도 일반 국민의 외교에 대한 참여가 매우 적극적으로 이뤄지고 있으며, 그 영향력도 점차 강해지고 있다고 주장했다.(王存剛. 2010. "公衆對中國外交的參与及其影響." 『外交評論』. 2010年第3期, pp. 74-96.)

45) 劉鋒. 2012. "談南海, 一些中國媒体紕漏太多." 『环球時報』(6월 29일), 7.

〈그림 4〉 2011년 한국 해경 사망사건 당시, 한국 및 미국 미디어의 보도 사례

Chinese Fisherman Kills South Korean Coast Guardsman

Yonhap, via Reuters

Relatives at a hospital in Incheon, South Korea, mourned a Coast Guard member who was stabbed to death on Monday when Chinese crewmen resisted an attempt to impound their boat.

By CHOE SANG-HUN

뉴스캐스트 톱뉴스 | 정치 | 경제 | IT/과학 | 사회 | 국제 | 스포츠 | 문화/연예 | 스페셜 | 지역

chosun.com 편집 12-13 12:14 | 의견 구독

- [단독] 순직 경장 "싸움 자신 있다" 말한 후… 톱뉴스
- 中어민들이 해경 우습게 보는 이유 있었다 정치

돈 잔뜩 가져온 중국인 "관광 대신 밤에…" 사회

- 13cm 티라노사우루스 이빨, 낙찰가에 '깜짝' 경제
- [단독] 중국에 화난 이 대통령, 내달 방중을… 정치
- 中네티즌 "증거 부족… 한국 경찰 책임" 주장 국제
- [단독] 피죤 청부폭행 실행한 男 숨진채 발견 사회
- 불법조업하는 중국어선에 발포 불사하는 나라 국제
- '야한 오이지'로 불리며 욕먹던 건물, 지금은 경제

한편, 중국 미디어의 외국관련 보도내용이 중국 내에 살고 있는 해당 국가의 국민이나 미디어를 통해 해당 국가의 여론 및 정부의 외교정책에 변화를 불러일으키고, 이것이 결국 중국의 외교에도 영향을 미치는 경우도 있다. 예를 들어, 지난 2011년 12월 12일, 황해에서 불법조업을 하던 중국어선을 단속하던 한국의 해양

46) 朱鋭. 2008. "外交決策中的公衆輿論与媒体因素."『当代世界』, 2008年08期, p. 43-46.

경찰이 중국 어민이 휘두른 흉기에 찔려 사망하는 사건이 발생했다. 당시, 중국 미디어의 보도 내용이 한국 미디어를 통해 한국 국민에게 전해졌고, 이것이 한국 국민의 중국에 대한 여론에 부정적인 영향을 끼쳤다. 결국 이러한 여론이 한국의 對중국 외교에도 반영되어 중국과 한국 사이에는 외교적으로 냉각기가 형성되기도 했다.

중국 미디어가 중국 국내 사건에 대해서 보도한 내용이 중국의 외교에 영향을 미친 사례도 찾아볼 수 있다. 2013년 1월 초순, 중국 광동(广東)성에서 발간되는 유력 주간지《난팡저우모(南方周末)》신년특별호를 둘러싸고 사전 검열 문제가 크게 불거진 일이 일어났다. 인터넷 웨이보(중국판 트위터)에 올라온《난팡저우모》기자들의 성명에 따르면, 1월 3일에 발간된 신년 특별호에서 특약평론가가 "중국의 꿈, 헌정(憲政)의 꿈"이란 제목의 글을 썼는데, 이것이 광동성 당위원회 선전부장의 수정요구에 의해 "우리는 그 어느 때보다 꿈에 근접해 있다"는 제목의 시진핑(習近平) 총서기 찬양 글로 바뀌었다는 것이다. 이에 분노한 기자들이 수정되기 전의 원고를 인터넷에 공개하며 선전부를 비판하면서 이 문제가 여론화되기 시작했다.

이 때 베이징(北京)의 일간지《신징빠오(新京報)》는 검열을 반대하는《난팡저우모(南方周末)》의 입장을 신문지면을 통해 간접적으로 지지했고, 반면《런민(人民)일보》의 자매지인《환치우스빠오(环球時報)》는 "南方周末"致讀者"實在令人深思" 제목의 사설을 통해 선전부에 의한 검열의 정당성을 직접적으로 지지했다. 해외의 많은 미디어들도 이 사건을 비중 있게 보도하며, 중국의 미디어 환경(언론정책)을 비판했다.

특히 미국의 국무부 대변인은 1월 9일 정기 기자회견에서 "중국이 근대적이고 정보를 바탕으로 한 경제, 사회를 구축하려는 노력과 일치하지 않는다"고 하면서 중국의 검열제도를 비판했다. 이에 중국 외교부 대변인 홍레이(洪磊)는 정례 기자회견에서 "중국은 어떤 국가나 사람이 어떤 방식으로든 중국의 내정에 간섭하는 것에 반대한다"고 반박했다. 중국의 미디어가 국내 문제에 대해 보도한 내용이 미국과 중국사이의 외교문제로까지 발전한 것이다.

뿐만 아니라, 미디어가 정부의 방침에 따라 외교관련 사안에 대해 일체 보도를 하지 않더라도, 보도하지 않는 것 자체가 정부의 외교정책에 영향을 준 사례도 있다. 1994년 3월 31일 저녁, 저장성(浙江省) 순안현(淳安縣) 첸다오후(千島湖)에서 호화 여객선 '하이루이(海瑞)'에 괴한 3명이 침입해 무자비하게 흉기를 휘둘러 타이완 승객 24명을 포함하여 32명이 살해되는 사건이 발생했다. 하지만 사건 발생 직후 현지 지방 정부와 공안 기관은 사건 발생 사실을 은폐한 채 대외로 발표하지 않았다. 당국이 신뢰성 있는 정보를 발표하지 않자 타이완과 해외 미디어가 대대적으로 근거 없는 추측 보도를 쏟아내면서 우발적인 돌발 사건이 '군과 경찰이 낀' 정치 사건으로 조작되어 양안 관계가 한 순간 긴장 국면에 빠져들게 됐다.

또한, 2001년 4월 1일 '중·미 군용기 충돌 사고' 발생 후, 중국 미디어가 이에 대해 거의 보도하지 않은데 반해, 미국을 포함한 해외 미디어들은 이 사건에 대해 많은 보도를 내보냈다. 결과 해외 대중들은 미국 미디어의 정보에 의존하게 되면서 중국에 대한 나쁜 선입관과 편견에 빠지게 되어 중국의 대외정책에 악영향을 미쳤다.[47]

---

47) 何國平, 앞의 책(2012), pp. 239-240.

〈그림 5〉 2011년 서해에서 불법조업 중인 중국어선을 단속하던 한국 해경이 중국 어민이 휘두른 흉기에 찔려 사망했다. 당시, 오히려 한국 해경의 폭력적 진압을 강조한 중국 미디어의 보도 사례.

环球网评论　　　　环球网评论频道 | 环球网

今日话题　2011年12月13日 第 197 期　理性解读中国 客观谈论世界　查看以往话题 TOPIC

周边"渔业冲突"，背后隐患令人忧

导语："中国渔民刺死韩国海警"，这条消息无疑已经成了近日的舆论焦点。不管是在中国，还是在韩国。其实，"渔业冲突"绝对是个老话题，"刺死海警"也很难说就是"偶然"现象。因为在世界范围内，渔业冲突由来已久，而出人命的事情这已不是第一次。就中国和韩国来说，早在2008年，一名韩国海警在试图盘查中国渔船时落水身亡，韩国媒体还曝出韩国海警与中国渔船"人质交换"，韩国舆论就曾称中国渔民为"海盗"、"暴民"。韩国早已针对中国渔民而从人员、配备上进行了充分的对抗准备。可以说，这种隐患一直存在，如果不解决，还会一直存在下去。而每个"偶然"的事件，实则是隐患爆发的表现。

除了这种威胁渔民或执法者个体生命的隐患，还可能更大的国家间的隐患，比如海域主权争端、石油开采权争端，乃至外交争端、民族对立等等。这些都是潜藏着的冲突点。这次事件的发生，除了要妥善处理外，更提醒了我们，应该着手从根源上解决这些问题了。

环球时报 GLOBAL TIMES

右翼继续包围使馆　媒体要求中国道歉

韩国仍被愤怒情绪左右

比利时「屠杀」戳痛欧洲

海警"被刺死"事件，韩国舆论须冷静

江浙财团直投

〈그림 6〉《신징빠오(新京报)》는 비유적인 광고를 통해 중국 당과 정부의 검열 정책을 비판했다.

新京报 消费WEEKLY

D20美食

南方的粥

[illegible]

*사진은 《난팡저우모(南方周末)》와 발음이 비슷한 《난팡더저우(南方的粥): 남쪽 지방의 죽》을 극찬하며, 이를 적극 소비하자는 내용의 광고.

이상에서 살펴본 봐와 같이, 사회주의 제도를 택하고 있는 중국의 미디어는 자유주의 국가와는 달리 외교정책과 관련해 미디어가 정부와 당으로부터 거의 일방적으로 영향을 받는 관계가 형성되어 있다. 하지만 이렇게 일차적으로 미디어가 정부와 당으로부터 영향을 받음에도 불구하고, 점차 미디어 보도가 〈그림 7〉과 같이 다양한 경로를 통해 정부의 외교정책에 일정 정도의 영향을 미치고 있다는 점도 부정할 수 없다. 즉, 중국의 사회주의 체제 아래에서도 정도의 차이는 있을지언정 미디어가 외교정책에 영향을 미치는 구도가 형성되어 있는 것이다.

〈그림 7〉 중국의 미디어와 외교정책 사이의 주요 영향 관계

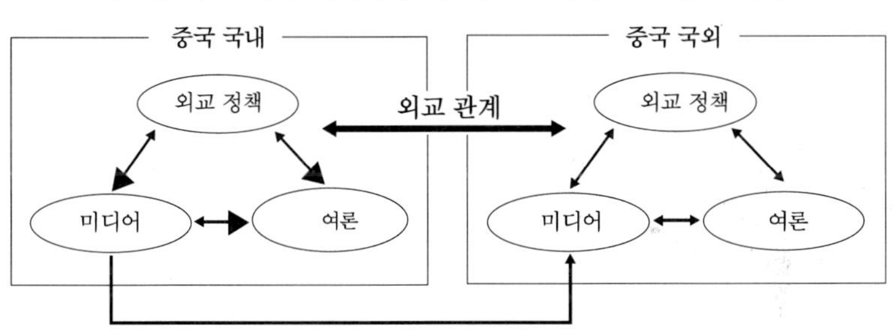

3절 지역인보에 대한 미디어 보도의 영향

앞서 살펴본 내용을 종합하면, 자유주의 국가의 미디어와 사회주의 국가의 미디어, 즉 한·중·일 3국의 미디어 모두가 정도의 차이는 있지만, 모두 외교 정책에 일정 정도의 영향을 끼치고 있음을 알 수 있다.

그렇다면 이러한 사실을 바탕으로 미디어 보도와 지역 안보의 관계를 생각해 보면 어떨까? 이를 위해 먼저 외교란 무엇인가에

대해 살펴보자.

외교란 포괄적 의미에서 "국가를 대표하는 관료들에 의하여 행해지는 국가 간 모든 공적 행위"이며, 외교정책의 결정 및 집행 과정까지 포함하는 모든 대외적 관계를 총칭한다.[48] 한편, 니콜슨경(H. Nicolson)에 따르면, 외교란 "국가 간의 관계를 처리하는 외교관의 기술"을 의미하며, 이는 대외관계에서 최소의 비용으로 최대의 국가이익을 달성하려는 평화적인 노력을 말한다.[49] 즉, 외교란 국가이익을 얻기 위한 평화적 대외행위라고 말할 수 있다.

그렇다면, 외교의 목적이라 할 수 있는 국가이익이란 무엇인가?

국가이익은 주권국가가 대내외적으로 인지하고 추구하는 하나의 중요한 가치(values)라고 볼 수 있는데, 이러한 개념 자체가 매우 추상적이다. 역사적으로 보면 국가이익이란 개념은 본래 16~17세기에 영국, 프랑스, 이탈리아 등 유럽에서 근대 민족국가가 형성되면서 관심의 대상이 되기 시작했다. 왕의 의사나 왕실의 이익, 왕조의 이익 같은 명분이 더 이상 힘을 가질 수 없게 되자 그에 대체되는 개념으로 등장하게 된 것으로 알려져 있다. 국가이익이란 그런 점에서 비교적 근대적 개념에 속하는 것이라고 할 수 있다. 그리고 그것은 다른 나라에 대해서 자국의 이익을 지킨다는 뜻으로 주로 대외적이고 외교적인 용어로 사용된 것이라고 할 수 있다.[50] 씽위에(邢悅)는 국가이익을 객관이익과 주관이익의 개념으로 설명하며, 이 중 객관이익은 생존, 독립, 경제적 재부(財富),

---

48) Joseph Frankel. 1988. *International Relations in a Changing World.* Oxford : Oxford University Press, pp. 135-38; 박준영 외(공저). 2008. 『정치학』. 서울: 박영사, p. 318에서 재인용.

49) H. Nicolson. 1964. *Diplomacy.* N.Y.: Oxford University Press, p.15; 구영록. 1986. 『인간과 전쟁』. 서울: 법문사, p. 84에서 재인용.

50) 팽원순. 1991. "언론의 자유와 국익." 『언론중재』 1991년 여름호.

집단 자존 등 주로 한 국가가 대외관계 속에서 추구하는 요소를 가리킨다고 말한다.[51] 미국의 경우는 국가이익을 생존(survival), 건실하고도 성장하는 국가경제(a healthy and growing economy), 민주주의(democracy), 안정적이면서 안전한 세계(a stable and secure world), 튼튼하고 활력이 넘치는 동맹관계(healthy and vigorous alliance relationship)로 정의하고 있다. 이런 모든 것을 한마디로 축약하면, 미국은 생존, 번영, 민주, 국제적 안정과 평화, 동맹관계 유지를 국익이라고 정의하고 있는 것이다.[52] 한편, 뉴트리인(Nuechterlein) 교수는 국가이익을 "한 주권국가가 다른 주권국가들과의 관계에서 인지하는 필요와 갈망"[53]이라고 말하며, 국가이익은 일상적인 개인의 단순한 요구와 바람, 이익을 위한 것이 아닌 국가와 국가 사이에 어떤 문제가 관련됐을 때 발생하는 것으로 보고 있다. 구본학은 국익을 대략 네 가지 정도로 유형화 했는데, 첫째, 국민의 신체적 안전(physical safety) 둘째, 물질적 번영(material well-being) 셋째, 정치적 환경(political environment) 넷째, 국민적 단합(national cohension)이 그것이다.[54] 왈츠(K. N. Walts)로 대표되는 신현실주의 학파는 좀 더 분명히 국가이익이란 안전보장이라고 잘라 말한다.[55]

국익의 개념이 비교적 모호하고, 이에 대한 정의도 다양하지만 대부분의 전문가들이 공통적으로 지적하고 있는 요소가 국가의 안전보장이다. 즉, 국가의 안전은 국익의 기본적인 요소로 인식되고 있는 것이다.

---

51) 邢悦·詹奕嘉. 2008.『國際關系：理論, 歷史与現實』. 上海: 复旦大學出版社, p. 196.

52) 박종인. 2006.『국익과 진실보도』. 서울: 커뮤니케이션북스, p. 8.

53) Donald E. Nuechterlein. 1979. "The Concept of National Interest : a Time for New Approaches." *Orbis*(spring 1979), pp. 75-79.

54) 구본학. 2004.『세계외교 정책론』. 서울: 을유문화사, pp. 98-99.

55) 박현모. 2000.『국제정치학』. 서울: 인간사랑, p. 52.

이상의 내용을 종합하면, 외교는 국가이익을 추구하고, 국가이익은 안보라는 요소를 포함하고 있다. 즉, 안보는 외교 정책이 추구하는 주요 목적 중의 하나가 되는 것이다. 여기에 미디어 보도가 외교정책에 영향을 끼친다는 이론적 근거를 결합하게 되면, 결국 미디어 보도가 안보 문제에도 영향을 끼칠 수 있음을 추론할 수 있다. 더 나아가, 국가 간의 외교 및 안보 문제가 상호 공존하는 지역에서는 각국 미디어의 보도가 지역 안보에도 영향을 끼친다고 볼 수 있다.

4절 언론학의 관점에서 본 미디어 보도와 지역 안보

1. 뉴스 미디어의 유형

지금까지 미디어 보도가 지역 안보에 영향을 미칠 수 있음을 살펴봤다. 본 연구는 이러한 이론적 근거를 바탕으로 지역 안보의 관점에서 뉴스 미디어[56](The press or News Media)의 보도태도를 분석한다. 그런데 지역 안보의 관점에서 한·중·일 뉴스 미디어의 보도태도를 분석하는 것은 국제정치학 영역에서뿐만 아니라, 언론학 영역에서도 큰 의의를 갖는다. 왜냐하면 지역 안보를 중심으로 뉴스 미디어의 보도태도를 분석하는 것은 뉴스 미디어가 언론 본

56) 앞서 언급했던 봐와 같이, 본 연구에서는 '뉴스 미디어'와 '미디어'를 특별히 구분하여 부를 필요성이 없는 한, 연구의 범위를 고려하여 '뉴스 미디어'를 '미디어'로 간략하게 부른다. 단, 본 '4절 언론학의 관점에서 본 미디어 보도와 지역안보'에서는 언론학과 관련한 개념들이 다수 등장하며, 이들을 명확히 구분해서 사용해야 할 필요성이 있어 '뉴스 미디어'와 '미디어'를 구분하여 사용한다. 그리고 본 절의 내용에 대한 이해를 돕기 위해 다시 한 번 주요 개념을 정리하면 다음과 같다.

연의 역할을 수행하고 있는지 확인하는 작업이 되기 때문이다.

이에 대한 이해를 돕기 위해 먼저 뉴스 미디어의 본질적 역할이 무엇인지 살펴보자.

1956년 미국의 언론 학자들인 시버트(Fred S.Siebert)와 피터슨(Theodore Peterson), 슈람(Wilbur Schramm)은 《언론의 4이론(Four Theories of the Press)》을 저술했다. 여기서 이들은 세계 여러 나라의 뉴스 미디어(언론)에 관한 이론들을 그 역사적 변천 과정에 따라 네 가지로 분류했는데, 권위주의 이론(authoritarian theory)과 자유주의 이론(libertarian theory), 사회적 책임 이론(social responsibility theory), 소비에트 공산주의 이론(Soviet communist theory)이 그것이다.[57)]

이 중 권위주의 이론은 역사가 가장 오래 됐으며, 가장 많은 국가들에 의해 적용됐다. 고대 그리스와 로마, 중세 르네상스에 이르기까지 뉴스 미디어는 전제군주제의 권위주의적 통치 방식에 따라 그들을 옹호하기 위한 수단으로 사용됐다. 이러한 미디어의

용어	예
Communication	혼잣말, 대화, 회의, 강연, 방송 등
Mass Communication	방송, 라디오, 강연 등
Media	언어, 기호, TV, 라디오, 인터넷 등
Mass Media	TV, 신문, 라디오, 인터넷 등
News	사건, 사고 등의 내용
press	뉴스를 매스 미디어를 통하여 전하는 행위
News Media = The press = (The) Media	TV 뉴스 프로그램, 신문 등
Journalism	저널리즘

57) Siebert, Frederick S., Peterson, Theodore, Schramm, Wilbur. 1963. *Four Theories of the Press: The Authoritarian, Libertarian, Social Responsibility, and Soviet Communist Concepts of What the Press Should Be and Do*. Illinois : University of Illinois Press.

유형은 17세기 서양에서 자유주의 사상이 확산되면서 점차 약화되었으나, 20세기 들어와 제3세계 국가 등에서 여전히 이 뉴스 미디어 유형이 적용됐다.

반면, 자유주의 이론은 과학적 합리주의와 계몽사상의 대두를 원동력으로 등장한 유형으로, 16세기 영국의 존 밀턴(John Milton)이 그 시조라고 할 수 있다. 그는 1644년 《아레오파지티카(Areopagitica)》를 통해 '사상의 시장'에서 진리와 거짓이 서로 맞붙게 될 때 언제나 진리가 승리하게 된다는 주장을 펼쳤는데, 이것은 오늘날 '자동 조정의 원리(The self-righting principle)'이라는 개념으로 널리 알려져 있다.[58] 그의 사상은 토마스 제퍼슨(Thomas Jefferson)으로 이어져, "내가 만약 신문 없는 정부와 정부 없는 신문 중에서 선택해야 한다면, 나는 주저 없이 후자를 선택할 것이다"라는 말을 남겼다. 그리고 이러한 그의 사상은 미국의 수정헌법 1조로 계승되어 "의회는 표현의 자유, 출판의 자유를 제한하는 어떤 법률도 제정할 수 없다"는 조항을 탄생시켰다.[59] 이와 같은 자유주의 이론은 뉴스 미디어를 입법과 행정, 사법으로부터 독립된 제4부로서 인식한다.

한편, 사회적 책임 이론은 뉴스 미디어의 자유를 보장하기만 하면 민주주의가 발전하고 사회복리가 실현될 것이라는 믿음이 깨지고, 각종 부작용이 발생하면서 대안으로 제시된 이론이다. 미국의 허친스 위원회(Hutchins Commission)는 1947년 《자유롭고 책임있는 보도(A Free and Responsible Press)》에서 보도의 자유와 수정헌법 1조를 확고히 지지하면서도 당시의 뉴스 미디어가 "무의미하고 천편일률적이며, 왜곡되고 오해를 영속화"시킨다고 비난했다.[60]

---

58) J. Herbert Altschull 저·양승목 역. 2005. 『현대언론사상사: 밀턴에서 맥루한까지』. 서울: 나남출판, p. 81.

59) 박종인, 앞의 책(2006), p. 172.

그러면서 바람직한 뉴스 미디어의 상으로서 첫째, 정확하고 종합적인 보도를 해야 하고 둘째, 다양한 의견이 교환되는 광장이 되어야 하며 셋째, 뉴스 미디어는 집단의 의견이나 태도를 수렴하여 전달할 수 있어야 하고 넷째, 사회가 지향해야 할 가치나 목적을 명확히 제시하며 다섯째, 뉴스 미디어는 모든 사회구성원들에 의해 이용되고 접근될 수 있어야 한다고 제시했다.

마지막으로, 소비에트 공산주의 이론이다. 사회적 책임이론이 자유주의 이론에 대한 부분적 수정이었다면, 소비에트 공산주의 이론은 자유주의 언론사상을 전면적으로 부정하는 언론관이다. 즉, 마르크스의 변증법적 유물론 사상에 근거하여, 자본주의가 사회주의로 이행하기 위한 과정에서의 미디어 역할에 관심을 두었다. 이에 따라 마르크스와 엥겔스는 "출판물은 근로대중에 대한 정치적 교육의 강력한 수단이며, 당의 요구를 내세우고 반대당의 논리를 비판하는 것"이라고 했으며, 레닌은 "신문, 출판물은 사회주의 건설의 도구가 되어야 한다. 모범 단위의 성과를 상세히 소개하며, 그들 성과의 원인과 경영 방법에 대해서 연구해야 한다"[61]라고 했다.

이와 같은 분류에 대해 비판도 있지만, 오늘날 세계 각국의 뉴스 미디어는 기본적으로 이러한 네 가지 이론을 바탕으로 형성되어 있다는 것이 일반적인 평가다. 물론, 각 국가의 국내 정치 상황과 경제 운영방식, 전통 등에 따라 조금씩 다른 형태로 나타나고 있기도 하다. 예를 들어, 같은 자유주의 이론에 뿌리를 두고 있는 미국과 독일이지만 미국이 독일에 비해 '보도의 자유'에 더 절대적인 가치를 두고 있다. 또한 중국의 뉴스 미디어는 마르크스-레닌주의 사상과 중국공산당 언론사업의 실천적 경험, 그리고 마오

60) J. Herbert Altschull, 앞의 책(2005), p. 521.
61) 夏鼎銘. 2001. "堅持馬克思主義新聞觀."『新聞界』, p. 18.

쩌둥을 비롯한 대표적인 지도자들의 언론 사상으로 구성된 복합적인 모습을 보이고 있으며[62] 조선은 주체사상을 바탕으로 한 '주체의 신문학이론'을 만들어 내기도 했다.[63] 이에 따라, 중국과 조선의 뉴스 미디어는 모두 사회주의 사상에 뿌리를 두고 있지만, 중국이 조선보다 뉴스 미디어의 상품성에 대해 더 관대한 입장을 갖고 있는 등 다른 모습을 보이고 있다.

한편, 프랑스의 언론학 학자 자크 프르레트(Jacques Leprette)와 앙리 피제아(Henri Pigéat)는 2003년에 간행된 저서 『보도의 자유, 프랑스의 역설적 상황(Liberté de la presse. Le paradoxe francaise』에서 다음과 같은 세 가지 유형의 모델을 제시했다.

"첫째는 법의 강력한 개입이 전혀 없는 언론자유다. 이는 영국과 미국의 사례로 대표되는 한 가지 유형이다. 이 두 나라는 언론의 자유라는 점에 대해 절대적이기까지 한 요구를 하고 있다는 공통점을 가진다. 둘째는 법의 지배다. 이는 미국과 영국을 제외한 모든 민주주의 국가에서 나타나며, 또한 1948년 인권선언과 1950년의 유럽인권협약을 탄생시킨 원동력이다. 이들 국가들은 언론자유와 여타의 자유 간의 균형을 맞추기 위해 법이라는 수단을 사용하는데 아무런 불편함을 느끼지 않는다. 독일과 이탈리아, 스페인, 일본이 대표적인 국가다. 셋째는 자율규제다. 이는 스칸디나비아 반도의 특징적인 언론 모델에 해당한다. 대단히 많은 독자들을 가지고 있는 신문들, 정보의 자유에 대한 높은 관심 그리고 아주 강력한 자율 규제가 그 특징이라고 할 수 있다. 스웨덴은 의문의 여지없이 이러한 측면 모두에 걸쳐서 언론의 자유를 가장 완전하게 구현하고 있는 나라 중의 하나다."[64]

---

62) 이봉우. 2004. 『중국신문의 변화와 특성』. 서울: 한국학술정부(주), p. 23.
63) 조선어문학부용. 1989. "신문학개론." 평양: 김일성종합대학출판사; 김영주 편. 1999. 『현대 북한 언론의 이해』. 서울: 한울아카데미, p. 74.

이와 같이, 기존의 연구들은 다양한 시각에서 뉴스 미디어의 유형과 그 이론을 설명하고 있다. 또한, 세계의 각 나라는 이러한 유형을 기본으로 자국의 정치적 이념과 경제적 운영원리 등에 따라 다양한 뉴스 미디어 제도를 확립하고 있다. 이에 따라 뉴스 미디어의 역할에 대해서도 조금씩 입장의 차이가 다르게 나타난다. 자유민주주의 국가에서는 기본적으로 권력에 대한 감시(watch dog)와 정확한 정보 제공, 공개 토론장 제공 등의 역할이 강조되고 있는 반면[65] 중국에서는 정치선전 기능과 정보전달 기능, 여론감독의 기능이 강조되고 있고[66] 중국의 뉴스 미디어는 당과 정부, 인민의 대변자로서 당과 정부의 각종 방침과 정책 및 정보를 선전하는 전파 도구로 여겨지고 있다.[67] 한편, 조선에서는 정치적 수단, 사회혁명과 건설, 대중교양과 대중동원의 위력한 사상적 무기라는 부분이 강조되고 있다.[68]

하지만 아쉽게도 이러한 이론들은 뉴스 미디어를 포함하고 있는 커뮤니케이션의 현상적인 기능에 대해서는 언급하고 있지만, 커뮤니케이션의 발생 배경과, 그 본질적인 역할 등에 대해서는 충분한 설명이 부족하다. 특히, 원시시대와 근대사회 또는 자유주의와 사회주의 등 시대와 지역, 이념을 뛰어넘어 공통적으로 적용할 수 있는 뉴스 미디어의 본질적인 역할을 설명하기엔 한계가 있다.

---

64) 박종인, 앞의 책(2006), p. 171.

65) CURRAN, James. 2002. *Media and Power.* London; Routledge; Bill Kovach and Tom Rosenstiel. 2006. *The Elements of Journalism.* New York: Three Rivers Press, p. 13.

66) 이봉우, 앞의 책(2004), p. 63.

67) 何國平, 앞의 책(2012), p. 108.

68) 조선어문학부용, 앞의 책(1990), p. 74.

2. 사회적 존재로서의 인간과 뉴스 미디어의 역할

여기에 대한 대답을 찾기 위해서는 먼저 세계와 인간에 대한 철학적, 역사적 고찰이 필요하다. 왜냐하면 뉴스 미디어를 포함한 커뮤니케이션이란[69] 세계와 동떨어진 어떤 특별한 존재가 아니라 세계를 구성하고 있는 하나의 구성물이며, 이는 인간의 활동과 밀접한 관련을 맺고 있기 때문이다. 실제로 오미영·정인숙은 "커뮤니케이션(Communication) 행위의 핵심을 이루는 존재는 인간이다. 어떤 형태의 커뮤니케이션이든 그것의 시작과 마지막에는 인간이 있다. 그러므로 커뮤니케이션을 안다는 것은 곧 인간을 안다는 것과 다름없다"[70]고 말한다. 따라서 세계와 인간에 대한 철학적, 역사적 고찰을 통해 커뮤니케이션을 이해할 수 있고, 또 이를 바탕으로 뉴스 미디어의 본질적인 역할이 무엇인지에도 접근할 수 있는 것이다.

이효성은 언론에 대해 다음과 같이 규정한다.

"언론은 신념, 사상, 의견, 사실, 정보 등을 말, 몸짓, 글, 그림, 사진 등으로 표현하는 행위를 일컫는다. 전통적인 언론 행위는 대담, 토론, 회의, 강연, 연설, 메모, 편지, 대자보 등을 들 수 있다. 오늘날은 이런 언론 행위가 기계적인 복제 전파수단에 의해 널리 전달되고 오래 저장된다. 대중매체(Mass Media)라 불리는 이들 기술적인 수단으로 서적, 잡지, 신문, 영화, 방송, 디스크, 카세트 등이 있다.

---

69) 커뮤니케이션은 송수신자(sender-receivers)와 메시지(messages), 채널(channels), 피드백(feedback), 잡음(noise), 세팅(setting)을 그 구성요소 하고 있으며(오미영·정인숙 2005, 10-16), 매스 커뮤니케이션의 기본 모델을 제시한 라스웰(Lasswell,)에 따르면, 매스 커뮤니케이션은 'sender – message – media – receiver – effect'의 과정으로 이뤄진다.

70) 오미영·정인숙. 2005.『커뮤니케이션 핵심 이론』. 서울: 커뮤니케이션북스, p. 4.

이들 대중매체를 통한 언론을 특히 대중언론(Mass Communication)이라고 부른다"고 말하며, "언론이란 언론행위와 그 언론행위를 매개로 하는 매체를 모두 포괄하는 말이다"라고 정의한다.[71]

여기서 말하는 언론은 커뮤니케이션(Communication)[72]을 말하는데, 이에 따르면 본 논문의 주요 연구 대상인 뉴스 미디어는 매스 커뮤니케이션에서 사용되어지는 수단의 하나이며, 매스 커뮤니케이션은 커뮤니케이션이 기술적 발달에 의해 파생된 개념이라는 것을 알 수 있다. 동시에 커뮤니케이션이라는 개념은 커뮤니케이션 행위와 그것을 전달할 수 있는 커뮤니케이션 수단을 포괄하는 개념이라는 것을 알 수 있다. 그런데 여기서 커뮤니케이션을 규정하는 본질적인 요소는 커뮤니케이션 행위라고 할 수 있다. 왜냐하면 행위의 필요에 의해 수단이 생겨난 것이지 수단을 위해 행위가 생겨난 것은 아니기 때문이다. 따라서 뉴스 미디어의 본질적 역할을 알아보기 위해서는, 그 상위 개념인 커뮤니케이션의 본질적 역할을 규명해야 하고 또한, 커뮤니케이션 수단보다는 그 행위의 근원을 살펴봐야 한다.

그렇다면 인간의 커뮤니케이션 행위는 어떻게 시작됐을까? 이에 대한 이해를 위해 먼저 원시시대 인간의 모습을 살펴보자.

"인간이 나타나기 전에도 자연계는 존재하고 있었고, 인간 자신도 자연계의 일부이며 자연의 산물이었다. 그러나 인간은 자연상태에서 자연의 일부로서 살아갈 수만은 없었다. 생존을 위해서

---

71) 전국대학신문기자연합 교육국. 1997. 『세계를 바꾸는 대중언론 Ⅲ』. 전국대학신문기자연합, p. 51.

72) 커뮤니케이션(communication)의 유형에는 자아 커뮤니케이션(intrapersonal communication)과 대인 커뮤니케이션 (interpersonal communication), 소집단 커뮤니케이션(small-group communication), 조직 커뮤니케이션(organization communication), 공중 커뮤니케이션(public communication), 매스 커뮤니케이션(mass communication)이 있다.

는 팔과 다리, 머리, 손 등 신체의 일부를 움직여 자신의 목적에 맞게 자연에 작용을 가함으로써 식량을 획득해야만 하였다. 그리하여 인간은 도구를 만들고 노동을 통해 목적의식적으로 자연을 가공하거나 변형함으로써 소극적인 존재가 아니라 능동적인 주체로서 자신을 확립해갔다.

인간의 진화과정에서 가장 결정적인 역할을 한 것은 무엇보다도 노동을 할 수 있었다는 점이다. 노동은 도구를 만들게 되면서 비로소 시작되었다. 동물도 날카로운 발톱이나 이빨을 가지고 먹이를 잡고, 원숭이도 나무나 돌을 써서 먹을 것을 얻는 경우가 있다. 그러나 인간처럼 자신의 목적에 맞게 돌이나 나무막대기를 가공하여 도구를 만들지는 못한다. 인간과 동물의 중요한 차이점이 여기에 있다. 인간의 육체에서 나오는 힘은 단순하고 미약하지만, 도구를 통하여 훨씬 정확하고 능률적으로 노동할 수 있었다.

그러나 자연 앞에서 인간 한 개인은 무기력하였다. 혼자서는 자신의 생명마저 유지하기 어려웠기 때문에 자연히 무리를 지어 생활하게 되었다. 이렇게 무리를 지어 함께 노동하면서, 인간은 목소리로 자신의 뜻을 전달할 필요를 느끼게 되었다. 처음에는 손짓이나 몸짓 또는 고함으로 의사를 소통하였으나 분명하게 음절을 나누어 소리 낼 수 있는 발성기관이 발달하면서 언어를 사용하게 되었다. 언어를 사용함으로서 무리사회는 더욱 굳게 유지될 수 있었다. 그 뿐 아니라 말을 함으로써 논리적이고 조직적인 사고를 하게 되었으며, 그 결과 지능도 크게 발달하기 시작하였다."[73)]

이상은 원시시대 인간의 모습에 대한 간략한 서술이다. 여기서 우리는 커뮤니케이션의 발생과 관련하여 중요한 시사점을 얻을 수 있다. 원시시대 인간은 동물과 마찬가지로 맹수나 자연환경으

---

73) 한국역사연구회. 1994. 『한국역사』. 서울: 역사비평사, pp. 15-16.

로부터 피해를 입는 상황을 겪었다. 그러면서 서로 힘을 합쳐 이를 극복하기 위해 집단을 이루었고 이러한 집단을 더욱 강화할 목적과 자연의 위협으로부터 벗어나기 위해 서로 간의 의사소통(커뮤니케이션)이 필요했다.[74] 즉, 인간은 자기 생존을 위해 목적의식적으로 집단을 만들 필요가 있었고, 이러한 집단을 유지·발전시키기 위해서는 의사소통 즉, 커뮤니케이션 행위가 필요했던 것이다. 오미영·정인숙도 "실제로 커뮤니케이션 없는 공동체, 또는 공동체 없는 커뮤니케이션은 상상하기 어렵다. 커뮤니케이션은 인간으로 하여금 사회적 존재로서 살아가게 만드는 도구가 된다"[75]고 말한다.

인간이 집단(공동체)을 형성한다는 것은 인간이 사회적 존재라는 막연한 추상적 문구에 의해서가 아니라 인간이 인간답게 살고

---

74) 물론, 동물과 곤충 세계에서도 인간의 커뮤니케이션과 비슷한 행위가 존재한다. 예를 들어, 먹이를 발견한 꿀벌이 벌집으로 돌아오면 8자를 그리는 것과 비슷하게 날개를 퍼덕거리는 '흔들기 춤(waggle dance)'을 추는데, 이 움직임이 먹이가 있는 방향과 거리 그리고 분량까지 나타낸다는 것은 잘 알려진 사실이다. 하지만 이러한 행위는 엄밀한 의미에서 커뮤니케이션이라고 말하기는 어렵다. 왜냐하면, 완성된 형태로서의 커뮤니케이션은 송신자가 일정한 상대(수신자)에게 무엇인가를 전하기 위해 특정한 형태의 자극을 '의도적으로 보낼 때' 성립되는 것이기 때문이다(오미영·정인숙 2005, 63). 즉, 동물과 곤충에서 나타나는 행위는 의도적(목적의식적)인 행위가 아니라, 동물적 본능에서 기인한 행위인 까닭에 인간의 커뮤니케이션과 큰 차이점이 있다. 동물의 이러한 행위는 본능(유전)에 기인한 행위인 까닭에 본능이 충족되면 더 이상 행해지지 않고, 그 형태도 발전하지 않는다. 따라서 과거나 현재나 동물과 곤충의 이러한 행위는 거의 변화가 없다. 반면, 인간의 커뮤니케이션은 집단(사회)의 유지, 발전이라는 본질적 목적에서 탄생했기 때문에, 동물적 생존 본능이 해결되더라도 다양한 형태로 지속적으로 행해져 왔고, 이는 인간만이 갖고 있는 창조적 능력과 결합되면서 오늘날과 같은 고도로 발전된 모습으로 변화했다.

75) 오미영·정인숙, 앞의 책(2005), p. 9.

자 하는 자기요구의 필연적 산물이다. 그러므로 인간에게 있어서 집단을 형성하고 유지한다는 것은 곧 자기실현의 길이며, 인간해방의 필수적 조건이다. 여기서 커뮤니케이션 행위의 중요성이 제기된다. 즉 서로의 신념이나 의견, 각자 보고 들은 사건이나 경험을 공유할 수 있게 해 주는 의사소통체계는 집단을 형성, 유지하고 발전시키는 데 있어 매우 중요한 부분이다. 그리고 이러한 의사소통체계는 사회적 존재로서 인간이 지향하는 자기실현의 과제와 부합되어 발전된다.

요약하면, 인간은 이 지구상에 생존하기 시작하면서 자연의 구속과 억압을 극복하기 위해서 집단(공동체 또는 사회)을 목적의식적으로 만들었고, 커뮤니케이션 행위는 이러한 집단을 형성, 발전시키기 위해서 필수적인 요소였다. 그리고 이러한 커뮤니케이션 행위는 자연과 낡은 사회제도로부터 해방되기 위한 인간의 끊임없이 요구에 의해 지속적으로 발전되어 왔으며, 특히 동물과 달리 인간만이 가진 창조적 능력과 결합하면서 과거 원시적인 커뮤니케이션 행위는 오늘날과 같이 고도로 발달된 커뮤니케이션 행태로 발전할 수 있었다.

즉, 과거의 초보적인 커뮤니케이션이든, 오늘날의 고도로 발달된 커뮤니케이션이든, 커뮤니케이션의 본질적 역할은 인간해방을 위해 만들어진 사회 집단의 이익과 발전에 복무하는 것이다. 커뮤니케이션의 본질적 역할에 대한 이와 같은 규명은 원시시대와 근대사회 또는 자유주의와 사회주의 등 시대와 지역, 이념을 뛰어넘어 일관되게 적용할 수 있는 커뮤니케이션의 본질적인 역할이란 무엇인가에 대해 중요한 대답이 된다. 따라서 커뮤니케이션의 한 형태인 매스 커뮤니케이션과 그 매스 커뮤니케이션의 수단인 뉴스 미디어도 인간해방을 위해 만들어진 사회 집단의 이익과 발전에 복무하는 것이 기본적인 역할이라고 할 수 있다.

3. 외교 문제에 있어서 뉴스 미디어의 역할

사회 전체의 이익과 발전을 위해 복무한다는 것은 한 국가의 범위 안에서는 국민 전체의 이익인 공익과 국익을 추구하는 형태로 나타날 수 있다. 뉴스 미디어가 자국의 이익을 추구하는 것은 당연하고, 이는 뉴스 미디어 본연의 역할에도 어긋나지 않는다. 하지만, 그 범위가 국제적인 차원으로 확대될 경우는 어떨까?

뉴스 미디어는 자국의 이익을 추구하면서도, 동시에 지역 또는 전 세계 인류의 이익에 복무해야 한다. 허궈핑(何國平)은 중국 뉴스 미디어의 대외보도에 있어 국익추구를 강조하면서도 사회주의 중국의 뉴스 미디어 사업은 확고한 당성(共產党正体性)을 갖고 있어야 하고, 중국공산당의 당성은 당과 인민의 근본 이익을 실현하는 것이며, 이는 모든 인민의 이익, 국가 이익, 인류의 이익을 위한 것이어야 한다고 말한다. 즉, 뉴스 미디어는 국익과 함께 전체 인류의 이익을 추구해야 한다는 것이다. 따라서 국가와 국가의 이익이 충돌할 수 있는 국제적인 문제에 있어서, 뉴스 미디어는 국익 추구와 함께 지역 및 전 세계 인류의 이익에 복무하는 방향으로 보도활동을 해야 한다.

이는 앞서 살펴본 뉴스 미디어를 포함한 커뮤니케이션의 본질적 역할이 인간 사회의 이익과 발전에 복무하는 것이라는 점에 비춰봤을 때도 그렇다. 국익만을 중시한 보도행위가 결국에는 지역과 전 인류의 이익에 해를 끼치게 된다면, 이는 뉴스 미디어 본연의 역할을 하고 있다고 볼 수 없기 때문이다.

이와 같은 의미에서, 동북아 지역안보의 관점을 중심으로 한·중·일 뉴스 미디어의 보도태도를 살펴보는 것은 언론학 차원에서도 의미 있는 작업이다. 왜냐하면, 동북아 지역안보는 동북아 전체 구성원들의 이익과 떼려야 뗄 수 없는 중요한 문제이고, 따라서 뉴스 미디어 보도가 지역안보에 도움이 되는 방향으로 행해지고 있는지 살펴보는 것은 뉴스 미디어가 본연의 역할을 수행하고 있는지를 확인하는 작업이 되기 때문이다. 특히, 동북아와 같이 사회주의 국가와 자유주의 국가가 공존하고 있는 지역에서 발생하는 국제 문제에 있어, 이들 국가들의 뉴스 미디어가 해당 문제에 대해 어떻게 보도하고 있는지를 분석하기 위해서는 사회주의 뉴스 미디어와 자유주의 뉴스 미디어를 모두 포괄할 수 있는 분석 기준이 필요하다. 이런 의미에서 봐서도 지역안보를 중심으로 한·중·일 뉴스 미디어의 보도태도를 살펴보는 일은 중요한 의의를 갖는다고 할 수 있다.

3장 천안함 사건과 미디어 보도

1절 천안함 사건

2010년 3월 26일 밤, 한국 해군 1,200톤 급 초계함인 천안함이 백령도 서쪽 해안에서 침몰했다. 당시 천안함에는 승조원 104명이 탑승해 있었고, 이 지역 부근에서는 '2010 한·미 합동 독수리 훈련'이 실시되고 있었다.

함선이 두 동강 나 침몰한 이 사고로, 승조원 104명 중 58명은 사건 당일 해경에 의해 구조되었으나 나머지 승조원 46명 중 40명은 4월 24일 함수 인양시 시신으로 수습되었고, 나머지 6명의 주검은 끝내 발견되지 못했다.

국내외에 큰 충격을 불러일으킨 이 사건의 원인에 대해서는 크게 세 가지 의견이 있다.

먼저, 북한의 '어뢰 공격'에 의한 폭발설이다.

3월 31일 한국 국방부와 민간인으로 구성된 민군합동조사단(이하 합조단)과 《조선일보》, 《중앙일보》, 《동아일보》 등 한국 내 보수적 뉴스 미디어, 그리고 일본, 미국 정부 등이 이러한 주장을 내세우고 있다. 합조단은 사고 원인에 대해서 "침몰 해역에서 수거된 어뢰 추진동력장치와 선체의 변형형태, 관련자들의 진술내용, 부상자 상태 및 시체검안, 지진파 및 공중음파 분석, 수중폭발의 시뮬레이션, 백령도 근해 조류 분석, 폭약성분 분석, 수거된 어뢰 부품들의 분석 결과에 대한 국내·외 전문가들의 의견을 종합해 보면, 천안함은 어뢰에 의한 수중폭발로 발생한 충격파와 버블효과에 의해 절단되어 침몰되었고, 폭발위치는 가스터빈실 중앙으로부터 좌현 3m, 수심 6~9m 정도이며, 무기체계는 북한에서 제조한 고성능폭약 250kg 규모의 CHT-02D 어뢰로 확인되었다"고 말하며, 행위자에 대해서는 "이러한 모든 관련 사실과 비밀자료 분석에 근거하여, 천안함은 북한에서 제조·사용 중인 CHT-02D 어뢰에 의한 수중폭발의 결과로 침몰되었다는 결론에 도달하였다. 또한 이상의 증거들을 종합한 결과 이 어뢰는 북한의 소형 잠수함정으로부터 발사되었다는 것 이외에 달리 설명할 수가 없었다"라고 밝히고 있다.[1] 간단히 말하자면, 천안함은 북한에서 제조한 감응어뢰의 강력한 수중폭발에 의해 선체가 절단되어 침몰한 것으로 판단하고 있는 것이다.

다음으로, '좌초'에 의한 사고설이 제기됐다.

많은 사람들이 좌초설을 제기하고 있지만, 이 중 대표적인 인물로 이종인[2]을 꼽을 수 있다. 그는 "천안함은 지난 3월 26일, 사고 직전 어떤 이유 때문에 급하게 오른쪽으로 방향을 틀었다. 무언가를 피해야 했거나 뒤늦게 암초를 발견한 상황이었을 가능성이 있다. 배는 육상을 달리는 자동차와 달리 머리가 방향을 틀면 꼬리는 트는 반대 방향으로 미끄러진다. 마치 미끄러운 눈길 위를 달리는 자동차가 우회전을 하면 뒤쪽은 반대편이 왼쪽으로 미끄

1) 민군 합동조사단. 2010. 『합동조사결과 보고서-천안함 피격사건』. 대한민국 국방부, pp. 26-31.

2) 알파잠수기술공사 대표. 알파잠수기술공사는 수중검사 및 해난 구조분야에서 국제규격인 아이에스오(ISO) 9001 인증을 받았고, 미국, 영국을 비롯한 5개국 선급협회의 인증도 얻었으며, 2010년 3월 23일에는 한국 해군 제2함대의 해난구조 전시동원업체로 지정되기도 했다

러져 나가는 것과 같은 원리다. 천안함도 급하게 오른쪽으로 꺾으면서 함미가 왼쪽으로 미끄러져 나갔고 그 상태에서 배의 왼쪽 중앙부가 큰 사구(모래 언덕)를 들이받은 것이다. 국방부가 어뢰의 버블제트 효과에 의해 변형됐다고 말하는 바로 그 부분이다. 이렇게 좌초된 천안함은 얹혀 있던 사구에서 무리하게 빠져 나온 것으로 보인다. 이때 충돌한 중앙 가스터빈실 주변 틈을 통해 바닷물이 급격하게 들어왔고 함미가 그 무게를 지탱하지 못했다. 결국 얼마 버티지 못해 함미는 가라앉으면서 함수와 분리되기 시작했다. 또한, 함미가 잡아당기는 힘으로 인해 함수도 우현으로 90도 기울어 졌다가 같은 종말을 맞게 되었다"[3]라고 천안함의 침몰 과정을 설명한다.

마지막으로, 천안함이 '기뢰'에 의해 사고를 당했다는 주장이 있다.

이 또한 많은 사람들에 의해 제기되고 있으나, 특히 해외 전문가들에 의해 강하게 제기되고 있다는 점이 특징이다. 서재정[4]과 이승헌[5], 박선원[6]은 2010년 10월 10일 워싱턴에서 기자회견을 갖고 천안함 사건의 원인에 대해 합조단이 주장하는 '어뢰에 의한 근거리 비접촉 폭발'이 아니라 '기뢰에 의한 원거리 비접촉 폭발'에 의해 일어난 것이라고 주장했다. 안수명[7]도 합조단의 보고서

---

3) 김보근 외. 2010. 『봉인된 천안함의 진실』. 서울: 한겨레 출판, p. 135.

4) 존스홉킨스대학(The Johns Hopkins University) 국제대학원(SAIS) 교수. 국제정치학 전공.

5) 버지니아대학(University of Virginia) 물리학과 교수. 중성자와 엑스레이 산란을 이용한 고체물리학 전공.

6) 전 참여정부 청와대 국가안전보장회의 전략기획국장 및 대통령 통일외교안보전략비서관. 2010년 10월 현재 미국 브루킹스연구소(Brookings Institution) 초빙연구원.

7) 안수명 박사는 30여년의 대잠수함전 경험을 갖고 있는 학자로, 1995년 크루즈 미사일 항법과 유도법의 개발 및 응용으로 "전기전자 학회

가 내린 결론에 대해 과학적으로 수긍할 수 있는 증거가 제시되어 있지 않다고 주장하며 합조단의 보고 결과를 반박했다.[8)]

또한, 러시아도 2010년 5월 31일부터 6월 7일까지 독자적으로 천안함 사고 조사단을 한국에 파견하여 자체 조사를 실시한 결과, 사고 원인에 대해 '외부의 비접촉 수중 폭발'에 의한 것이지만, 어뢰가 아니라 '기뢰폭발'일 가능성이 높다고 말하며 "함선이 해안과 인접한 수심 낮은 해역을 항해하다가 우연히 프로펠러가 그물에 감겼으며, 수심 깊은 해역으로 빠져 나오는 동안에 함선의 아랫부분이 수뢰 안테나를 건드려 기폭장치를 작동시켜 폭발이 일어났다"고 설명했다.[9)]

이와 같이, 천안함 침몰 사건의 발생 원인을 둘러싸고 여러 가지 의견이 존재하고 있으며, 특히 정부가 중심이 되어 구성된 합조단 조사결과에 대해서는 논쟁이 분분하다. 그럼에도 불구하고, 5월 20일 합조단은 '천안함은 북한의 연어급 잠수정(130톤)이 쏜 어뢰에 피격돼 두 동강 나 침몰했다'는 조사 결과를 공식 발표했고, 이를 바탕으로 한국 정부는 다양한 대북 제재조치와 동시에 미군과 연합하여 수차례 합동군사훈련을 실시했다. 천안함 사건과 무관함을 주장하던 북한은 이러한 일련의 조치에 반발하며 강력한 대응조치를 취할 것임을 발표했고, 중국 또한 자국 주변에서 대규모 한·미 군사훈련이 실시되는 것에 강한 불만을 표시하는 등 조선반도를 둘러싼 동북아 지역정세는 불안감에 휩싸이게 됐다.

(IEEE)"의 펠로우로 선출되었고, 2004년에는 같은 공로로 "미우주항공협회(AIAA)"의 펠로우로 선출됐다. 2011 이후에는 독일에서 나토 조종사 훈련을 담당하고 있다.

8) Soo-Myung Ahn. 2012. "북한 잠수함이 남한 천안함을 침몰시켰는가?" www.ahnpub.com (검색일: 2012년 3월 7일)

9) "러시아, 천안함 침몰원인 '기뢰' 추정" 『한겨레신문』(2010년 7월 27일), 1.

2절 한·중·일 미디어의 보도태도 분석

1. '무력 충돌'에 관한 보도태도

(1) 천안함 사건과 무력 충돌의 위기

천안함 침몰사건의 원인에 대하여 의견이 분분한 가운데, 북한의 어뢰공격에 의해 침몰했다고 주장하는 한국 정부와 이러한 주장은 억지라고 반발하는 북한 사이의 대립은 점차 수위를 높여갔다. 이러한 대립은 5월 20일 합조단이 '천안함은 북한의 연어급 잠수정이 쏜 어뢰에 의해 피격돼 두 동강 나 침몰했다'고 조사결과를 공식 발표한 이후 더욱 격화되어 군사적 대응수단이 언급되는 등 불안감은 더욱 증폭됐다. 특히, 이러한 군사적 갈등은 남북 사이에서 그치지 않고, 미국과 일본, 중국, 러시아가 이러한 갈등 국면에 참여하면서 동북아 전체의 군사적 긴장으로 발전됐다.

5월 20일 합조단의 공식 발표 이후, 북한의 국방위원회는 이 발표 내용을 반박하며 '검열단'을 남측에 보내겠다고 제안했으나, 한국 정부가 이를 거부하자 5월 21일 북한의 조국평화통일위원회(이하 조평통)는 "이 시각부터 현 사태를 전쟁 국면으로 간주하고 북남관계에서 제기되는 모든 문제들을 그에 맞게 단호히 대처해 나갈 것"이라고 발표했다. 한편, 힐러리 미국 국무장관은 이날 "북한의 도발 행위는 값을 치르게 될 것"이라고 하며, 미국이 천안함 사태와 관련해 적극 개입할 것임을 천명했다.

천안함 사건을 둘러싼 군사적 대립은 5월 24일 이명박 대통령이 전쟁기념관에서 실시한 대국민 담화와 이 내용을 구체화한 외교·통일·국방장관 합동기자회견을 계기로 더욱 현실화 됐다. 이 자리에서 유명환 당시 외교통상부 장관은 무력 충돌을 야기할 수 있는 화물검색 등의 제재조치가 포함된 유엔 결의 1874, 1718호의 엄격한 이행을 촉구하는 한편, 김태영 당시 국방부 장관은 자위권 등 '적극적 억제' 원칙을 천명하면서 대북 심리전을 6년 만에 재개하고, PSI 해상차단훈련을 실시하며, 한·미 연합국이 참여하는 대잠수함 훈련을 실시한다고 밝혔다. 이 중 '대북방송' 등 심리전과 북한 선박의 한국 영해 통항 금지는 24일 당일 바로 시행에 들어갔다.[10)]

한국 정부의 이러한 조치에 대해, 북한은 5월 25일 조평통 대변인 명의로 8개항 1단계 대응조치를 발표했다. 이중 군사적 대응조치로서 "북남관계에서 제기되는 모든 문제들은 전시법에 따라 처리한다"고 말하며, "북남 불가침합의 전면 파기", "괴뢰패당의 대북심리전에 대한 우리의 전면적인 반격을 개시한다"고 선포했다.[11)] 이어, 북한은 다음날인 26일 대남 통지문을 통해 "남측이 (대북 심리전) 방송 재개를 위해 전연(군사분계선) 일대에 확성기까지 설치한다면, 우리 측은 확성기가 설치되는 족족 조준격파 사격으로 없애버리기 위한 군사적 조치를 취하게 될 것"이라고 경고했다. 또 27일에는 인민군 총참모장 명의로 중대통고문을 발표하여, "괴뢰군부가 재개하려는 반공화국 심리전 책동에 대해서는 전반적인 전선에서 아군 전선중부지구사령관이 이미 적측에 경고한대로 무자비하게 대응할 것"과 "조선서해해상에서 우발적 충돌방지를 위하여 체결하였던 쌍방합의를 완전히 무효화할 것", "조선서해 우리측 해상분계선에 대한 침범행위에 대하여서는 즉시적인 물리적

---

10) "정부 '천안함' 합동기자회견 문답" 『연합뉴스』(2010년 5월 24일), http://news.naver.com/main/read.nhn?mode=LSD&mid=sec&sid1=100&oid=001&aid=0003291148 (검색일: 2011년 7월 3일).

11) "北, 南대북조치에 `남북관계 단절' 대응(종합)" 『연합뉴스』(2010년 5월 25일), http://news.naver.com/main/read.nhn?mode=LSD&mid=sec&sid1=100&oid=001&aid=0003294644 (검색일: 2011년 7월 5일).

타격이 가해질 것"등의 군사적 조치를 발표했다.[12)]

한편, 6월 23일 한국 국회 국방위원회에서는 천안함 침몰과 관련해 북한에 대한 정부의 군사적 대응 등을 촉구하는 '대북규탄결의안'이 민주당 등 야당의 반발 속에서 통과됐다.

이렇게 군사적인 대응조치를 발표하고, 결의안을 채택하는 수준에 머물렀던 군사적 대립 양상은 곧이어 대규모 군사훈련을 통한 무력시위의 단계로까지 발전하게 됐다.

5월 24일 한국 대통령의 대국민 담화와 외교·통일·국방장관 합동기자회견이 있은 후, 5월 27일 한국은 서해에서 해군 2함대 소속 초계함 3척과 고속정 6척, 한국형 구축함(3,500톤급) 등 군함 10여 척을 동원한 해상 기동훈련을 실시한 데 이어, 6월 1일에는 서해상에서 미 7함대 소속 9만7000t급 핵(원자력)추진 항공모함 '조지워싱턴'호와 이지스 순양함 및 구축함 7~8척, 핵추진 잠수함 등이 참가한 가운데 대규모 한·미연합 대잠수함 훈련을 벌이기로 한 사실이 언론을 통해 알려졌다.[13)] 이러한 한·미 대규모 군사훈련 소식은 북한은 물론 주변국 특히 중국의 강력한 반발을 일으켰고,[14)] 심지어 중국은 6월 30일부터 7월 5일까지 동중국해에서 실탄발사 군사훈련을 실시했는데, 중국외교부 대표인 친깡(秦剛)은 6월 29일 연례 기자회견 상에서 이번 훈련이 한·미 연합훈련 계획과 관련이 없다고 답변했으나 7월 7일 미디어 보도를 통해 이 훈

---

12) "北총참모장의 중대통고문 전문" 『아시아경제』(2010년 5월 27일), http://www.asiae.co.kr/news/view.htm?idxno=2010052715041224455 (검색일: 2011년 7월 5일).

13) "한·미 對잠수함 훈련, 8일부터 앞당겨 실시" 『조선일보』(2010년 6월 2일), http://news.chosun.com/site/data/html_dir/2010/06/02/2010060200188.html(검색일: 2012년 7월 5일).

14) "2010年7月8日外交部發剛擧記會" 『중국 외교부 홈페이지』, http://www.fmprc.gov.cn/chn/pds/wjdt/fyrbt/t714888.htm (검색일: 2012년 7월 5일).

련 모습을 공개 하는 등 서해에서 한미 연합훈련을 실시하는 것에 대한 불만의 의미가 포함되어 있다는 해석이 제기됐다. 또 7월 18~19일에는 서해상에서 전시 군사수송훈련 '교전 2010'을 실시했으며, 7월 19일에는 중국중앙방송국(CCTV)을 통해 산둥성 인근 해상에서의 잠수함 미사일 발사훈련 장면을 이례적으로 공개하는 등 한·미 연합군이 서해상에서 대규모 군사훈련을 실시하는 것에 반발하며 강력한 무력시위를 펼쳤다.[15]

한·미합동 군사훈련은 주변국 반대 등의 이유로 시기가 늦춰지고 장소도 서해가 아닌 동해로 변경됐지만, 결국 7월 25일부터 28일까지 '불굴의 의지'라는 훈련 명으로 실시됐으며, 미국은 이 훈련에 핵 항공모함 '조지 워싱턴'호 외에 이지스 순양함 및 구축함, 원자력 추진 공격용 잠수함 등 태평양 지역을 맡고 있는 미 7함대의 핵심 전력을 대거 파견했다. 특히 이 훈련에는 북한은 물론 중국의 방공망도 뚫을 수 있다고 평가되는 세계 최강의 미군 전투기 F-22 '랩터' 4대가 출동하여 주변국의 신경을 더욱 자극했다.

이러한 한·미합동 군사훈련에 대해 북한은 국방위 대변인 명의로 "용납 못할 군사적 도발"이라며 "필요한 임의의 시기에 핵 억제력에 기초한 보복성전을 개시하게 될 것"이라고 선포했고, 전군·전민이 비상경계태세에 들어갔으며 각 군단과 특수병종, 기계화 부대와 민간 교도대 무력까지 모두 군사훈련에 들어갔다.[16] 중국도 추가적으로 한·미합동 훈련기간 중인 7월 27일, 서해 부근 내

---

15) "中, 韓·美연합훈련에 '맞불' … 東중국해서 실탄사격 훈련" 『조선일보』(2010년 6월 29일), 8; "[韓美 훈련 시작] 美·中, 조선반도 주변서 '군사적 대치'… 패권경쟁 불 붙나" 『조선일보』(2010년 7월 26일), 3.

16) "한·미 '불굴의 의지' vs 북한 "핵 보복성전" 『중앙일보』(2010년 7월 26일), 1.

륙에서 신형 장거리 지대공미사일 발사훈련을 포함한 대규모 실탄 사격 훈련을 실시했다.

이렇게 동북아 지역을 급박한 군사적 갈등으로 몰아넣은 한·미합동 군사훈련이 종료됨으로써 동북아 안보불안은 한 고비를 넘기는 듯 했다. 하지만, 8월 5일 한국의 육·해·공군이 서해에서 합동훈련을 다시 실시함에 따라 북한도 이에 대한 대응으로 서해에 130발의 해안포를 발사하여 다시 한 번 긴장감이 고조됐다. 여기에 한·미 양국이 8월16일 예년보다 큰 규모로 '을지프리덤가디언(UFG)'훈련을 실시하고, 8월 19일에는 북한의 천안함 공격에 대응한 군사조치의 하나로 연합 대잠수함 훈련 실시 계획을 다시 발표하면서 군사적 긴장감은 극도에 달하게 됐다.

이와 같이, 천안함 침몰 사건의 전개과정 속에서 한반도를 둘러싼 동북아 지역에서는 극도의 '군사적 갈등'이 고조됐는데, 이를 정리하면 다음과 같다.

〈표 1〉 천안함 사건의 전개 과정 중 나타난 '군사적 갈등'

날 짜	내 용
5월 24일	이명박 대통령 대국민 담화를 통해, '대북 심리전 재개', 'PSI 해상차단훈련 실시', '한·미연합 대잠수함 훈련 실시'를 발표.
5월 27일	북한, 인민군 총참모장 명의로 '심리전 재개에 대한 무자비한 대응', '서해상에서의 쌍방합의 완전 무효화', '서해 해상분계선에 대한 침범행위에 대해 즉시적인 물리적 타격'을 선포.
6월 2일	한·미, 서해서 항공모함 포함한 대규모 연합훈련 실시 계획 발표
6월 5일	한·미, 서해 연합훈련 계획 연기 발표
6월 6일	한·미, 항공모함 포함된 대규모 연합훈련 계획 재차 발표
6월 29일	한국 국회, 천안함 관련 '대북규탄결의안' 통과

6월 30일 ~ 7월 5일	중국, 동중국해에서 실탄발사 훈련
7월 2일	중국, 국방부 공식적으로 서해에서의 한·미연합 군사훈련 실시 반대 표명
7월 8일	중국, 외교부 대변인 발언을 통해 한·미연합 군사훈련 실시 반대 표명
7월 10일	미군 조지 워싱턴호, 한·미연합 훈련 참가 위해 일본 요코스카항에서 출항
7월 18일 ~ 19일	중국, 산둥성 인근 해상에서 잠수함 미사일 발사훈련 실시 및 서해상에서 전시 군사수송훈련 '교전 2010' 실시
7월 20일	한·미, 동해에서 연합해상훈련 실시할 것을 발표.
7월 25일 ~ 28일	한·미, 동해에서 연합 대잠수함 훈련 '불굴의 의지' 실시 (조지 워싱턴 항공모함, F-22 전투기 등 훈련 참가)
7월 27일	중국, 서해 부근 내륙서 신형 장거리 지대공미사일 발사 훈련 및 대규모 실탄 사격훈련 실시
7월 30일	중국, 남중국해에서 북·서·남해 함대 및 공군 합동 훈련
7월 30일	중국, 국방부 명의로 한·미 연합훈련 반대 표명
8월 3일 ~ 7일	중국, 육·해·공군 합동 방공 훈련
8월 5일 ~ 9일	한국, 육·해·공군 서해 합동훈련 실시
8월 9일	북한, 서해에서 해안포 130여 발 발사
8월 16일 ~ 26일	한·미, 을지프리덤가디언(UFG) 훈련 실시
8월 19일	한·미, 9월중 한·미연합 대잠수함 훈련 실시 계획 발표
10월 13일 ~ 14일	한국 주도의 PSI 훈련, 부산 앞바다에 실시

본 논문은 천안함 사건의 전개과정 중에 나타난 이러한 일련의 사태를 무력 충돌의 위험에 대한 조작정 정의로 삼는다. 즉, 이러

한 사태에 대한 미디어의 보도태도를 통해 천안함 충돌 사건에 있어 '무력 충돌'에 대한 미디어의 보도태도를 분석한다.

(2) KBS 《뉴스 9》의 보도태도

〈표 2〉 천안함 사건 중 나타난 군사적 갈등에 대한 KBS 《뉴스 9》의 보도

날짜	제목
5월 24일	軍, 대북 심리전 재개…北 선박 진입 차단
	北 "심리전 재개시 확성기 조준 격파" 위협
	'천안함 특위' 가동 … "확성기 격파시 즉각 대응"
	해군, 장거리 대잠어뢰 '홍상어' 양산 돌입
5월 25일	'북한은 주적' 개념 6년 만에 부활 검토
	대잠훈련 무력 시위…北 "군사 조치"
	北, '주민 동요 우려' 대북 심리전 반발
	"김정일, 北 주민에 전투태세 돌입 명령"
	美 "한·미연합 방위력 증강 검토"
5월 26일	北 잠수함 4척 행방 묘연…'포격 준비' 훈련
	[간추린 단신] 한·미 군당국, '워치콘' 2단계로 격상 外
5월 27일	北 총참모부 "남북 교류 군사 보장 철회"
	"제2의 천안함은 없다" 서해서 대잠훈련
	미군, 'F-22 랩터' 배치…北 도발 대비용?
	[간추린 단신] 보수단체 "천안함 침몰 주범 북한 응징해야" 外
5월 28일	한·연합 대잠훈련에 '잠수함 대거' 투입
	대북 전단 살포 재개…이미 '심리전' 시작?
5월 31일	軍, 확성기 설치 준비중…대북 방송도 계속
6월 2일	한·미 다음 주 서해서 대규모 연합훈련
6월 5일	한·미 연합훈련 연기…'북 도발 억제' 초점
	이 대통령, "한반도 전쟁 가능성 없다"
6월 6일	"6.25 주간 한·미 연합훈련…항공모함도 참여"
6월 8일	軍, 전방지역 2곳에 대북 확성기 설치 완료

6월 10일	탈북자 단체, '천안함 전단' 북한에 살포
6월 12일	북한군 "서울 불바다" 또 위협…군 "특이동향 없어"
	북한 의도는?…남측에 책임 떠넘기기
6월 13일	北 포병 화력 분석…대비책은?
6월 23일	결의안, 北 사죄와 정부의 강력 대응 촉구
6월 26일	[간추린 단신] 美 "北은 긴장 심화시키지 마라" 外
6월 29일	천안함 대북 규탄 결의안, 본회의 지각 통과
7월 2일	중국 군부, "한·미 서해훈련 반대" 공식 표명
7월 5일	中 언론 "美 항공모함 서해 진입 저지해야"
7월 6일	"美 항모 서해 진입하면 중국 표적 될 것"
7월 7일	中 CCTV, 동중국해 실탄사격 훈련 공개
7월 8일	중국 "한·미 서해 훈련 반대" 공식 선언
7월 10일	"이달 중 서해 한·미 연합 훈련 실시"
7월 11일	"한·연합훈련, 서해서 고집 안한다"
7월 13일	북한, 유엔사 실무접촉 돌연 연기…속셈은?
7월 15일	한·연합훈련, 이달 중 동해서만 실시
7월 16일	서해 첫 대잠훈련 추진…'대북 심리전' 완료
7월 19일	中, 또 해상훈련…"한국 순항 미사일 비난"
7월 20일	[이슈&뉴스] 2+2 회담…'대북 압박' 수위 높인다
7월 21일	美 항공모함 '조지 워싱턴호' 부산항에 도착
7월 24일	北 "한·연합훈련 보복성전…물리적 조치"
	軍 "北 특이동향 없어"…내일부터 한·미연합훈련
	해군 대잠 훈련 강화 "잠수함 이렇게 추적"
7월 25일	한·미연합훈련 시작…'불굴의 의지' 과시
	동해 한·미훈련…北 잠재적 도발 억제
7월 26일	'불굴의 의지' 하늘과 바다서 대잠 공방전
	美 'F-22' 한반도 첫 작전…北 전지역 타격
7월 27일	北 "새롭게 발전된 방법으로 핵 억제력 강화"
	연합훈련 사흘째…고강도 잠수함 격침 훈련
	中, 서해 장거리 로켓 발사훈련 이례적 공개
7월 28일	한·미연합 '불굴의 의지' 훈련 오늘 마무리

	[이슈&뉴스] 한·미 훈련 종료…성과와 과제는?
7월 30일	中 국방부, '한·미 훈련 반대' 입장 공식 천명
8월 3일	모레부터 서해 훈련…北, '물리적 대응' 위협
	서해, 잠수함 대비 경계 '무방비 상태'
8월 4일	중국 항공모함 요격 미사일 시험 흔적 포착
	軍, 내일 천안함 현장서 대규모 대잠훈련
8월 5일	서해 합동 해상훈련 돌입…北 "타격" 또 위협
8월 6일	서해 합동훈련 이틀째…北 해안포 집중 훈련
	美, 조지워싱턴호 서해 훈련에 참가
8월 9일	북한, 서해 NLL 인근에 해안포 100여 발 발사
	국방부, 대비태세 강화…추가도발 예의 주시
	北 엄포 넘어 무력시위, 남북관계 영향은?
	서해 합동 훈련 종료 "더 이상 도발은 없다!"
8월 10일	軍, "北 해안포 10여 발 NLL 남쪽 넘어왔다"
	軍 교전규칙 어디로?…어정쩡한 대처 논란
	北 해안포 1,000문…"진짜 전쟁맛 보여줄 것"
8월 17일	北, 수도권 겨냥 장사정포 특수전 인력 확대
	장사정포, 한국형 GPS유도폭탄이 잡는다
8월 19일	한·미, 다음 달 초 서해서 또 연합 대잠훈련
8월 24일	"해안포 2~3배 대응 타격"…레이더는 먹통
9월 3일	북한 도발 징후 선제 공격 '능동적 억제' 건의
10월 6일	PSI '해상 차단 훈련' 13일 부산서 실시
10월 29일	북한군, 최전방 초소에 총격…3발 대응사격

'군사적 갈등'과 관련된 KBS 《뉴스 9》의 보도에서는, 특정 사안에 대해 이견이 존재하고, 특히 국가 간에 대립이 발생하고 있는 상황임에도 불구하고 한국 정부의 입장만이 일방적으로 소개되는 경향이 나타났다.

먼저, 한국의 김태영 전 국방부장관이 발표한 '심리전 재개' 방침은 북한의 강력한 반발을 불러일으켰다. 지난 2004년 6월 4일 서해상에서의 잦은 무력충돌을 방지하기 위해 남북 군사 대표들이 설악산에서 만나 서해상 충돌 방지를 위한 조치에 합의했다. 이때 쌍방은 서해뿐만이 아니라 한반도의 군사적 긴장을 완화하고 쌍방 군대들 사이의 불신과 오해를 없애기 위해 군사분계선 지역에서의 선전활동을 중지하고 선전수단을 제거하기로 했다. 이때 합의한 내용 중에는 "쌍방은 앞으로 어떤 경우에도 선전수단을 다시 설치하지 않으며 선전활동도 재개하지 않는다"라는 내용도 포함되어 있었다.[17] 이러한 합의에 따라 남북 양측은 군사분계선에서 모든 선전수단을 철거했다.

그런데, 한국 국방부는 천안함 사건을 북한에 의한 도발로 규정하고, 이를 이유로 2004년 약속한 이 '심리전 중지' 약속을 파기하며 '심리전 재개'를 선포했다. 이에 북한은 남북 합의를 파기했다는 이유와 동시에 자신을 천안함 사건의 주범으로 규정한 것에 강력 반발했다. 동시에 한국 국내에서도 심리전 재개로 인해 군사분계선에서의 군사적 충돌 발생을 우려하는 목소리가 커졌다.

이런 상황에서 KBS 《뉴스 9》의 보도는 주로 심리전 재개에 대한 한국 정부나 군 당국의 입장을 설명하는 내용으로 채워졌으며, 더 나아가 심리전이 매우 효과적인 대북한 압박 수단임을 강조하고, 북한의 반응을 폄하하는 내용이 주를 이뤘다. 특히, 한국 정부의 심리전 재개는 정당한 행위이고, 이에 대한 북한의 반응은 '위협'으로 규정하며, 긴장감 조성의 주요 원인을 북한의 '민감한 반응' 때문으로 돌렸다. 한편, 북한이 더욱 강력한 표현을 사용하며 군사적 대응을 언급하는 등 군사적 충돌의 긴장감이 높아가는 상황에서도 KBS 《뉴스 9》 보도는 이를 심각하게 받아들이기 보다는

---

17) "南北장성급회담 합의서 〈全文〉" 『조선일보』(2004년 6월 4일), http://srchdb1.chosun.com/pdf/i_service/pdf_ReadBody.jsp?Y=2004&M=06&D=05&ID=040605040 (검색일: 2011년 7월 15일).

하나의 '술책' 또는 '전술'로 해석했다.

한편, 보도 중의 인터뷰 대상은 대부분 정부의 심리전 재개에 찬성하는 전문가들로 이뤄졌는데, 이들의 발언 내용을 적극적으로 인용하는 방식을 통해 정부의 심리전 재개를 촉구하는 모습마저 보여주었다.

〈표 3〉 한국 정부의 대북 심리전 재개와 관련한 KBS 《뉴스 9》의 보도 내용

날 짜	내 용	발언자
5월 24일	"군 당국도 대통령 담화에 맞춰 6년 만에 대북 에프 엠 방송을 재개했습니다. 북한 정권 실상을 북한 주민에게 정확하게 알리는 심리전입니다"	앵커
5월 24일	"김태영 국방장관은 북한이 어뢰로 천안함을 공격해 남북 불가침 합의를 먼저 어겼기 때문에 정당한 대응 조치로 심리전을 재개했다고 밝혔습니다"	기자
5월 25일	"북한이 대북 심리전을 두려워하는 이유는, 체제 유지에 최대의 걸림돌이라고 판단하고 있기 때문입니다"	기자
6월 10일	"국방부나 정부가 대북 전단지나 방송을 하기로 했으면 해야지 이걸 자꾸 미루는 이유를 모르겠고…"	납북자 가족모임 대표
6월 12일	"대북조치 발표 당일, 중부지구 사령관 이름으로 대북 심리전 수단에 '직접 조준 격파사격'을 하겠다던 북한, 오늘은 한 술 더 떠서 서울 불바다를 거론하며 수위를 높였습니다"	기자
6월 12일	"북한이 16년 만에 다시 같은 협박을 꺼내든 데는 우선 긴장을 고조시켜 우리 군의 대응수위를 낮추려는 계산이 깔려 있다는 분석"	기자
6월 12일	"김정은 후계 체제를 구축하는 과정에서 대북 심리전 재개에 대한 부담이 과거보다 크다는 분석도 제기되고 있습니다"	기자

한반도 남북 간의 군사적 갈등 국면은 한·미 양국의 대규모 합동 군사훈련을 통해서 미국과 중국도 이 긴장 국면에 직접 참여하

는 양상으로 확대됐다. 이렇게 군사적 갈등이 더욱 고조되면서, 이에 대한 KBS 《뉴스 9》의 보도량도 다른 화제보다 급격히 늘어났고, 보도태도 또한 더욱 분명하게 나타났다.

한·미 연합훈련에 대한 KBS 《뉴스 9》의 전반적인 보도 경향은 다른 화제에 대한 보도와 마찬가지로 한국 정부와 군 당국의 입장을 거의 일방적으로 내보내는 것이었다. 한·미 연합훈련이 정당함을 강조함과 동시에 훈련 내용을 자세하게 전달하면서 '사상 최대 규모'라던가 '실전을 방불', '고강도' 등으로 훈련의 위력을 묘사하는데 중점을 두었다.

여기에서 나타난 중요한 특징 중의 하나로, 한·미 양국의 대규모 군사훈련이 실전을 방불케 할 정도로 고강도로 진행되고 있음을 보도하면서도, 이에 대한 북한과 중국의 반응에 대해서는 부정적으로 묘사했다는 것이다. 특히, 북한의 반응에 대해서는 '예민', '협박', '도발', '일방적' 등의 표현을 써가며 노골적으로 비판함과 동시에, 북한의 이러한 대응으로 인해 긴장감이 높아지고 있다고 지적하며 군사적 갈등의 책임을 북한에게 넘겼다. 그리고 이렇게 군사적 갈등이 고조되고 있음에도 불구하고, 군사적 충돌에 대한 우려보다는 북한에 대해 강한 메시지를 전달하는 것이 더 중요하다는 태도를 보였다.

한편, 중국의 군사적 대응 움직임에 대해서는 북한에 대한 것만큼 노골적이고 자극적인 표현으로 비판하진 않았지만, 부정적인 시각을 감추지는 않았다. 또, 한·미 연합훈련과 중국의 군사훈련 모두 잦은 빈도로 실시되고 있었지만, KBS 《뉴스 9》는 중국의 군사훈련에 대해서만 그 훈련 빈도에 대해 우려를 나타내는 보도를 내보냈다.

조사 대상이 된 보도 중에서 한국 정부 및 군 당국에 대한 비판 내용은 단 1건 존재했는데, 이는 잦은 훈련이 이 지역의 군사적 불안을 야기한다는 내용이 아니라 북한의 군사적 대응조치에 대한 한국 측의 맞대응 조치가 여전히 부족하다는 지적이었다.

〈그림 8〉 F-22의 위력을 설명하며, 북한 타격 능력을 강조하는 KBS 《뉴스 9》의 보도

〈표 4〉 한·미 연합훈련 실시에 대한 KBS 《뉴스 9》의 보도 내용

날 짜	내 용	발언자
5월 27일	"더 이상 참지 못하고 물위로 떠오른 북한 잠수함은 76mm 함포와 40mm 함포로 제압합니다. 오늘 훈련은 천안함 침몰을 계기로, 북한의 잠수함을 찾아내 격멸하는 데 초점을 맞췄습니다"	기자
5월 28일	"군당국은 또 북한이 끝내 천안함 공격을 부인하며 적반하장식의 태도로 나올 경우, 추가 군사 조치도 준비하고 있다고 밝혔습니다"	기자
6월 2일	"그동안 군산 아래쪽에서 실시하던 과거 훈련과 달리 이번 훈련은 덕적도 부근까지 올라가 실시합니다. 사실상 북한의 코 앞에서 펼치는 무력 시위 성격의 압박조치인 셈입니다"	기자
7월 7일	"서해 한·미 합동훈련을 공개적으로 비난해 온 중국이 관영TV에 해군의 실탄사격 훈련까지 공개했습니다. 아주 이례적인데, 강한 경고를 담은, 의도성이 엿보입니다"	앵커
7월 10일	"중국이 강하게 반발하고 있습니다만 한·양국은 이달 안에 서해 연합훈련을 실시할 태세입니다. 북한이 더	앵커

	이상 도발하지 못하도록 강력한 경고 메시지를 보내겠다는 겁니다"	
7월 19일	"지난 주말 중국군이 우리 서해와 맞닿은 옌타이 근처 해상에서 또 다시 군사훈련을 한 겁니다…(중략)…한·미 해상 합동훈련을 앞두고 중국의 압박이 계속되고 있는 셈입니다"	기자
7월 20일	"(중국)관영언론들은 이제 한국의 순항미사일 개발까지 비판하며 공세를 높이고 있습니다"	기자
7월 25일	"27일에는 제2의 천안함 사건을 막기 위해 어뢰 발사 등 실전을 방불케 하는 사격훈련도 할 예정입니다"	기자
7월 26일	"전투준비를 마친 F-22 전투기가 격납고에서 위용을 드러냅니다. 2006년 모의 훈련에서 현존하는 전투기 144대를 격추한 가장 뛰어난 전투기로 평가받고 있습니다. …(중략)… 때문에 영변 핵시설을 30분 만에 초토화 시킬 수 있습니다"	앵커, 기자
7월 27일	"(북한) 김영춘 부장은 미국의 도발 책동으로 한반도에서 언제 전쟁이 터질지 모를 일촉즉발의 정세가 조성되고 있다고 일방적으로 주장하고 핵 억제력 강화를 정당화 했습니다"	기자
8월 3일	"모레부터 서해에서 실시 될 우리 군의 합동 훈련에 대해 북한군이 대응 타격 운운하며 협박해왔습니다. NLL 지역에 긴장이 고조되고 있습니다"	앵커
8월 9일	"서해 합동해상기동훈련 마지막 날, 북한의 해안포 발사에 백령도 인근 해역엔 또 다시 긴장이 고조되고 있습니다"	기자

이상에서 살펴본 봐와 같이, 한국 정부에 의한 '대북심리전 재개'와 한·미 양국의 대규모 연합 군사훈련을 계기로 한반도뿐만 아니라 동북아 전체에서 군사적 긴장감이 고조됐다. 이에 대해 KBS 《뉴스 9》는 보도를 통해 군사적 충돌을 우려하고, 이를 방지하기 위한 대책을 강조하기보다는 한국 및 한·미 양국의 군사 조치를 정당화 하고, 훈련 내용을 흥미위주로 취급하며, 북한을 더욱 자극할 수 있는 내용의 보도를 내보냈다.

(3) 《환치우스빠오(環球時報)》의 보도태도

5월 20일 합조단의 조사결과 발표에 근거해, 한국이 '북한의 무력도발'에 대한 대응조치로서 '심리전 재개'와 'PSI 해상차단훈련 실시'를 발표함으로써 남북 간에는 군사적 충돌에 대한 긴장감이 높아졌다. 이에 대해 《환치우스빠오》는 주로 단순 보도기사의 형식으로 남북 간 군사적 갈등이 높아지고 있음을 전달하면서, 심리전과 PSI 해상차단훈련의 내용을 설명하고 한국 측의 의도와 북한 측의 반발 등을 제3자적 입장에서 사실 위주로 전달했다.

〈표 5〉 '심리전 재개'에 대한 《환치우스빠오》의 보도 사례

날 짜	내 용
5월 25일	朝鲜称要打掉韩边界喇叭 (북한, 한국 측 휴전선 확성기를 없애버리겠다)
5월 26일	朝韩提高调门相互咆哮 (상호 비난의 수위를 높이고 있는 남북)

하지만 그 후 천안함 사건에 대한 대응조치로서 한·미 연합 혹은 한국군 단독으로 군사훈련이 연이어 실시되면서 남북 간은 물론 지역정세에 군사적 긴장감이 높아지자, 《환치우스빠오》도 이에 대해 빈번하게 보도하기 시작했다. 특히, 중국영토와 근접한 서해에서 미군의 '조지워싱턴' 항공모함이 참가하는 대규모 한·미 군사훈련에 대해 매우 민감하게 반응했으며, 사설 등을 통해 직접적으로 신문사의 의견을 강력하게 표현하는 경우도 있었다.

이렇게 《환치우스빠오》가 한·미 연합 혹은 한국군 단독 군사훈련에 대해 보도한 내용에서는 다음과 같은 특징이 나타났다.

우선, 빈번한 군사훈련 실시로 한반도는 물론 동북아 지역정세에 긴장감이 고조되고 있다는 것을 강조하면서, 한반도의 남과

북, 또는 북한과 한·미 간에 냉정한 대응을 촉구하고, 대화를 통해 문제를 해결해야 한다고 주장하는 관점이 모든 기사에서 일관되게 나타났다. 예를 들어, 6월 29일 사설에서는 "조선(한)반도에 있어 중국의 최대 이익은 평화와 안정이다. 중국은 그곳에서 전쟁이 발생하는 걸 원하지 않고, 어떠한 문제도 전쟁이나 극단적인 방식으로 해결하는 걸 원하지 않는다"라고 말하며, 군사훈련과 같은 무력시위를 통한 대북압박을 견제했다.

두 번째 특징은, 서해에서의 한·미 군사훈련이 중국의 핵심 이익을 침해한다는 주장이다. 위에서 서술한 봐와 같이, 한·미 군사훈련이 지역정세에 긴장감을 불러일으킨다고 지적했지만, 이보다 중국의 핵심이익을 침해하고 있다는 이유를 더욱 빈번하고 강력하게 제기했다. 예를 들어, 6월 8일자 사설에서는 "황해(서해)는 중국의 정치 심장인 베이징-텐진 지역에 근접해 있다. 황해에 진입하는 미 항공모함의 작전반경은 중국 본토에 달하는데, 이것이 중국에게 무엇을 의미하는가"라고 말하며 "한국이 만약 미국 항공모함을 황해에 끌어들여 무력시위를 한다면, 중국인들의 한국에 대한 이미지에 큰 손상을 가져올 것이다"라고 한국을 압박하기도 했다. 심지어 7월 8일 사설에서는 한·미 군사훈련이 취소 혹은 축소될 것이라는 소식에 대해 "이 소식이 아직 확실한 것은 아니지만, 이는 한국의 일부 사람들이 현 정세에 대해 제대로 된 판단을 하고 있는 것으로, 우리는 이런 사람의 선두에 한국 이명박 대통령이 있길 바란다"고 말했다. 한편, 한·미 군사훈련으로부터 가장 직접적으로 위협을 느낄 북한에 대해서는 일반 보도기사를 통해 북한의 반응을 소개하는 수준에 머물렀고, 그 양도 중국의 국가이익이나 동북아 정세불안 등에 비해 비교적 적게 언급됐다.

세 번째 특징은, 한·미 군사훈련을 지역정세에 불안을 조성하는 원인으로 지적하면서도, 중국 측의 군사훈련은 한·미 군사훈련과 무관한 일상적인 훈련임을 강조한 것이다. 예를 들어, 6월 29일자 신문에서는 중국 군사전문가의 말을 인용하여 "(중국군의 군사훈련은) 통상적인 것으로, 중국 해군이 매년 진행하는 것이다. 이런 훈련은 한·미 군사훈련과 대칭적이지도 않고, 저지 능력도 없어 대응조치라고 볼 수 없다"고 강조했다.

〈표 6〉 한·미연합 군사훈련에 관한 《환치우스빠오》의 보도 내용

날 짜	내 용
6월 8일	黄海靠近中国的政治心脏——京津地区。进入黄海的美国航母作战半径能达到中国本土。虽然韩美自称这场军演以威慑朝鲜为目标, 但韩国人和美国人不可能不清楚, 美国航母开到这个地方炫耀武力, 对中国会意味着什么。 (황해는 중국의 정치 심장인 베이징, 톈진 지역에 가까이 있다. 황해에 진입하는 미국 항모의 작전반경은 중국의 본토에 다다를 수 있다. 물론 한미는 이번 군사훈련이 북한을 위협하기 위한 것이라고는 하지만, 한국인과 미국인은 미국 항모가 이 지역에서 무력을 과시하는 것이 중국에게 어떤 의미인지 모를 리가 없다.)
6월 24일	这种将别国首都置于其打击半径之内的做法无疑是对别国主权的重大挑战。"乔治·华盛顿"号出现在黄海给中国带来的威胁远大于近年来中美其他海上"摩擦", 一年前美国的"无瑕"号到南海搞侦察还是偷偷摸摸, 而这一次如果航母来黄海演习, 则是美国近年来对中国最明目张胆的挑衅。 (이렇게 다른 나라 수도를 타격반경 범위에 놓는 행위는 그 나라의 주권에 대한 중대한 도전이라는 것은 의심의 여지가 없다. '죠지 워싱턴' 항모가 황해에 나타난 것이 중국에게 주는 위협은 근래 중미 사이의 어떤 해상 '마찰'보다도 크다. 1년 전 미국의 'USNS'호가 남해에 와서 몰래 정찰활동을 했는데, 만약 이번에 항모가 황해에서 군사훈련을 한다면, 미국이 최근 중국에 대해 행하는 가장 공공연한 도발이 될 것이다.)
6월 29일	中国对半岛无领土要求, 中国对半岛最大的利益就是那里的和平与稳定。中国不希望那里发生战争, 不希望任何问题通过战争或者其他极端方式解决。不论有什么结果, 只要半岛出现新战乱, 对中国

	都是不划算的。 (중국은 한반도에 대해서 어떠한 영토도 요구하지 않는다. 중국이 한반도에 있어 가장 큰 이익은 그곳의 평화와 안정이다. 중국은 그 곳에서 전쟁이 발생하는 걸 원하지 않고, 어떠한 문제라도 전쟁이나 기타 극단적인 방법으로 해결하는 것을 원하지 않는다. 어떤 결과가 나오든, 한반도에 새로운 전란이 발생하면 그건 중국에 어떤 도움도 되지 않는다.)
6월 29일	我们虽然能够体会韩国在“天安”号事件上的不安全感, 但我们认为, 韩国的做法不能出格, 不能为解决一个问题而制造一个新的问题, 给地区制造新的紧张。在这件事情上, 韩国还要想到, 若把美国航母引入黄海进行“武力示威”, 将严重损害中国老百姓眼中的韩国形象。 (우리는 비록 한국이 천안함 사건에서 느낄 수 있는 안보 불안감을 이해할 수는 있지만, 그렇더라도 한국의 조치는 상식을 벗어나서는 안 되고, 하나의 문제를 해결하기 위해 또 다른 문제를 야기해서도 안 되며, 지역에 새로운 긴장 국면을 조성해서도 안 된다. 그럼에도 한국은 여전히 미국 항모를 황해로 끌여 들여 “무력 시위”를 하고자 하는데, 이는 중국 국민의 한국에 대한 이미지에 큰 손상을 입힐 것이다.)
6월 29일	中国军事问题专家宋晓军并不认同有关东海实弹训练是为应对美韩演习的说法。他28日对《环球时报》记者表示, 中国的演习时间已经确定, 而美韩的演习还没定下来, 所以很难做出相互之间有关联的判断。宋晓军认为, 韩国方面此前高调宣布美韩演习, 并表示美国核航母也要参加, 是为了给韩国政府打气, 是一场政治演习。但这样的演习会伤害中国的利益, 给中美之间的军事交流带来负面影响, 美国不得不盘算演习是否值得。 (중국 군사문제 전문가인 쏭샤오쥔은 (중국의) 동해 실탄훈련이 한미 군사훈련에 대응하기 위한 것이라는 생각에 동의하지 않는다. 그는 28일 《환치우스빠》기자에게 중국의 훈련 시간은 이미 확정됐지만, 한미 군사훈련은 아직 정해지지 않았기 때문에 상호간에 관련성이 있다고 보기 어렵다고 말했다. 쏭샤오진은 “한국이 이전에 한미 군사연습을 요란하게 선전하고, 미국 핵 항모도 참가해야 한다고 소리 높였는데, 이는 한국 정부에 힘을 넣어주기 위한 것으로 일종의 정치적 군사훈련이다”라고 말했다. 하지만 이러한 군사훈련은 중국의 이익을 헤칠 것이고, 중미 간의

	군사교류에도 부정적인 영향을 끼칠 것이며, 미국은 어쩔 수 없이 군사훈련이 가치가 있을지 주판을 튕기게 될 것이다.)
7월 8일	过去一个多月, 这场宣布将举行的黄海军演把东北亚一步步地推向紧张状态, 中国被罕见地卷入, 中国与美韩之间的安全对立隐约可见。黄海危机的潜在能量是朝韩对立所不能比拟的, 它给地区带来的不安正在压倒"天安号"事件本身的影响。 (과거 한 달 넘도록, 황해에서 군사훈련을 할 것이라는 선포는 동북아를 한 걸음 한 걸음 긴장 상태로 몰아넣었고, 중국도 좀처럼 보기 힘들게 여기에 말려들어 중국과 한미 간에는 안보대립 상황이 그려지고 있다. 황해 위기의 잠재력은 한반도 남북 간의 대립과 비교할 수 없고, 그것이 지역에 몰고 오는 불안은 천안함 사건 자체의 영향을 압도하고 있다)
7월 16일	据"雅虎韩国"网站统计, 美韩联合司令部主导的联合演习每年有百余次之多, 演习内容包括登陆、巷战、撤侨、入侵、反攻等多种。其中战略战役级别的军演有7个, 规模最大的就是代号为"关键决心"和"乙支自由卫士"的两大例行军演。 ('야후 한국'의 통계에 따르면, 한미연합사령부 주도의 연합 군사훈련은 매년 백여 차례로, 훈련내용은 상륙, 시가전, 민간인 철수, 침입, 반격 등 다양하다. 그 중 전략 전투 급의 군사훈련은 7가지로, 규모가 가장 큰 것이 '키리졸브'와 '을지프리덤'의 양대 연례 훈련이다.)
8월 2일	他还强调, 各界关注较多的解放军这些演习只是中国军队年度训练计划当中的正常军事演练活动, 其中包括由国家和军队共同组织的"交通战备2010"应急保障演练、东海舰队组织的"东联2010"远海训练、南海舰队组织的多兵种合同实兵实弹演练以及南京军区组织的火箭炮实弹射击演练等, "这些只是正常的训练活动"。 (그는 "각계가 많은 관심을 보이고 있는 이와 같은 해방군의 군사훈련은 중국군대의 연례 훈련계획 중의 정상적 군사연습일 뿐으로, 그 중 국가와 군대가 공동으로 참여하는 "교통전비2010" 응급보장 훈련, (중국)동해 함대가 참여하는 "동련2010" 원해 훈련, 남해 편대가 참여하는 다병종 합동 실병실탄 훈련 및 남해 군구가 참여하는 미사일 실탄사격 훈련 등이 포함되어 있다"고 말하며, "이것들은 정상적인 훈련활동일 뿐이다"라고 강조했다.)

군사적 갈등이라는 측면에서 봤을 때, 《환치우스빠오》는 천안함 사건으로 인한 한국인들의 감정은 이해하지만, 군사훈련 등 무력시위를 통한 문제해결에는 반대한다는 보도태도를 보였다. 특히, 대규모 한·미 군사훈련이 서해에서 실시되는 것에 대해서는 지역정세뿐만이 아니라, 중국의 핵심 이익을 침해하는 행위로 보고 강력하게 반대했다. 단, 같은 시기 펼쳐진 중국의 군사훈련에 대해서는 일상적인 것으로 해석하는 등, 자국의 군사훈련에 대해서는 한·미 군사훈련을 보는 시각보다는 관대함을 나타냈다.

전체적으로 《환치우스빠오》는 천안함 사건으로 조성된 군사적 갈등에 대해 '대화'와 '냉정'을 강조하며 무력시위에 대해 부정적인 자세를 보였지만, 자국의 군사훈련에 대해서는 관대한 태도를 나타냈다.

(4) 《요미우리(讀賣)신문》의 보도태도

천안함 침몰 사건과 관련된 《요미우리신문》의 기사 중에서, 군사적 갈등에 관한 기사는 비교적 적게 검색됐다. 한국 KBS 《뉴스9》와 중국의 《환치우스빠오》가 군사적 갈등과 관련한 사항에 큰 관심을 가지며 적극적으로 보도한 것과 달리, 《요미우리신문》은 7월 25일 실시된 '불굴의 의지' 한·미연합 군사훈련을 제외하고는 별다른 관심을 두지 않았다. 특히, 8월 5일부터 9일까지 서해에서 한국군 단독으로 실시된 육·해·공 합동훈련과 8월 16일부터 26일까지 동해에서 실시된 '을지프지덤가디언(UFG)' 한·미연합 군사훈련에 대한 기사는 아예 검색되지 않았다. 또, 9월 27일 서해에서 실시된 한·미연합 대잠수함 훈련에 대한 기사도 단 한 건만이 단신으로 보도됐을 뿐이다.

전체적으로 '군사적 갈등'과 관련된 기사의 보도량이 매우 적었음에도 불구하고, KBS 《뉴스 9》와 마찬가지로 이에 대한 보도태도는 비교적 선명하게 드러났다. 그 특징을 살펴보면 다음과 같다.

먼저, 한국 측의 '심리전 재개'와 'PSI 참가'에 대해서 큰 관심을 갖지 않고 단순 보도형식으로 짧게 다뤘을 뿐이다. 반면, 7월 25일부터 28일까지 동해에서 실시된 한·미연합 군사훈련 '불굴의 의지'에 대해서는 다른 군사훈련에 비해 큰 비중으로 보도했다. 훈련의 적절성과 민감성 등으로 많은 논란이 있던 가운데서도, 주로 한·미가 주장하는 훈련의 정당성을 일방적으로 전달하면서 훈련의 내용과 목적, 특징 등을 소개하는 형식이 많았다. 예를 들어, 7월 22일 칼럼에서는 "도발억지의 구체적인 방책이, '2+2'에 앞서 20일 한·미 국방장관회담에서 발표된 한·미연합 군사연습이다. 미군 원자력 항공모함 조지워싱턴을 비롯해 함선 약 20척, 미군 최신예 스텔스 전투기 F-22 등 항공기 약 200대가 투입되는 이 대규모 훈련은, 공동성명이 주장한 '북한의 어떠한 위협도 억지, 격퇴할 수 있는 협동방위태세'를 과시하는 것이다"라고 훈련의 정당성을 설명했다. 또한, "F-22는 특정 공격목표에 대한 '정밀폭격훈련'을 실시할 예정이어서, 목표가 되는 것을 두려워할 북한 지도부의 등골을 오싹하게 만들 것이다"라고 말하는 등 북한을 자극할 만한 내용을 거침없이 게재했다.

특히, 이 '불굴의 의지' 훈련은 당초 서해에서 실시될 예정이었으나 중국 측의 강한 반발로 동해로 옮겨 실시됐는데, 이 과정에서 북한과 한·미는 물론, 중국과 한·미 간에도 큰 대립이 발생했다. 하지만, 《요미우리신문》은 이러한 대립에 대해서는 거의 보도를 하지 않았으며, 중국과 북한이 훈련을 비난하는 이유와 반응에 대해서도 비중 있게 다루지 않았다.

한편, 《요미우리신문》에서 나타난 중요한 특징 중의 하나로, 한·미연합 군사훈련과 중국의 군사훈련, 북한의 반발 등으로 한반도를 둘러싼 동북아 지역정세에 긴장감이 고조되고 있었음에도 불구하고, 이러한 지역정세의 불안, 위기를 저평가하는 자세를 보였다는 것이다. 예를 들어, 5월 25일 기사에서 "북한은 한국의 민군합동조사단이 20일 '북한의 어뢰공격'을 단정하는 조사결과를 발표한 이후 최고지도기관인 국방위, 對한국 창구기관인 조평통 등이 연이어 성명을 발표하여, '남북불가침합의의 파기', '남북관계의 전면 단절' 등을 경고해 왔다. 하지만, 한국이 24일 발표한 대응조치는 군사적 보복을 배제하고 있어, 북한은 예상 범위 내라고 생각할 가능성이 크다"며 북한의 반발을 저평가 했다. 동시에, "북한은 당면, '자신들은 무죄라고 주장하는 쇼'를 계속할 공산이 크다"며, 북의 반발을 "쇼"로 비유했다. 이와 같은 지역정세 위기에 대한 저평가는 전체 기사 중에서 지역정세를 걱정하는 기사가 거의 발견되지 않았다는 점과 한·미연합 군사훈련에 관한 기사에서도 훈련목적과 내용 등을 주로 전달했을 뿐, 중국과 북한의 반발에 대해서는 기사의 끝부분에 잠깐 언급하는 수준에 머무르는 등의 보도형식에서도 엿볼 수 있다.

〈표 7〉 '군사적 갈등'에 관한 《요미우리신문》의 보도 내용

날 짜	내 용
5월 21일	韓国独自でも、済州海峡の北朝鮮船舶の航行禁止、盧武鉉前政権時代に中断した前線地帯での対北宣伝放送の再開などが議論されている。米韓合同軍事演習強化も検討されている模様だ。 (한국 독자적으로라도 제주해협에서의 북한 선박 통행을 금지하고, 노무현 전 정권시절에 중단한 전방지역에서의 대북 선전 방송 등이 논의되고 있다. 한미합동 군사훈련 강화도 검토되고 있는 것 같다.)
5월 21일	一方、沖縄の米空軍嘉手納基地は最新鋭ステルス戦闘機「F22」12機が来週後半、米本土から同基地に派遣されると発表した。派

	遣予定期間は約4か月。 (한편, 오키나와의 미공군 카데나 기지는 최신예 스텔스 전투기 'F-22' 12대가 다음 주 후반에 미국 본토에서 동 기지로 파견된다고 발표했다. 파견 예정 기간은 약 4개월이다.)
5월 24일	統一省は開城と金剛山以外での韓国人訪朝と対北新規投資を禁止し、対北支援事業も凍結。国防省は、黄海で近く米韓合同の対潜水艦訓練を実施することや、前線地帯での対北朝鮮宣伝放送再開などを発表した。このほか、米国が主導する大量破壊兵器拡散阻止構想（PSI）訓練への積極参加を検討。外交通商省は、武器輸出を禁じた現在の安保理制裁決議の徹底や新たな制裁に向け、国際社会と連携する方針を表明した。 (통일부는 개성과 금강산 이외에서의 한국인 방북과 대북 신규 투자를 금지시키고, 대북지원사업도 동결했다. 국방부는 서해에서 조만간 한미합동 대잠수함 훈련을 실시할 것과 휴전선 근처에서의 대북 선전방송의 재개 등을 발표했다. 이 밖에 미국이 주도하는 '대량살상무기 확산방지조약(PSI)' 훈련에 적극 참가할 것을 결정했다. 외교통상부는 무기 수출을 금지한 현재의 안보리 제재결의를 철저히 이행하고 새로운 제재를 위해 국제사회과 연계할 방침을 밝혔다.)
5월 25일	いくつかの措置は直ちに実行された。04年に中断した前線地帯での対北宣伝放送が再開されたほか、南北海運合意書により05年から認めてきた北朝鮮船舶の韓国領海内の航行も禁止した。朝鮮半島—済州島間の「済州海峡」は、北朝鮮船舶にとり、日本海側と黄海を移動する際、燃料費や物流費などの削減に役立ってきた。金泰栄（キムテヨン）国防相は会見で「北朝鮮軍が商船を偽装して韓国領海の海洋情報と作戦環境を探ることを阻止する」と強調した。 (몇 가지 조치는 바로 실시됐다. 04년도에 중단됐던 휴전선 부근에서의 대북 선전방송이 재개된 것 이외에, 남북해운합의서에 의해 05년부터 인정되어 온 북한 선박의 한국영해 내 항해도 금지됐다. 한반도와 제주도 사이의 '제주해협'은 북한 선박에게 있어서 동해와 서해를 이동할 때 연료비나 유통비 등의 삭감에 도움이 되어 왔다. 김태영 국방장관은 회견에서 "북한군이 선박을 위장해서 한국영해의 해양 정보와 작전환경에 관한 정보

	수집 행위를 막을 것이다"라고 강조했다.)
5월 25일	韓国はPSIへの本格参加で、北朝鮮の武器輸出を封じたい考えだ。北朝鮮は弾道ミサイル関連輸出だけで年間約5億ドル（約450億円）の外貨を得ていると推定される。09年5月の核実験を受け採択された国連安保理制裁決議1874の実施後は対外武器輸出が5分の1まで落ち込んだとする見方もあるが、昨年12月にはタイ・バンコクの空港で大量の北朝鮮製兵器が見つかるなど、輸出は防ぎ切れていない。 (한국은 PSI에 적극 참가함으로써 북한의 무기 수출을 봉쇄할 생각이다. 북한은 탄도미사일 관련 수출만으로도 연간 5억 달러의 외화를 벌어들이고 있다고 추정된다. 09년 5월의 핵실험으로 채택된 유엔안보리 제제결의안 1874호 인해 대외 무기 수출이 5분의 1까지 감소했다는 견해도 있지만, 작년 12월에는 타이 방콕의 공항에서 대량의 북한제 무기가 발견되는 등 수출을 완전히 막지 못하고 있다.)
5월 25일	ただ、韓国が24日に発表した対抗措置は、軍事的報復を除外しており、北朝鮮は想定内と見ている可能性が強い。24日の国防委員会報道官声明は、韓国の李大統領の談話を「詭弁（きべん）」と非難する一方、韓国が拒否した北朝鮮独自の調査団の受け入れを改めて求めるにとどまった。 北朝鮮は当面、「自分たちは無罪と主張するショー」（韓国政府系機関研究者）を続ける公算が大きい。 (단지, 한국이 24일에 발표한 대항조치는 군사적 보복을 제외하고 있어서 북한이 예상대로라고 생각할 가능성이 크다. 24일 국방위원회 보도관 성명은 한국 이명박 대통령의 담화를 '궤변'이라고 비난하는 한편, 한국이 거부한 북한 독자의 조사단 파견을 받아들일 것을 다시 한 번 요구하는데 그쳤다. 북한은 당면, '자신들은 무죄라고 주장하는 쇼'(한국정부출연 기관 연구자)를 계속할 공산이 크다.)
7월 2일	北朝鮮が今回、潜水艦による魚雷攻撃という奇襲戦法に出たのは、軍備の最新化では韓国に対抗できず、特殊部隊の奇襲戦に活路を見いだすしかないと考えた、との分析が支配的だ。北朝鮮は戦闘能力の差を十分認識しているとの見方が強く、その中で哨戒艦攻撃を許した監視力の弱さが浮かび上がった。

	(북한이 이번에 잠수함에 의한 어뢰공격이라는 기습전법을 택한 것은, 군비의 최신화에서는 한국에 대항할 수 없기 때문에 특수부대의 기습전에서 활로를 찾을 수밖에 없었을 것이라는 분석이 지배적이다. 북한이 전투능력의 차를 충분히 인식하고 있다는 견해가 강한데, 그런 가운데 조계함 공격을 허용한 감시력의 약점이 부각됐다.)
7월 22일	挑発抑止の具体的な方策が、2プラス2に先立つ20日の米韓国防相会談で発表された米韓合同軍事演習だ。米原子力空母ジョージ・ワシントンをはじめ艦艇約20隻、米最新鋭ステルス戦闘機F22など航空機約200機を投入する大規模演習は、共同声明がうたった「北朝鮮のいかなる脅威も抑止、撃退できる合同防衛態勢」を誇示するものだ。 (도발억제의 구체적인 방책이, '2+2회의'에 앞서 20일 한미 국방장관 회담에서 발표된 한미합동 군사훈련이다. 미국 원자력 항모 '죠지 워싱턴'을 비롯하여 함정 약 20척, 미 최신예 스텔스 전투기 F-22 등 항공기 약 200대를 투입하는 대규모 군사훈련은 공동성명이 내세운 "북한의 어떠한 위협도 억지, 격퇴할 수 있는 합동방위능력"을 과시하려는 것이다.)
7월 22일	沖縄の嘉手納基地から派遣されるF22は、特定の攻撃目標への「精密爆撃訓練」を行う計画とされ、標的となることを恐れる北朝鮮指導層の背筋を凍らせるはずだ。 (오키나와의 카데나 기지에서 파견되는 F-22는 특정 공격목표에 대한 '정밀폭격훈련'을 실시할 예정이어서, 목표가 되는 것을 두려워할 북한 지도부의 등골을 오싹하게 만들 것이다.)
10월 15일	韓国は14日、日米豪3か国と合同で、大量破壊兵器拡散阻止構想(PSI)に基づく海上阻止訓練「イースタン・エンデバー10」を、韓国南東部・釜山(プサン)近海で実施した。韓国がPSIに全面的に参加したのは初めて。 (한국은 14일, 일본, 미국, 호주 3개국과 합동으로 '대량살상무기 확산방지구상(PSI)'에 따른 해상저지훈련 '이스턴 에덴-10'을 한국 남동부 부산 근해에서 실시했다. 한국이 PSI에 전면적으로 참가한 것은 이번이 처음이다.)

이상에서 살펴 본 봐와 같이, 《요미우리신문》은 군사적 갈등을 초래한 사건에 대해서 큰 관심을 갖지 않았고, 그나마 '불굴의 의지' 한·미연합 군사훈련에 대한 기사도 훈련의 정당성을 전제로 한 한·미의 주장만을 일방적으로 전달할 뿐이었다. 또한, 중국과 북한의 반발에 대해서는 거의 보도하지 않았으며, 지역에 조성된 불안, 위기에 대해서도 심각하게 인식하지 않는 보도태도를 보였다.

(5) 군사적 갈등을 부추기는 미디어

전체적으로 KBS 《뉴스 9》와 《환치우스빠오》, 《요미우리신문》 모두 천안함 침몰 사건으로 조성된 군사적 갈등에 대해서 비교적 높은 관심을 보였다. 특히, 서해에서 실시된 한·미연합 군사훈련에 대해서는 빈번하고 자세하게 보도했다.

하지만, KBS 《뉴스 9》, 《요미우리신문》과 《환치우스빠오》의 보도태도에서는 큰 차이점이 발견됐다. KBS 《뉴스 9》와 《요미우리신문》은 한·미연합 군사훈련이나 PSI 훈련, 심리전 재개 등이 동북아 지역정세에 미칠 영향보다는 훈련 자체의 내용과 이것이 북한에 어느 정도 압박을 줄 것인지에 대한 효과 등에 더욱 관심을 가졌다. 이에 따라, 북한에 대한 압박수단으로서 실시된 일련의 군사적 조치에 대해 압도적으로 긍정적인 보도태도를 보였다.

반면, 《환치우스빠오》는 일련의 군사적 대응조치가 동북아 지역 정세에 끼칠 부정적 영향에 큰 우려를 나타냈다. 특히, 서해에서 실시된 한·미연합 군사훈련에 대해서는 동북아 정세뿐만이 아니라, 중국의 국가이익을 심각하게 침해하는 행위라고 지적하며 매우 비판적인 태도를 보였다.

한편, KBS 《뉴스 9》와 《환치우스빠오》, 《요미우리신문》 모두에서 공통적으로 나타난 특징으로서 자국, 혹은 동맹국, 우호관계의 국가가 실시하는 군사적 행동에 대해서는 우호적인 보도태도를 보인 반면, 적대국 혹은 경쟁관계의 국가가 실시하는 군사적 행동에 대해서는 매우 부정적인 보도태도를 보였다는 것이다.

군사적 갈등을 포함한 무력충돌의 위험이 지역 안보를 위협하는 중요한 요소임을 생각할 때, 천안함 사건의 전개과정에서 조성된 군사적 갈등에 대해 KBS 《뉴스 9》와 《요미우리신문》은 이를 심각하게 받아들이지 않음으로써 안보 불안을 방관하는 모습을 보였고, 더 나아가 군사적 갈등을 부추기는 모습마저 보였다. 반면, 《환치우스빠오》는 두 미디어에 비해 군사적 갈등이 지역정세에 부정적 영향을 끼치는 것에 대해 우려를 나타냈지만, 중국의 이익을 침해하는 부분에 대해 더 큰 관심을 보였다.

2. '대화 및 교류'에 관한 보도태도

(1) 천안함 사건이 초래한 '대화 및 교류'의 단절

2010년 5월 20일, 합조단은 '천안함은 북한의 연어급 잠수정(130톤)이 쏜 어뢰에 피격돼 두 동강 나 침몰했다'는 조사 결과를 공식 발표했다. 이어, 5월 24일 이명박 전 대통령은 전쟁기념관에서 대국민 담화를 통해 "천안함은 북한의 기습적인 어뢰 공격에 의해 침몰"됐다고 단정한 후, "대한민국은 앞으로 북한의 어떠한 도발도 용납하지 않고 적극적 억제 원칙을 견지할 것"이라며 "남북간 교역과 교류를 중단"하고 "지금 이 순간부터 북한 선박은 《남북해운합의서》에 의해 허용된 우리 해역의 어떠한 해상교통로도 이용할 수 없다"고 발표했다. 덧붙여 "천안함을 침몰시키고, 고귀한 우리 젊은이들의 목숨을 앗아간 이 상황에서 더 이상의 교류·협력은 무의미한 일"이라고 강조했다.[18]

합조단이 '천안함 침몰 사건은 북한의 소행'이라고 공식 발표한 당일인 5월 20일, 북한은 '무모한 대응에는 정의의 전면 전쟁으로 대답할 것이다'라는 제목의 국방위원회 대변인 성명을 발표하여, "천안호의 침몰을 우리와 연계되어 있다고 선포한 것만큼 그에 대한 물증을 확인하기 위하여 조선민주주의인민공화국 국방위원회 검열단을 남조선 현지에 파견할 것이다"라고 말하며 한국정부가 이를 받아들일 것을 촉구했다.[19] 하지만, 24일 열린 외교·통일·국방장관 합동기자회견 상에서 김태영 전 국방장관은 이에 대해 "사건을 저질러 놓고 검열단을 보내겠다는 것 자체가 말이 안 된다"며 북한측의 제안을 거부했다. 또한, 이 자리에서 현인택 전 통일부장관은 "개성공단의 생산활동은 지금처럼 유지할 것이다. 다만, 체류인원 문제는 신변 안전 등 여러 가지 고려해서 지금보다는 축소 운영하는 것으로 하겠다"며 개성공단의 생산유지 및 인원축소 계획을 밝혔다.[20]

북한은 이러한 한국 정부의 조치에 다시 강력하게 반발하며, 5월 25일에는 조평통 대변인 명의로 "북남 사이의 모든 통신연계를 단절", "개성공업지구에 있는 북남경제협력협의사무소를 동결, 철폐하고 남측 (정부)관계자들을 즉시 전원 추방", "판문점 적십자연락대표의 사업을 완전 중지" 등의 대응조치를 선포했다.[21] 이어, 5

---

18) 5월 24일 오전 서울 용산 전쟁기념관에서 발표된 이명박 대통령의 천안함 사건 관련 '대국민 담화' http://www.president.go.kr/kr/president/news/news_view.php?uno=1049&article_no=172& board_no=P01&search_key=&search_value= (검색일: 2011년 7월 21일).

19) "북 국방위원회, "남측에 검열단 파견하겠다"" 『민중의 소리』(2010년 5월 20일), http://www.vop.co.kr/2010/05/20/A00000297117.html (검색일: 2011년 7월 21일).

20) "[일문일답]통일·국방·외교 합동 기자회견 '일문일답'" 『뉴시스』(2010년 5월 24일), http://news.naver.com/main/read.nhn?mode=LSD&mid=sec&sid1=102&oid=003&aid=0003254477 (검색일: 2011년 7월 21일).

월 27일에는 인민군 총참모부 명의로 7개항의 '실제적인 중대 조치'를 담은 중대 통고문을 발표하여 '동, 서해지구 군통신련락소의 페쇄와 개성공업지구 등과 관련한 륙로통행의 전면차단검토에 착수할 것'과 '조선서해해상에서 우발적 충돌방지를 위하여 체결하였던 쌍방합의를 완전히 무효화할 것', '이와 관련하여 국제해상초단파무선대화기 사용을 일체 중단하며 긴급정황처리를 위하여 개통하였던 통신선로를 즉시 단절할 것', '괴뢰당국자들을 포함한 역적패당들의 우리 공화국경내에 대한 출입을 철저히 엄금할 것' 등의 구체적 대응 조치를 선포했다.[22)]

한편, 동북아 지역 안보의 중요한 과제인 북핵문제도 천안함 사건과 연관되어 새로운 전개 양상을 나타냈다. 북핵문제를 해결하기 위해 만들어진 6자회담이 중단되어 있던 당시 상황에서 이를 재개하는데 있어 천안함 사건을 전제 조건으로 삼느냐 그렇지 않느냐가 쟁점사항으로 떠올랐다.[23)] 천안함 사건의 진상에 대해서 이견이 존재하고 중국, 러시아에서도 신중한 태도를 보이고 있는 상황에서, 천안함 사건에 대한 북한의 사과와 재발방지 약속을 6자회담의 전제조건으로 삼는 것은 6자회담 재개에 걸림돌로 작용했다. 이 문제는 대화가 우선이냐, 신뢰회복이 우선이냐 하는 정치적 판단과 관련되어 있는 부분임에도 불구하고 문제해결에 있어 '대화의 중요성'을 어느 정도 견지하고 있는가를 엿볼 수 있는 부분이기도 하다.

---

21) "北, 南대북조치에 `남북관계 단절' 대응(종합)" 『연합뉴스』(2010년 5월 25일), http://news.naver.com/main/read.nhn?mode=LSD&mid=sec&sid1=100&oid=001&aid=0003294644 (검색일: 2011년 7월 21일).

22) 『조선중앙통신』, 2010년 5월 27일, http://www.kcna.co.jp/index-k.htm

23) "정부, 천안함 먼저냐? 6자회담 재개냐? 고민" 『KBS 9시뉴스』(2010년 5월 6일), http://news.kbs.co.kr/tvnews/news9/2010/05/06/2092435.html (검색일: 2011년 7월25일).

이와 같이, 천안함 침몰과 이에 대한 대응과정 속에서 남북 간에는 물론, 동북아 관련국 사이에서도 지역 안보의 중요한 요소인 '대화 및 교류'와 관련하여 다양한 움직임이 나타났다. 이를 간단히 정리하면 다음과 같은데, 본 연구는 이들 내용을 천안함 침몰 사건에 있어서 대화와 교류에 대한 조작적 정의로 삼고, 이에 대한 미디어의 보도태도를 분석했다.

〈표 8〉 천안함 침몰 사건 전개 과정 중 나타난 '대화 및 교류'와 관련된 사항들

날 짜	내 용
5월 6일	한국 정부, 천안함 사건에 대한 북한 측 사과가 6자회담 재개의 선결조건이라고 주장.
5월 20일	합조단의 조사결과 발표 이후, 북한은 이를 반박하며 국방위 검열단을 남측에 파견하겠다고 발표.
5월 24일	이명박 대통령 대국민 담화를 통해, '남북간 교역과 교류를 중단', '더 이상의 교류·협력은 무의미한 일'이라고 표명.
5월 24일	이명박 대통령 대국민 담화를 통해, 북한 선박은《남북해운합의서》에 의해 허용된 우리 해역의 어떠한 해상교통로도 이용할 수 없다고 표명.
5월 24일	한국 김태영 국방장관 합동기자회견에서, (북한이) 검열단을 보내겠다는 것 자체가 말이 안 된다고 발언.
5월 24일	한국 현인택 통일부장관 합동기자회견에서, 개성공단 체류인원 축소 발표.
5월 25일	북한, 조평통 명의로 남북관계 모두 단절 선포.
5월 26일	북한, 개성공단에서 한국 정부 관계자 8명 추방 조치.
5월 27일	북한, 인민군 총참모부 명의로 '동, 서해 군통신 연락소 폐쇄', '개성공업지구 육로통행 전면차단 검토', '서해상 통신선로 즉시 단절', '남측 당국자 북측 지역 출입 엄금' 선포.
7월 10일	북한, 외무성 명의 발표를 통해 6자회담 재개 희망 표시.

8월 27일	김정일 국방위원장, 후진타오 주석과 회담시 6자회담 재개 희망 언급.
9월 11일	북한, 한국 정부에 이산가족 상봉 제의.
9월 30일	남북 군사실무회담, 판문점에서 열렸으나 천안함에 대한 견해 차로 결렬.
10월 30일 ~ 11월 5일	남북 이산가족 상봉 금강산에서 진행.

(2) KBS 《뉴스 9》의 보도태도

〈표 9〉 KBS 《뉴스 9》의 천안함 관련 보도 중 '대화 및 교류'와 관련된 내용

날 짜	제 목
5월 6일	정부, 천안함 먼저냐? 6자회담 재개냐? 고민
5월 7일	"北-中, 6자회담 재개·비핵화 공동 노력"
5월 20일	北 "남측 발표 날조극…검열단 파견"
5월 23일	이 대통령, 내일 '천안함' 대국민담화 발표
	정부, '대북 제재 방안' 내일 발표
	클린턴, '대북 제재' 中 동참 설득…선택은?
5월 24일	[영상] 천안함 사태 대통령 대국민 담화
	이 대통령, "北 무력침범 시 즉각 자위권 발동"
	단호함 속 대화 여지 남겨…北 정권 변화 촉구
	남북 교역 전면 중단…개성공단 축소 운영
5월 25일	해경, 北 선박 '통과 봉쇄' 경계태세 돌입
	"대북 교역업체 피해 최소화" 지원책 모색
5월 26일	北, '천안함 조치 반발' 남북관계 전면 중단
	北 "대북 심리전 재개시 공단 폐쇄하겠다"
	北 방송, 대남 적개심 고취…내부 단속 강화
	경협 중단…남북 '경제 득실' 대차대조표는?

5월 27일	北 총참모부 “남북 교류 군사 보장 철회”
5월 28일	정부 “개성공단 신변안전 위해 단호 대처”
5월 29일	개성공단 인원 감소…軍 안전대책 회의
	[간추린 뉴스] 北 출발 화물선, 대북 제재 후 첫 입항 外
5월 31일	北 “개성 설비 반출 불허”…의미는?
7월 10일	北 6자회담 언급…“비핵화 의지 보여야”
7월 12일	‘난감한’ 6자회담…핵 따로 천안함 따로?
8월 17일	5·24 조치 이후 첫 대북 지원 위한 방북
8월 30일	김정일 위원장 “6자회담 조속 재개 희망”
8월 31일	이 대통령 “김정일, 자주 방중하는 것 긍정”
9월 11일	北, ‘이산가족 상봉’ 제의…정부 “긍정 검토”
	남북 대화 재개 ‘물꼬’…국면 전환 이뤄질까?
9월 12일	정부, 北에 이산가족 상봉 정례화 제의키로
9월 13일	“쌀 5천 톤 지원”…17일 개성 실무 접촉 확정
9월 16일	민간 지원 밀가루 530톤 北 수해지역 전달
	북, 오는 24일 군사실무회담 제의…배경은?
9월 18일	北, 금강산 면회소 왜 반대하나?
9월 19일	국방부, 남북군사실무회담 개최 수정 제의
9월 24일	남북, 다음 달 1일 추가 실무접촉 합의
9월 30일	남북 군사실무회담, 천안함 ‘견해차’ 확인
10월 26일	北, 적십자회담서 금강산 관광 재개 주장
10월 29일	軍, 北회담 제의 거절…北 “물리적 대응” 위협
10월 30일	이산가족, 60년 만에 만남…눈물의 재회
	“전사통보 받아 죽은 줄 알았는데…”
	이산상봉은 순조…北 비난전 재개
10월 30일	맨발로 떠난 오빠에게 60년만 ‘구두 선물’
11월 1일	또 기약 없는 이별…모레 2차 상봉
	남북 이산가족 상봉 정례화 시급

11월 3일	이산가족 2차 상봉…북측 수상한 '확인 불가'
11월 4일	이산가족 상봉 이틀째…"고향에 가고 싶어요"
11월 6일	96세 할머니의 60년 만의 상봉과 그 이후

〈표 9〉는 천안함 침몰 사건의 전개과정에서 나타난 '대화 및 교류'와 관련된 KBS 《뉴스 9》의 보도들이다. 이 내용을 바탕으로 KBS 《뉴스 9》가 '대화 및 교류'에 대해 어떤 보도태도를 나타냈는지 분석한 결과 다음과 같은 특징이 밝견됐다.

우선, 앞에서 이미 서술한 봐와 같이 천안함 침몰사건의 원인에 대해서는 여러 가지 주장이 존재하고 있고, 정부가 중심이 되어 실시된 합조단의 조사결과에 대해서도 많은 의문이 제기되고 있었다. 심지어, 서울대 통일평화연구소가 2010년 7월 전국 19세 이상 성인남녀 1200명을 대상으로 실시한 설문조사에 따르면, 천안함 사건에 대한 정부의 조사결과 발표에 대해 신뢰한다는 응답은 32.5%에 불과했고, 신뢰하지 않거나(35.7%) 혹은 반반이라는(31.7%) 답변이 70% 가까이 나타났다.[24] 이렇게 천안함 사건의 발생 원인에 대해 여러 주장이 존재하고 정부 조사결과에 대한 의혹이 제기되고 있음에도 불구하고, KBS 《뉴스 9》는 정부의 발표대로 천안함 사건을 북한의 잠수함이 쏜 어뢰 공격에 의해 침몰한 사건으로 단정 지었다. 이는 북한의 공격으로 단정 짓고 있는 정부 및 군 인사, 학자들만을 일방적으로 인터뷰하는 차원을 넘어, 기자와 앵커의 멘트를 통해서도 직접적으로 언급됐다. 몇 가지 예를 들어 보면 다음과 같다.

24) 박명규외 5명. 2010. 『2010 통일의식조사』. 서울대 통일평화연구소.

〈표 10〉 KBS 《뉴스 9》 보도 중 천안함 사건을 북한의 공격으로 단정 지은 사례

날 짜	내 용	발언자
5월 23일	"북한 잠수함의 기습 어뢰 공격에 의한 우리 군함 침몰" "초유의 해상도발 사태를 맞아 이명박 대통령이…"	기자
5월 23일	"(북한이) 향후 이런 일이 재발하지 않도록 약속하지 않으면 유엔 안보리에서 새로운 제재 조치를 취할 것으로 봅니다"	자칭궈(賈慶國)북경대 교수
6월 10일	"적은 무력과 무자비한 폭력으로 우리 대한민국 장병들을 46명씩이나 수장시켰는데…"	박상학(자유북한운동연합)
7월 24일	"이러한 가운데 한·미 양국은 북한의 천안함 공격에 대응한 연합해상훈련을 내일부터…"	기자
7월 26일	"북한의 도발에 굴하지 않겠다는 강한 의지가 담겨 있습니다"	앵커
7월 28일	"북한의 도발을 응징하겠다는 메시지를 행동으로 보여주기 위해서"	기자

천안함 사건의 발생 원인에 대한 인식이 중요한 이유는 이것이 천안함 사건과 관련된 뉴스의 전체적인 보도 방향에 중요한 영향을 끼치고 있기 때문이다. 실제로 KBS 《뉴스 9》의 모든 천안함 사건 관련보도는 '북한의 어뢰 공격에 의해 발생했다'는 전제 속에서 이뤄지고 있음을 알 수 있다. 이에 따라, 천안함 사건과 관련한 특정 이슈에 대해서도 정부의 입장만이 일방적으로 소개되었으며, 이런 경향은 이명박 전 대통령이 발표한 대국민담화에 대한 반응에서도 그대로 나타났다.

이명박 전 대통령은 5월 24일, 천안함 사건과 관련한 대국민담화를 통해 "남북간 교역과 교류를 중단"하고 "더 이상의 교류·협력은 무의미한 일"이며 "북한 선박은 《남북해운합의서》에 의해 허용된 우리 해역의 어떠한 해상교통로도 이용할 수 없다"고 표명했

다. 이는 곧 남북 간의 대화와 교류를 중단하겠다는 의미로서, 이러한 조치가 남북관계를 더욱 악화시킬 수 있다는 우려가 일선 기자 및 전문가들은 물론, 일반 국민들 사이에서도 제기됐다.[25] 하지만 KBS 《뉴스 9》의 47건 보도 중에서는 단 4건의 보도에서만 남북 교류와 대화 단절로 인한 피해를 일부 언급하고 있을 뿐, 나머지는 정부의 입장을 단순히 일방적으로 소개하거나 정부의 정책을 지지하는 경향을 보였다. 또한, 한국 정부의 대응조치에 대한 반응으로서 북한이 발표한 '남북관계 전면중단', '공단 폐쇄' 등의 조치에 대해서는 남측에 대한 '위협', '윽박지르는 형국' 등으로 묘사하여 똑같은 대화와 교류의 단절임에도 한국 정부가 하면 정당한 대응조치이고, 북한이 하면 '위협'으로 해석하는 이중성을 보였다.

〈표 11〉 이명박 전 대통령의 '대화와 교류'의 단절 표명에 대한 KBS 《뉴스 9》의 보도

날 짜	내 용	발언자
5월 24일	"이명박 대통령은 북한은 대가를 치르게 될 것이라며 단호하게 책임을 묻겠다고 밝혔습니다. 용산 전쟁기념관에서 있었던 대국민 담화, 직접 들어보시겠습니다"	앵커
5월 24일	"(북한은) 우리와의 교역을 통한 달러 수입이 줄어듦에 따라 중국에서 식량 등 물자 구입이 어려워져 경제가 큰 타격을 받을 것으로 보입니다"	기자
5월 26일	"정부는 영해를 지나던 북한 선박을 퇴거시키는 능 흔들림 없는 모습을 이어갔습니다"	앵커
5월 26일	"대북 제재의 효과는 북한이 얼마나 아파하느냐에 달려 있습니다"	기자

25) "깨어있는 기자와 교수들, 당신들이 '희망' 기자협회 여론조사 "천안함 정보공개 불충분 76.5%"... 교수들"대북제재조치 반대""『오마이뉴스』(2010년 5월 27일), http://www.ohmynews.com/NWS_Web/view/at_pg.aspx?CNTN_CD=A0001389892 (검색일: 2011년 7월 28일).

한편, 대화와 교류의 단절로 인한 피해를 언급한 부분도 대화·교류의 단절이 남북관계, 더 나아가 동북아 지역의 안보에 부정적 영향을 끼칠 것이라는 우려보다는 단순히 한국 측에도 경제적 손실이 예상된다는 정도에 불과했다. 좀 더 구체적으로는, 남측의 경제적 피해도 예상이 되나 미미한 수준이라거나, 정부가 이에 대해 대책을 세워주고 있다는 식의 보도였다. 즉, 피해가 일부 우려되나 제재를 통해 북을 압박하기 위해서는 감수해야 한다는 취지였다.

〈표 12〉 남북간 대화와 교류의 단절로 인한 피해를 언급한 내용

날 짜	내 용	발언자
5월 24일	(정부 정책 내용과 북한의 피해 예상 정도를 자세히 소개 한 뒤 마지막 멘트로 잠깐) "우리 측도 3조원 가까운 매출 손실과 함께 수산물 등 값싼 북한 물자 반입 금지로 물가에 부담이 될 전망입니다" (끝)	기자
5월 25일	"남북 교역이 끊기면서 북한 관련업체들은 큰 타격을 받을 수밖에 없겠죠. 정부가 지원책을 모색하고 있습니다"	앵커
5월 26일	"우리 역시 곤란을 겪겠지만, 대외무역의 0.24% 규모에 그치기 때문에 상대적으로 영향은 미미할 전망입니다"	기자

한편, 북한을 천안함 사건의 도발자로 규정한 한국 정부와는 달리, 천안함 사건이 자신과 무관함을 주장하던 북한은 이를 증명하기 위해 5월 20일에 국방위 검열단을 남측 현지에 파견할 테니 한국 정부가 이를 수락할 것을 제안했다. 5월 6일과 8월 27일, 두 차례에 걸쳐 중국을 방문한 김정일 국방위원장은 중국 측에 6자회담 재개에 대해 적극적인 의사를 전달했으며, 7월 10일 유엔 안보리 의장성명이 나온 이후에도 북한은 6자회담 재개를 언급했다. 또한, 9월 11일에는 북한이 먼저 이산가족 상봉을 한국 측에 제안

해 왔으며, 9월 24일에도 남북 군사실무회담을 먼저 남측에 제안했다. 북한의 의도가 어떠하든 천안함 사건으로 인해 조성된 긴장국면 속에서 대화와 교류가 재개된다는 것은 긴장국면을 완화하는데 도움이 될 수 있다는 점에서 긍정적인 신호였다.

〈그림 9〉 남북 교역 중단이 북한에게 줄 피해를 강조하며, 그 효과에만 관심을 보이는 KBS 《뉴스 9》의 보도.

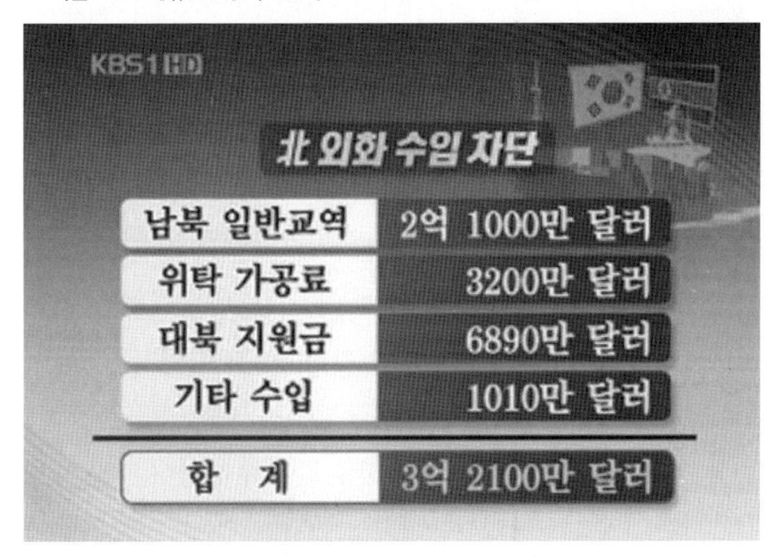

이에 대해, KBS 《뉴스 9》는 북한이 국방위 검열단을 남측에 파견하겠다는 것에 대해 전문가와의 인터뷰 내용을 인용하는 방식을 통해 부정적 시각을 나타냈다. 또, 북한이 언급한 6자회담 재개에 대해서도 부정적 입장을 보였으며, 정부의 입장과 전문가의 의견을 인용하는 방식으로 천안함 사건에 대해 북한이 사과를 하지 않은 상황에서 대화는 시기상조라는 보도태도를 보였다. 이산가족 상봉과 관련해서는, 일단 상봉 그 자체에 대해서는 긍정적으로 바라보며 적극적으로 추진할 것을 주문했으나, 북한이 이산가족

상봉을 먼저 제기한 동기에 대해서는 '식량난'이나 '중국의 뜻' 등으로 추측하며 부정적인 시각을 보였다.

〈표 13〉 6자회담 재개와 국방위 검열단 파견 등에 대한 KBS 《뉴스 9》의 보도 내용

날 짜	내 용	발언자
5월 6일	"6자회담 재개가 북한의 실질적인 변화를 이끌어 낼 수 있을지는 의문입니다"	기자
5월 6일	"그동안 북한의 외교 전술에 말려들지 않도록 일관된 강경기조를 유지해왔던 우리 정부"	기자
5월 20일	"이제 국제적으로 공인된 확증이 나오니까 이제 와서 무관하고 나가서 확인하겠다는 건 이건 일종의 선전선동력 이라고 보시면 된다"	남주홍 (국제안보대사)
9월 11일	"북한의 이런 유화적 제스처(이산가족 상봉), 아마도 식량난 때문이겠죠"	앵커
9월 11일	"지난 달 북중 정상회담에서 경제협력 대가로 6자회담 재개와 한반도 안정을 요구한 중국의 뜻에 따라 대화공세를 펴는 것..."	기자

이와 같이, KBS 《뉴스 9》는 천안함 사건에 대한 여러 가지 이견과 의혹이 제기되고 있는 상황에서, '천안함은 북한의 연어급 잠수정이 쏜 어뢰에 의해 피격돼 두 동강 나 침몰했다'는 정부의 조사결과를 그대로 받아들였다. 그리고 이러한 전제 하에 정부가 대응 조치로 내세운 '남북 대화와 교류 중단'을 지지하는 보도태도를 보였고, 이러한 조치가 초래할 부정적 상황에 대해서는 남측의 경제적 손실을 우려하는 것 이외에는 제기하지 않았다. 또 6자회담 재개에 대해서는 북한이 천안함 사건에 대해 사과하고 재발방지를 약속하지 않는 상황에서 의미가 없음을 나타냈으며, 북한의 검열단 파견에 대해서도 부정적 입장을 나타냈다. 즉, KBS 《뉴스 9》는 천안함 사건의 전개과정 속에서 나타난 '대화와 교류'가 단

절되는 상황에 대해 전체적으로 동조하거나 적어도 방관하는 보도태도를 보였다고 평가할 수 있다.

(3) 《환치우스빠오(環球時報)》의 보도태도

KBS 《뉴스 9》가 '천안함은 북한의 연어급 잠수정이 쏜 어뢰에 의해 피격돼 두 동강 나 침몰했다'는 정부의 조사결과를 일관되게 신뢰하는 입장에서 보도를 한 반면, 중국의 《환치우스빠오(环球時報)》는 천안함 침몰사건의 원인에 대해 시간에 따라 미묘하게 변화된 시각을 보였다. 천안함 침몰 사건이 발생한 시점(3월26일)부터 천안함 함미가 인양(4월15일)되기 전까지 비교적 신중한 태도를 보이며 침몰 원인을 '미스터리(神秘)'로 묘사하던 《환치우스빠오》는 함미 인양 이후, 한국 내에서 '북한 공격설'의 목소리가 더욱 커지자 보도 경향에 미묘한 변화를 나타냈다. 즉, 관련설을 부인하는 북한 측의 반박 의견도 일부 소개되긴 했지만, 한국의 보수 미디어와 군 당국, 보수당이 제기하는 '북한 공격설'을 압도적으로 많이 보도하면서 적어도 보도의 양에 있어서 침몰 원인에 대한 균형된 자세를 잃었다. 이렇게 변화된 태도는 5월 20일 합조단에 의해 북한이 공격했다는 조사결과가 공식 발표되면서 더욱 두드러지게 나타났다. 즉, 합조단의 조사결과를 존중하며 한국인의 분노를 이해하고, 북한에 대해서 적극적인 해명마저 요구하는 내용이 사설을 통해 나타났다.

하지만, 곧 이어 한국과 미국, 일본 등이 중국에 대해 대북 제재에 동참할 것을 압박해 오고, 러시아가 독자적으로 천안함 조사단을 파견하여 조사활동을 펼친 후 '북한 공격설'에 대한 의문이 증폭되자, 《환치우스빠오》는 다시 처음의 '미스터리(神秘)'로서 천안함 사건을 바라보는 경향을 보였다. 특히, 한·미연합 군사훈련이 '북한 공격설'을 근거로 빈번하게 실시되자 《환치우스빠오》는 '북한 공격설'에 대해 더욱 회의적인 태도를 보이기 시작했다.

〈그림 10〉 중국의 《환치우스빠오》도 초기에는 북한에 의한 어뢰 공격설을 인정하는 듯한 보도 내용을 내보냈지만, 시간이 흐르면서 이에 대한 의문을 나타내는 등 보도태도에 변화가 나타났다.

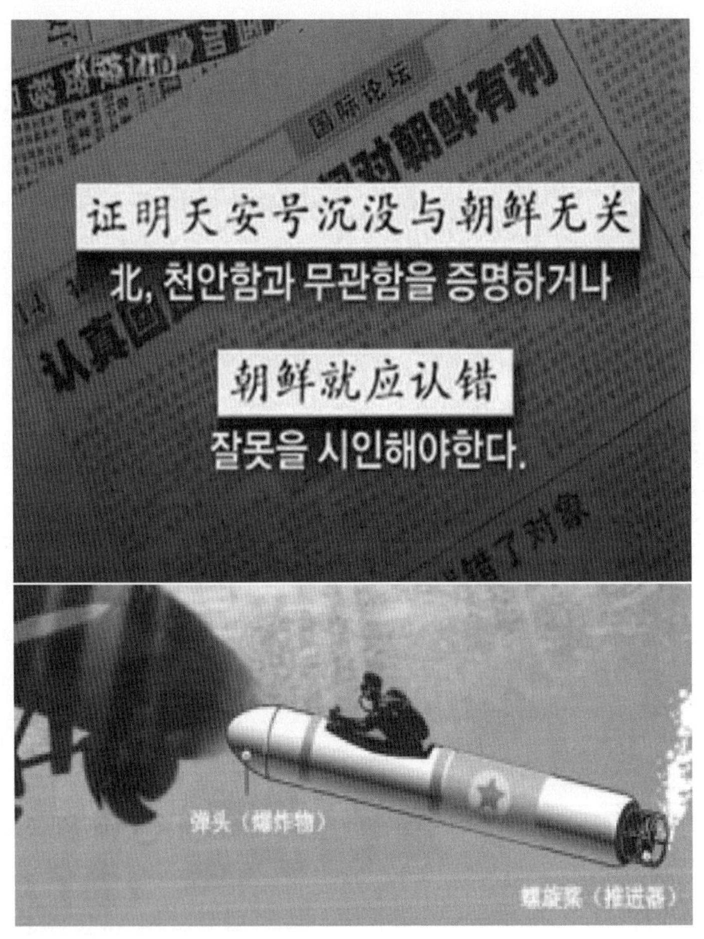

〈표 14〉 천안함 사건의 발생 원인에 관한 《환치우스빠오》의 보도 내용

날 짜	내 용
3월 30일	抢救神秘爆炸沉没的韩国天安舰上失踪人员的努力到29日仍没有结果。尽管得到4艘美国军舰的增援, 但在当天晚上8时这一最后期限到来时, 韩国救援部队也未能找到困在尾部船舱中的人员。而对事故原因, 更有猜测是韩美军演时“自摆乌龙”。 (불가사의하게 침몰한 한국 천안함 사건의 실종자 수색작업은 29일 까지도 성과가 없었다. 미군 함선 4척의 지원이 있었지만, 당일 저녁 8시의 마지막 기한까지 한국 구조대도 함미에 있을 인원들을 찾지 못했다. 사고 원인에 대해서는 한미 군사훈련이 빚은 사고라는 추측이 많다.)
4월 16일	韩国《中央日报》15日用“天安舰沉没真相将浮出水面”的标题来描述当天韩国军方打捞天安舰尾部残骸的重要意义。自从3月26日这艘巡逻舰神秘爆炸沉没后, 事故原因一直猜测不断。韩联社当天晚上的分析称, 根据舰尾断裂处的外观已基本排除内部爆炸的可能。韩国《朝鲜日报》15日则披露, 韩国政府已首次提及以“军事应对”天安舰沉没事故。 (한국 《중앙일보》는 15일 “천안함 침몰의 진상이 곧 수면위로 부상”이라는 제목으로 당일 한국군이 천안함 함미를 인양한 의의를 설명했다. 3월 26일 이 함선이 불가사의하게 폭발하여 침몰한 이후, 사고원인에 대한 추측이 끊이질 않았다. 한국 연합통신은 당일 저녁 함미 절단부분의 외관으로 볼 때, 이미 내부폭발의 가능성은 배제됐다고 분석했다. 한국 《조선일보》는 15일, 한국 정부가 이미 처음으로 천안함 침몰 사건에 대해 “군사적으로 대응”할 것을 언급했다고 밝혔다.)
4월 26일	虽然, 朝鲜否认与“天安”舰事件有关。但朝韩关系却不断趋于紧张。韩联社25日评论称, 军民联合调查团的初步调查结果进一步强化了朝鲜所为的可能性, 如果今后找到了具体物证, 南北关系将会急速变冷, 朝韩军事对峙也会进一步紧张。 (비록 북한이 천안함 사건과의 관련을 부인하고 있지만, 남북관계는 점점 긴장국면으로 나아가고 있다. 연합통신의 25일 평론은 민군합동조사단의 초보 조사결과에 따르면 북한의 소행일 가능성이 한 층 강해졌다고 말한다. 만약 이후에 구체적인 물증

	이 발견된다면, 남북관계는 급속히 악화될 것이고, 남북 군사대치도 더욱 긴장 첨예화 될 것이다.)
4월 23일	《朝鲜日报》报道称，韩军情报司令部早在年初的通报中就曾警告，"朝鲜正计划（对韩国海军）报复攻击，有'人间鱼雷'袭击的可能性，对此要做好防备"。"人间鱼雷"指的是由蛙人直接操纵装有推进器的鱼雷或携带水雷的潜水器，对目标舰艇展开特攻作战。韩国自由先进党议员朴宣映也在国会听证会上表示："以三人为一组的朝鲜海上狙击兵搭乘蛙人输送艇进行进攻，可能是'天安'号沉没的原因。" (《조선일보》는 한국 정보사령부가 연초 보고에서 "북한이 한국 해군에 대한 보복 공격을 계획하고 있고, 인간어뢰의 공격 가능성도 있기 때문에 이에 대해 준비를 해야 한다"고 경고했었다고 보도했다. '인간어뢰'란 잠수부가 직접 추진기를 장착한 어뢰나 수뢰를 휴대한 잠수기기를 조종하여 목표 함선에 대해 특공 작전을 펼치는 것이다. 한국 자유선진당 박선영 의원도 국회 공청회에서 "세 명이 한 조가 되는 북한 해상 저격병이 잠수 수송선을 이용하여 공격한 것이 천안함 침몰의 원인일 것이다"라고 말했다.)
5월 20일	中国理解韩国人对"天安号事件"中官兵牺牲的悲痛心情，也十分重视韩国就此事进行的调查，有关这一调查结果的新闻，19日在一些中国主流网站新闻频道的头条位置挂了大半天。 (중국은 천안함 사건 중에 장병을 잃은 한국인들의 비통한 심정을 이해하고, 한국이 이 사건에 대해 진행한 조사에 대해서도 매우 중시한다. 이 조사 결과에 대한 소식은 19일 중국의 주요 인터넷 매체에서 반나절 탑 뉴스에 올려졌다.)
5월 26일	双方擦枪走火的可能性骤增。让局势平静下来，当务之急是朝鲜以充分的事实证明天安号沉没与朝鲜无关。如果确系朝鲜所为，朝鲜就应认错。其他方面应表现出更大的耐心，给朝鲜一个申辩的空间，避免局势一发而不可收拾。 (쌍방이 대결국면으로 갈 가능성이 농후해 졌다. 정세가 안정을 되찾기 위해서 시급한 것은 북한이 충분한 사실로써 천안함 침몰이 자신과 무관함을 증명하는 것이다. 만약 북한이 한 것이 확실하다면, 북한은 잘못을 인정해야 하고, 다른 이들은 더 큰 인내심을 가지고 북한에게 해명의 기회를 주어야 한다. 그럴 때

	비로소 정세가 수습할 수 없는 사태로 발전하는 것을 피할 수 있다.)
6월 17일	但是,仅从目前韩方提供的证据来看,我们似乎还难以肯定地得出"天安"舰因鱼雷攻击而爆炸沉没的结论。至少, 在"鱼雷攻击"说后面还有一些待解的疑团。 (하지만 한국이 제공하는 증거만으로, 우리는 천안함이 어뢰 공격으로 폭발하여 침몰했다는 결론을 믿기 어렵다. 적어도 어뢰 공격설 뒤에는 풀어야 할 의문점들이 있다.)
6월 10일	负责调查韩国"天安"舰沉没事件的俄罗斯专家组回国后并没有马上公布自己的调查结果, 俄媒体9日爆料称, 有俄罗斯专家对国际联合调查团提出的是朝鲜击沉的结论提出了质疑, 认为其缺乏确凿证据。 (천안함 침몰 사건에 대해 조사한 러시아 전문가들은 귀국 후 바로 자신들의 조사결과를 발표하지 않았다. 러시아 언론은 9일, 한 러시아 전문가가 국제 연합조사단이 제기한 북한 격침 결론에 대해서 의문을 제기했고, 그러한 주장에는 확실한 증거가 결여되어 있다고 말했다고 보도했다.

《환치우스빠오》는 KBS《뉴스 9》와 달리, 남북 간의 대화와 교류에 직접적으로 영향을 끼쳤던 5월 24일 이명박 대통령의 대국민담화에 대해서 비교적 사실 전달을 위주로 보도했다. 특히, 심리전 재개 등의 부분에 대해서는 배경과 파급 효과 등 비교적 상세히 보도했지만, '대화 및 교류' 중단에 대해서는 보도량이 극히 적었으며 그 보도내용도 담화에 실린 내용을 소개하거나 경제적 손익을 언급하는 내용이 전부였다.

이명박 대통령의 대국민담화에 앞서 5월 20일 발표된 합조단 조사결과에 대해, 북한이 강력히 반발하며 사실 확인을 위해 국방위원회 검열단을 보내겠다는 사항과 관련해서도, 내용위주로 보도하고 남북 반응 등을 균등하게 소개하는데 머물러,《환치우스빠오》가 이 부분에 대해 어떤 태도를 갖고 있는지 분명하게 드러나지 않았다.

한편, 대화를 통한 문제 해결을 상징하는 6자회담 재개와 관련해서, 《환치우스빠오》는 전문가, 정부 대변인의 의견을 인용하는 방식을 통해 "천안함 사건이 6자회담 재개의 전제조건이 될 수 없다", "6자회담을 조속히 재개해야 한다"고 나타냈다. 물론, 중국이 6자회담 의장국으로서 책임감을 갖고 있다는 배경을 감안해야 하지만, 배경이 어떻든 중국은 6자회담을 조속히 재개하여 대화를 통해 문제를 해결해야 한다는 입장이었고, 《환치우스빠오》는 이러한 입장을 적극적으로 지지했다.

〈표 15〉 대화 및 교류 중단, 6자회담, 조사단 파견 등에 관한 《환치우스빠오》의 보도

날 짜	내 용
5월 6일	更不能将"天安"号事件当做重启六方会谈的先决条件。 (더더욱 천안함 사건을 6자회담 재개의 선결조건으로 삼을 수 없다.) ※ 전문가 발언 인용
5월 14일	韩媒爆出对朝制裁方案—内容涉及禁止进口朝鲜沙子, 水产品等 (한국언론 대북제재 방안 쏟아내다 - 내용은 북한 모래, 수산품 등의 수입을 금지하는 것과 관련)
5월 20일	中国外交部发言人马朝旭20日再次强调了中方对韩国政府和人民悲痛心情的理解和同情。他说中方注意到韩方公布了事件的调查结果, 中国主张各方"应冷静克制"。他强调, 中方一贯根据事情的是非曲直处理国际和地区事务, 一贯主张并致力于维护和平与稳定, 推进六方会谈和半岛无核化进程, 中国"反对与此相悖的行为"。 (중국 외교부 대변인 마차오쉬는 20일 다시 한 번 중국은 한국 정부와 국민의 비통한 심정을 이해하고 동정한다고 강조했다. 마 대변인은 중국은 한국이 발표한 사건의 조사결과에 주의하고 있고, 각방이 냉정하고 자제해야 한다고 말했다. 그는 "중국은 일관되게 사건의 시시비비에 근거해 국제와 지역 사무를 처리하

	고 있고, 평화와 안정을 유지하기 위해 노력하고 있으며, 6자회담과 한반도 비핵과 과정을 추진하고, 이와 상반되는 행위에 대해서 반대한다"고 강조했다.)
5월 21일	朝鲜国防委员会迅速发表声明回应说："韩方公布的调查结果是捏造的。"朝方称将派检查团前往韩国以确认物证。 (북한의 국방위원회는 신속하게 성명을 발표하여 "한국이 발표한 조사결과는 날조다"라고 대응했으며, 조사단을 한국에 파견하여 물증을 확인할 것이라고 말했다.)
5월 28일	但任钟龙称，"鉴于类似过去朝鲜核试验或者西部海域发生韩朝交战等事例，经济虽然短期会有风险，但预计将会逐渐趋于稳定"。 (하지만 임종용은 "과거 비슷한 북핵 실험이나 서부해역에서 발생했던 남북교전 등의 사례에 비추어 볼 때, 경제가 단기적으로는 악영향을 받겠지만 점차 안정을 찾을 것이다"라고 말한다.)

이와 같이, 《환치우스빠오》는 이명박 대통령의 담화문 내용이나, 북한의 조사단 파견 주장, 6자회담 재개 등 '대화 및 교류'와 관련한 사항에 대해서는 보도량이 비교적 적었다. 게다가 신문사의 견해가 명확히 나타나는 사설 등에서는 이 문제를 언급하지 않았고, 단순히 사실관계만 나열하는 단순 보도가 대부분이었다. 단, 전문가나 정부 관계자의 의견을 인용하는 방식을 통해 6자회담의 조속한 재개가 필요함을 간접적으로 나타내기는 했다.

전체적으로 보면, 천안함 사건을 계기로 발생한 대화와 교류의 단절에 대해 《환치우스빠오》는 이것을 한반도를 비롯한 동북아 지역안보와 연관 지어 적극적으로 보도하고 해석하기 보다는 사실관계 위주로 비교적 소극적인 보도태도를 보였다.

(4) 《요미우리(讀賣)신문》의 보도태도

천안함의 침몰 원인에 대해 《요미우리(讀賣)신문》은 사건 발생

직후에는 한국군의 레이더 기술이나 폭발 규모, 당시 서해에서 한·미연합 군사훈련이 실시되고 있었던 점 등을 이유로 북한의 어뢰 공격 가능성이 낮음을 여러 차례에 걸쳐 보도했다. 동시에, 북한 관계자의 발언을 인용하는 형식으로 북한의 관련설을 부인하는 내용도 소개했다.

하지만, 시간이 흐르면서 한국의 보수 미디어에서 북한의 어뢰 공격설이 비중 있게 다뤄지기 시작하자, 《요미우리신문》도 이를 주로 인용하며 북한의 공격가능성이 점차 높아지고 있다고 보도했다. 이러한 양상은 함미인양(4월 15일)과 함수인양(4월 24일) 시점에서 더욱 두드러지게 나타났으며, 5월 20일 합조단의 공식 발표가 있은 후에는 북한에 의한 어뢰공격설을 거의 기정사실로 받아들이는 보도태도를 보였다.

예를 들어, 4월 19일 기사에서는 '의문의 폭발(謎の爆發)'로 묘사하던 것을 합조단의 공식 발표가 있은 후인 5월 22일 보도에서는 "한국 해군 초계함 '천안'이 북한의 어뢰공격으로 침몰된 사건은 한국에서 북한의 공격능력을 재확인하는 기회가 됐다"와 같이 천안함 침몰 원인을 북한의 공격으로 단정 지었다. 심지어, 북한이 합조단의 발표내용에 대해 반발하자, 북한은 거짓말을 계속해 온 나라이기 때문에 액면대로 받아들일 수 없다고 폄하하는 등 노골적으로 북한에 대한 불신감을 나타냈다. 침몰 원인에 대한 이러한 변화된 인식은 이후 모든 기사에서 일관되게 유지됐다. 한국 국내는 물론, 러시아의 독자적인 조사에서 북한의 관련설에 대한 의문이 제기되는 등 천안함 침몰 원인에 대해 이견이 존재하는 가운데, 《요미우리신문》은 한국 정부의 조사결과를 전적으로 신뢰하는 모습을 보였다.

〈표 16〉 천안함 사건의 발생 원인과 관련한 《요미우리신문》의 보도 내용

날 짜	내 용
3월 28일	北朝鮮艦艇による魚雷などの攻撃は、韓国軍のレーダーで捕捉されていないことや爆発規模などから、可能性は少ないとの見方が強まっている。機雷も考えられるが、仮に機雷による爆発でも、北朝鮮が敷設したものと直ちに判断するのは困難との指摘が出ている。 (북한 함정에 의한 어뢰 등의 공격은, 한국군의 레이더에 잡히지 않았던 점이나 폭발 규모 등으로 보아 가능성이 적다는 견해가 우세하다. 기뢰도 생각해 볼 수 있지만, 설사 기뢰에 의한 폭발이라고 하더라도 북한이 설치했다고 단언하는 것은 곤란하다는 지적이 나오고 있다.)
3월 28일	ただ、北朝鮮の攻撃を受けた可能性は低いとの見方も出ている。複数の韓国政府関係者によると、爆発当時に北朝鮮艦艇がレーダーに捕捉されていないことや、現場海域の水深が浅く、北朝鮮の潜水艦が侵入するのが難しいためだという。 (하지만, 북한의 공격을 받았을 가능성이 낮다는 견해도 나오고 있다. 복수의 한국정부 관계자에 따르면, 폭발 당시에 북한 함정이 레이더에 포착되지 않았던 점이나, 현장 해역의 수심이 얕아 북한의 잠수함이 침입하기 어렵기 때문이라는 것이다.)
4월 1일	北朝鮮の経済団体、民族経済協力連合会関係者は3月31日、黄海で26日に韓国海軍の哨戒艦「天安(チョンアン)」が沈没したことに関して、「なぜ(韓国側は)我が国と関連づけるのか」と述べ、北朝鮮の関与を否定した。関係者が中国の遼寧省丹東市で聯合ニュース記者に語ったもので、北朝鮮の公式機関関係者が、今回の沈没に言及するのは初めて。 (북한의 경제단체인 민족경제협력연합회 관계자는 3월 31일, 서해에서 26일에 한국 해군의 초계함 '천안호'가 침몰한 것과 관련해서 "왜 (남측은) 우리와 연관 지으려고 하는가?"라고 말하며 북한의 관여를 부정했다. 이는 관계자가 중국 요녕성 단동시에서 연합뉴스 기자에게 말한 것으로, 북한의 공식기관 관계자가 이번의 침몰에 관해 언급한 것은 이것이 처음이다.)
4월 19일	なぞの爆発で、船体はまっぷたつに割れた。艦内爆発か、それとも機雷や魚雷攻撃によるものなのか。憶測が飛び交う中、艦尾部

	分が引き揚げられ、調査団は「外部爆発の可能性が高い」と発表した。一日も早い原因究明が待たれる。 (불가사의한 폭발로 선체는 두 동강이 났다. 함내의 폭발인가, 아니면 기뢰나 어뢰 공격에 의한 것인가. 억측이 난무하는 가운데, 함미 부분이 인양되었고, 조사단은 "외부 폭발의 가능성이 높다"고 발표했다. 하루라도 빨리 원인 규명이 요구된다.)
5월 21일	当の北朝鮮は、事件との関与を否定している。だが、日本人拉致や、韓国の4閣僚らを爆死させた２７年前の爆破テロなどで、ウソを重ねた北朝鮮のことだ。額面通りには受け取れない。 (지금 북한은 사건과의 관계를 부정하고 있다. 하지만, 일본인 납치나 한국의 각료 4명이 폭사한 27년 전의 폭파테러 등에서 거짓말을 거듭해온 북한이다. 액면 그대로 받아들일 수 없다.)
5월 29일	一方、北朝鮮による韓国海軍哨戒艦「天安（チョンアン）」撃沈をめぐっては、米国が国連安保理への問題提起を全面支持しているのに対し、安保理で拒否権を持つ中国とロシアが「北朝鮮による攻撃とは現時点で断定できない」と主張。 (한편, 북한에 의한 한국 해군 초계함 '천안함' 침몰을 둘러싸고는 미국이 유엔 안보리에 문제제기를 전면 지지하고 있는 것과 달리, 안보리에서 거부권을 갖고 있는 중국과 러시아가 "북한에 의한 공격이라고 현시점에서 단정할 수 없다"고 주장하고 있다.)

한편, 5월 24일 이명박 대통령의 대국민 담화 중에서 언급된 남북 간 '대화 및 교류'의 단절에 관한 내용에 대해서는 보도량이 매우 적었고, 일부 보도된 내용도 대화와 교류의 단절이 초래할 정세 불안보다는 북한이 받게 될 경제적 타격에 주로 관심을 가졌다. 또, 합조단의 공식발표에 반발하며 국방위원회 검열단을 파견할 것이라는 북한의 제안에 대해서도, 한국 측이 이를 거절했다는 내용을 단신으로 보도했을 뿐이다. 9월 들어, 북한이 먼저 적극적으로 한국에 이산가족 상봉과 적십자 회담 등을 제안한 것에 대해서는 대화와 교류의 재개가 정세안정에 도움을 줄 것이라는 긍정

적 해석보다는 북한이 대화를 제안한 배경에 초점을 맞췄다. 즉, 북한이 국제적 제재의 압박으로부터 벗어나 경제안정을 도모하기 위해서 대화공세에 나섰다는 해석이었다.

전반적으로, 천안함 사건이 초래한 남북 간의 '대화 및 교류'의 단절에 대해 소극적인 보도태도를 보였던 《요미우리신문》은, 그러나 6자회담과 관련해서는 비교적 관심을 가지며 적극적으로 조기 재개를 주문했다. 4월 27일 사설에서는 "북한에는 한반도의 긴장을 높임으로써 미국에게 평화협정에 대한 교섭재개를 압박하려는 의도가 있을 것이다. 하지만, 핵폐기를 목표로 하는 6자회담을 결코 미뤄서는 안 된다. 6자회담의 의장국인 중국은 다음 주 중·한 정상회담에서 조기 재개를 위한 방법을 찾을 필요가 있다"고 말하며, 6자회담 재개의 필요성을 분명하게 나타냈다. 6자회담 재개에 대해 부정적인 태도를 보이고 있던 한·미·일 삼국의 입장을 소개하면서도, 《요미우리신문》은 6자회담 조기 개최가 필요함을 강조한 것이다. 예를 들어, 5월 8일 기사에서는 "김정일 총서기가 미국이 요구하는 협의에 복귀할 것을 시사한 것은 '천안함' 문제를 둘러싸고 강경자세를 같이 하고 있는 한·미를 흔들려는 의도가 있다"는 미국 고관의 발언을 소개했고, 5월 19일에도 북한의 공격설을 전제로 6자회담 동결을 주장한 히라노(平野) 관방장관의 발언을 전했다. 하지만, 5월 21일 사설에서 다시 한 번 6자회담 조기 재개의 길을 찾을 것을 주문했다. 그런데, 이렇게 《요미우리신문》이 6자회담 조기 재개를 적극적으로 주장한 것은, 대화를 통한 문제해결이 중요해서가 아니라, 6자회담이 조기에 재개되지 않을 경우 그만큼 북한이 핵개발을 할 시간적 여유를 갖게 될 것이라는 이유에서다. 즉, 표면상으로는 《요미우리신문》이 대화를 강조하는 것처럼 보이지만, 실질적으로는 '회담'이라는 방법을 통해 북한을 압박하려는 것이 주요 목적임을 드러냈다.

〈표 17〉 6자회담 재개 등에 대한 《요미우리신문》의 보도 내용

날 짜	내 용
4월 27일	北朝鮮には、半島の緊張を高めることで米国に平和協定の交渉開始を迫る狙いがあろう。だが、核廃棄を目指す6か国協議を先送りすることは断じて許されない。6か国協議の議長国・中国は、週末の中韓首脳会談で、早期再開への道筋を探る必要がある。 (북한은 한반도의 긴장을 높이는 것으로 미국에 평화협정 교섭 개시를 압박하려는 의도가 있을 것이다. 하지만, 핵폐기를 목표로 하는 6자회담을 연기해서는 안 된다. 6자회담의 의장국인 중국은 주말에 있을 중한 정상회담에서 조기 재개를 위한 방법을 궁리할 필요가 있다.)
5월 8일	米国は、北朝鮮の挑発行為を看過すれば、挑発がエスカレートしかねないと懸念する。さらに金総書記が米国の求める協議への復帰を示唆したのは「天安」問題をめぐり強硬姿勢で足並みをそろえる米韓を揺さぶる狙いがあり、「同盟の連携が試されている」(米政府当局者) と受け止めている。 (미국은 북한의 도발행위를 방치한다면 도발의 수위가 점점 더 높아질 것이라고 우려한다. 게다가 김 총서기가 미국이 요구하는 협의에 복귀할 것을 시사한 것은 천안함 문제를 둘러싸고 강경자세로 보조를 맞추고 있는 한미를 흔들려는 의도가 있어, "동맹의 연대를 시험하고 있다"(미 정부 당국자)고 받아들이고 있다.)
5월 19일	平野官房長官は18日の記者会見で、韓国海軍哨戒艦「天安 (チョンアン)」の爆発・沈没事件で、北朝鮮の関与が明らかになった場合の対応について「そのまま (北朝鮮の核問題をめぐる) 6か国協議、というわけにはいかない」と述べ、6か国協議の開催は当面、凍結すべきだとの考えを示した。 (히라노 관방장관은 18일 기자회견에서, 한국 해군 초계함 천안함 폭발·침몰 사건에서 북한의 관여가 확인될 경우의 대응에 대해 "그대로 (북한의 핵개발을 둘러싼) 6자회담으로 갈 수는 없다"고 말해, 6자회담의 개최는 당면 동결해야 한다는 생각을 나타냈다.)
	北朝鮮の核廃棄を目指す6か国協議の再開は、今回の事件の影響

5월 21일	で、当面ずれ込むと見られる。だが、それは協議復帰を渋る北朝鮮にとって、核兵器開発の時間を稼ぐことにつながる。日本の安全を直接脅かす北朝鮮の核開発を野放しにはできない。日本としては、6か国協議の早期再開の道を探る必要がある。 (북한의 핵폐기를 목표로 하는 6자회담의 재개는 이번 사건의 영향으로 당면 연기될 것으로 보인다. 하지만, 이는 협의 복귀를 미루는 북한에게 있어서 핵무기 개발 시간을 확보해 주는 격이다. 일본의 안전을 직접적으로 위협하는 북한의 핵개발을 그냥 두어서는 안 된다. 일본으로서는 6자회담 조기 재개의 길을 찾을 필요가 있다.)
5월 25일	韓国統一研究院の林崗沢(イムガンテク)·上席研究委員は、「北朝鮮は、短期的には相当の打撃を受けるはずだ」と述べる。だが、北朝鮮の対中貿易依存度は7割を超える。サムスン経済研究所の董竜昇(トンヨンスン)経済安保チーム長は「韓国に売れない分は、やがて中国に回して消化するだろう。致命的とはいえない」と分析する。一方、援助は大きく削られる。対北融和政策を際立たせた盧武鉉(ノムヒョン)前政権時の07年に年間約2億9000万ドル(約260億円)に上った韓国政府の対北支援額は、乳幼児向けなど人道目的以外の支援凍結で、今後は数百万ドル(数億円)の水準となる見通しだ。 (한국 통일연구원의 임강택 상임연구원은 "북한은 단기적으로는 상당한 타격을 받을 것이다"라고 말한다. 하지만 북한의 대중 무역 의존도는 70%을 넘는다. 삼성경제연구소 동용승 경제안보 팀장은 "한국에 팔지 못한 양은 바로 중국에 넘겨 소화할 것이다. 치명적이라고 말할 수 없다"고 분석한다. 한편, 원조는 크게 감소될 것이다. 대북 융화정책을 수립한 노무현 전 정권 시기인 07년에 연간 2억 9000만 달러를 웃돈 한국정부의 대북 지원금은 영유아용 등 인도적 목적 이외의 지원동결로 인해, 앞으로 수백 만 달러 수준이 될 전망이다.)
7월 24일	北朝鮮は6か国協議再開を求める姿勢に転じたが、事件の責任追及をかわす思惑からだと断定する3か国は取り合わない決意だ。米政府筋は本紙に、北朝鮮への対応は当面、対話よりも圧力局面で推移すると言い切った。 (북한은 6자회담 재개를 요구하는 자세로 전환했지만, 사건의

	책임 추궁을 피하려는 의도라고 단정하는 3개국은 이에 대응하지 않을 방침이다. 미정부 관계자는 본지에게 북한에 대한 대응은 당면 대화보다도 압력 국면으로 이동할 것이라고 단언했다.)
10월 2일	北朝鮮は9月に入り、韓国海軍哨戒艦「天安」沈没事件後、初となる当局間対話である軍事実務会談や、南北離散家族の再会行事についての赤十字実務協議を相次いで提起するなど、韓国への対話攻勢を強めている。北朝鮮は南北の関係改善を足がかりに、米朝関係をはじめ対外関係を改善し、国際社会の制裁解除や支援獲得に結びつけたいと考えている。それなしには、経済安定がありえないと知っているからだ。 (북한은 9월에 들어, 천안함 침몰 사건 이후 처음이 될 군사실무회담이나 남북이산가족 상봉행사를 위한 적십자 실무협의를 연이어 제기하는 등 한국에 대화공세를 강화하고 있다. 북한은 남북 관계개선을 발판으로 북미관계를 비롯한 대외관계를 개선하고, 국제사회의 제재를 해제하고 지원을 획득하는 것으로 이어가고 싶어 한다. 이것 없이는 경제안정이 있을 수 없다는 것을 알고 있기 때문이다.)
11월 2일	オバマ米大統領が、北朝鮮の核問題をめぐる6か国協議の再開条件を提示したことは、協議再開には「非核化の具体的な行動」が必要とする韓国との共同歩調を改めて鮮明にしたものだ。 (오바마 대통령이 북한의 핵문제를 둘러싼 6자회담의 재개 조건을 제시한 것은, 협의 재개에는 "비핵화의 구체적인 행동"이 필요하다는 한국과의 공동보조를 다시 확인한 것이다.)

이와 같이, 《요미우리신문》은 천안함 침몰 사건에 있어서 한국측이 주도한 합조단 조사결과를 전적으로 신뢰하는 바탕 위에 관련내용을 보도했다. 즉, 천안함 사건은 북한의 어뢰 공격에 의해 발생한 것으로 확신하며 관련 뉴스를 보도한 것이다. 이에 따라, KBS 《뉴스 9》와 마찬가지로 한국과 미국, 일본 측의 정보만이 일방적 전달되는 모습을 보였다.

한편, 천안함 사건 발생과 이로 인해 초래된 남북 간의 '대화 및 교류'의 단절에 대해서는 큰 관심을 갖지 않았으며, 북한이 먼저 제안한 대화도 그 배경에만 관심을 갖는 등 '대화' 자체에는 큰 의미를 부여하지 않았다. 반면, 《요미우리신문》은 6자회담과 관련해서는 비교적 큰 관심을 가지며, 조기 재개를 주장했다. 하지만, 이러한 조기 재개 주장은 대화를 통한 문제해결이라는 목적보다는, 북한에게 핵개발 할 시간을 주지 않기 위해서가 주요 목적임을 나타냈다.

전체적으로 《요미우리신문》은 천안함 사건으로 초래된 '대화 및 교류'의 단절에 대해 소극적 혹은 무관심한 보도태도를 보였고, 대화 자체의 중요성 보다는 대화 제안의 배경 등에 더 관심을 가졌으며, 또 대화를 특정 국가를 압박하기 위한 수단으로 여기고 있음이 나타났다.

(5) '대화 및 교류'의 단절에 무관심한 미디어

천안함 침몰 사건과 관련한 보도에서, 전체적인 보도방향에 중요한 영향을 끼친 '사건의 발생원인'에 대해 KBS 《뉴스 9》와 《요미우리신문》은 한국 정부가 주도한 합조단의 조사결과를 전적으로 신뢰했다. 한국 국내에서 다양한 의견이 존재하고 많은 논쟁이 벌어지고 있었음에도 불구하고, 두 미디어는 한국 정부의 주장을 일방적으로 수용했던 것이다. 반면, 《환치우스빠오》는 초기에 KBS 《뉴스 9》나 《요미우리신문》과 마찬가지로 합조단의 조사결과를 신뢰하는 경향을 보이며 북한의 어뢰 공격설에 무게를 두는듯한 모습을 보였으나, 시간이 흐르면서 다양한 의견을 반영하며 북한의 어뢰 공격설에 대해 회의적인 태도와 신중한 태도를 유지했다.

한편, 천안한 침몰 사건에 대한 대응 과정에서, 한반도의 남과 북 사이에서는 대화와 교류가 단절되는 양상이 나타났다. 이에 대해 KBS 《뉴스 9》와 《환치우스빠오》, 《요미우리》의 세 미디어 모두 큰 의미를 두지 않고 소극적으로 보도했으며, 설사 보도하더라도 대화와 교류의 단절이 양측에 어떠한 경제적 손실을 초래할 것인지에만 초점을 맞췄다. 하지만 《환치우스빠오》와 《요미우리신문》은 6자회담에 대해서만큼은 비교적 관심을 나타내며 조기에 재개할 것을 주장했다. 하지만 《요미우리신문》은 북한에게 핵을 개발할 시간을 주어서는 안 된다는 취지에서 6자회담의 조기 재개를 주문했다.

이상에서 살펴본 봐와 같이, 천안함 침몰 사건이 전개되는 과정에서 세 미디어는 '대화와 교류'가 중단되는 사태에 대해 전체적으로 심각하게 의식하지 않고, 비교적 소극적이고 사실관계 위주로 보도하는 자세를 보였다. 특히 한국의 KBS 《뉴스 9》에서 이러한 경향이 두드러지게 나타났다.

3. '냉전 구도'에 관한 보도태도

(1) 천안함 사건으로 다시 드리워진 동북아 냉전 구도

1991년 소련 붕괴로 냉전체제가 해체되는 과정에서 동북아 지역에서도 경제, 사회, 문화 등의 방면에서 냉전구도가 서서히 해체되어 왔다. 하지만, 안보 분야에 있어서는 여전히 냉전구도가 잔존하고 있어 지역 안보 협력에 부정적 영향을 끼치고 있는데,[26] 천안함 사건을 계기로 동북아 지역에서 냉전구도가 다시 한 번 부각됐다.

5월 24일 한국의 이명박 대통령은 천안함 사건과 관련한 대국민담화에서 "정부는 이번 사태를 계기로 안보태세를 확고히 구축

26) 朱鋒. 앞의 책(2007) 등.

하겠습니다. 군의 기강을 재확립하고, 군 개혁에 속도를 내겠습니다. 군 전력을 획기적으로 강화할 것입니다. 굳건한 한·미동맹을 토대로 한·미연합 방위태세를 더 한층 공고히 할 것입니다"라고 말하며, 한·미동맹 강화를 통한 대응태세를 강조했다.[27)]

이에 따라, 한·미 정상은 6월 26일 캐나다 토론토에서 열린 정상회담에서 노무현 정부 시절 2012년 4월 한·미 연합사에서 한국군으로 넘기기로 한 전시작전권의 이양 시기를 2015년 12월 1일로 연기했다. 이에 대해 월터 샤프(Walter L. Sharp) 주한 미군사령관은 6월 30일 "전시작전권 이양 연기는 전략적인 것이며 한·미 동맹은 더욱 강화될 것"이라고 밝히면서, 전시작전권 이양 연기가 한·미 동맹 강화와 연관되어 있음을 시사했다.[28)]

실제로, 한·미 양국은 동맹관계의 굳건함을 과시하듯 주변국의 반대에도 불구하고 2010년 7월 25일부터 28일까지 동해에서 대규모 한·미연합 대잠수함 군사훈련 '불굴의 의지'를 실시했고, 8월 16일부터 2주 동안에는 예년보다 규모를 확대하여 북한의 미사일, 잠수함, 특수전 전력 등에 대응한 훈련인 '을지프리덤가디언(UFG)' 연습을 실시했다.

한편, 하토야마 유키오(鳩山由紀夫) 당시 일본수상은 5월 24일, 천안함 사건과 관련하여 "일·한 그리고 일·미·한이 서로 연대하여 한국의 행동을 지지해 갈 것"이라고 표명했고, 28일에는 후텐마(普天間) 미군기지 이전문제와 관련해 "아시아태평양 지역에는 여전

---

27) 5월 24일 오전 서울 용산 전쟁기념관에서 발표된 이명박 대통령의 천안함 사건 관련 '대국민 담화' http://www.president.go.kr/kr/president/news/news_view.php?uno=1049&article_no=172&board_no=P01&search_key=&search_value= (검색일: 2011년 8월 2일).

28) "[브리핑] 샤프 "전작권 연기는 전략적 … 한·미 동맹 강화될 것"" 『중앙일보』(2010년 7월 1일), http://article.joinsmsn.com/news/article/article.asp?total_id=4282179&cloc=olink|article|default (검색일: 2011년 8월 2일).

히 불안정하고 불확실한 요소가 남아있다. 최근에는 한반도 정세 등 동아시아 정세가 매우 긴박하게 돌아가고 있다. 일·미동맹이 동아시아 안보에 있어서 중대한 역할을 하고 있음을 얼마나 고려하는가 …(중략)… 해병대를 포함한 주일 미군의 억지력에 대해서도 신중한 숙고를 한 결과가 오늘의 내각결정이다"라고 말하며, 후텐마 기지를 오키나와(沖繩)현에 그대로 남겨둘 것임을 밝혔다.[29] 이는 2009년 하토야마 수상이 선거 당시 약속한 '미군기지를 오키나와 현 밖으로 이전 시키겠다'는 약속을 뒤집은 것으로, 오키나와 주민의 강렬한 반대에도 불구하고 미·일동맹을 선택한 결정이었다.

이와 같이, 한·미, 미·일동맹이 천안함 사건을 계기로 강화되는 움직임을 보이는 가운데, 중국과 북한 사이에서도 주변국가들의 촉각을 세우게 만든 움직임이 나타났다. 북한의 김정일 국방위원장이 전례를 깨고 한 해에 두 차례나 중국을 방문한 것이다. 5월 3일 따롄(大連), 톈진(天津), 베이징(北京)을 방문한 데 이어, 3개월여 만인 8월 26일에 다시 중국을 찾아 지린(吉林)성, 하얼빈(哈爾濱)성 등의 경제시설을 돌아봤다. 특히, 첫 번째 방문 시 김정일 국방위원장은 전례 없이 중국공산당 정치국 상무위원 전원과 회견 및 참관활동을 같이 했고, 두 번째 방문 시에는 후진타오(胡錦濤) 국가주석이 수도 베이징이 아닌 지린성 장춘(長春)까지 찾아와 김 위원장과 정상회담을 하여 국제 외교가에 충격을 주기도 했다.[30] 후진타오 주석은 5월 5일 회견 자리에서 "중·북 전통우의는 양당, 양국과 양국 인민의 고귀한 재산이며, 중·북 우의를 발전시

---

29) "日米聲明、福島氏罷免など 鳩山首相記者會見の要旨", 『朝日新聞』, 2010年5月28日, http://www.asahi.com/seikenkotai2009/TKY201005280480.html (검색일: 2011년 8월 3일).

30) 김보근 외, 앞의 책(2010), p. 182.

켜 나가고 다음 세대에 이어주는 것은 쌍방의 공동된 역사적 책임"이라며 북·중관계의 중요성을 강조했다. 이에 김정일 국방위원장도 "조선로동당과 정부는 시종 전략적 시각과 장기적 관점에서 북·중관계를 보고 있고, 끊임없이 공고하고 발전하는 북·중관계를 이어나갈 것"이라고 화답했다.[31] 또한, 8월 27일에 후진타오 주석은 "안보리 회의에서 '천안함' 사건에 대한 의장성명이 발표된 이후, 한반도 정세에 새로운 움직임이 나타나고 있다. 한반도의 평화와 안정을 유지하는 것이 사람들의 바램이다. 중국은 북한 측이 한반도 정세를 완화하고, 외부 환경을 개선하기 위해 적극적인 노력을 하고 있는 것을 존중하고 지지한다"[32]고 말해, 천안함 사건과 관련해 북한 측의 입장을 지지하고 있음을 보여줬다.

한편, 7월 9일 유엔 안보리에서는 천안함 사건에 대한 '의장성명'이 발표됐는데, 여기에서는 '안보리는 북한이 천안함 침몰의 책임이 있다고 결론을 내린 민군합동조사단의 조사결과에 비추어 깊은 우려를 표명한다'[33]는 내용과 함께 '안보리는 이번 사건과 관련이 없다고 발표한 북한을 포함한 여타 관련 국가들의 반응에 유의한다'[34]는 내용이 함께 들어가 있다. 이는 북한의 공격을 기

---

31) "金正日對我國進行非正式訪問, 胡錦濤与其會談", 『新華网』, 2010年5月7日, http://news.sina.com.cn/c/p/2010-05-07/100320223555.shtml (검색일: 2011년 8월3일).

32) "胡錦濤總書記同朝鮮勞動党總書記金正日在長春擧行會談", 《CCTV新聞聯播》(2010年8月30日), http://news.cntv.cn/china/20100830/104252.shtml

33) "In view of the findings of the Joint Civilian-Military Investigation Group led by the Republic of Korea with the participation of five nations, which concluded that the Democratic People's Republic of Korea was responsible for sinking the Cheonan, the Security Council expresses its deep concern"

34) "The Security Council takes note of the responses from other relevant parties, including from the Democratic People's Republic of Korea, which has stated that it had nothing to do with the incident"

정사실화하여 이를 성명서에 포함시키려 했던 한·미·일과 이에 신중한 태도를 보이며 반대 입장을 견지해온 중·러의 '정치적 타협'의 결과인 것이다.

안보문제에 있어 냉전(Cold War)체제를, 강대국을 중심으로 형성된 세력 간의 경쟁 및 동맹을 통한 안보문제의 해결이라고 정의했을 때 앞에서 살펴본 봐와 같이 천안함 사건을 계기로 동북아 지역에서는 냉전체제의 산물이라고 부를 수 있는 움직임들이 나타났다고 할 수 있다. 이에 본 연구는 이러한 움직임을 천안함 침몰 사건의 전개 과정에서 나타난 냉전 구도의 조작적 정의로 삼고 이에 대한 미디어의 보도태도를 살펴봤다.

〈표 18〉 천안함 침몰 사건의 전개 과정 중 나타난 '냉전 구도'와 관련된 내용

- 한미동맹 강화를 통한 방위태세 확립 (5월 24일, 이명박 전 대통령) - 일미동맹을 고려해 후텐마 미군기지를 계속 오키나와에 주둔 (5월 28일, 하토야마 일본 전 수상) - 김정일 국방위원장의 두 차례 방중 (5월 3일, 8월 26일) - 천안함 사건에 대한 유엔 안보리 의장 성명 (7월 29일) - 한·미연합 군사훈련 '불굴의 의지' (7월 25일)

(2) KBS 《뉴스 9》의 보도태도

〈표 19〉 천안함 침몰 사건에서 나타난 '냉전 구도'와 관련한 KBS 《뉴스 9》의 보도

날 짜	제 목
4월 20일	이 대통령 "전작권 전환 연기 신중 검토"
4월 21일	한·미 정상, 핵정상회담 때 '전작권' 이미 논의
4월 30일	靑 "한·중, 천안함 사태 공식협의 첫 단추"
	'천안함 사태' 中 협조 가능성…향후 전망은?
5월 2일	정부 관계자 "김정일, 방중 임박 징후 포착"

날짜	보도
5월 3일	김정일 위원장 전격 방중…다롄서 포착
	김정일 위원장 다롄서 1박 "경계 삼엄"
	국경통과 '특급작전'…베이징행 경로는?
	김정일 위원장, 왜 이 시점에 방중?
	정부, 중국 태도 '예의 주시'
5월 4일	김정일 위원장, 내일 새벽 베이징 도착
	김 위원장 사실상 공개 행보…건재 과시 의도
	김정일 핵심 측근 총출동…김정은 안 간 듯
	내일 북중 정상회담 예상…뭘 논의하나?
	김정일 '15억 차' 타고 이동…최고 환대 왜?
5월 5일	김정일, 베이징 카퍼레이드…北-中 회담
	'숨바꼭질' 행보…시선끌기 방중 효과 극대
	다롄 이어 텐진까지 경제특구 잇단 방문
	北-中, '홍루몽' 함께 관람…우의 과시 목적?
	김 위원장 방중 속 한-중 외교 '이상 기류'
5월 6일	中 "천안함 北 배후설은 언론 보도 추측"
	김정일, 中 지도부 연쇄 접촉…경협 논의
	김정일 방중, 北-中-美 서로 다른 셈법
5월 7일	"北-中, 6자회담 재개·비핵화 공동 노력"
	中, 김정일 방중 사실 우리 정부에 공식 통보
5월 8일	북중 정상 "경제 협력 심화 합의"
	中 지도부 "北 변화·개방 이례적 주문"
5월 9일	北 매체, 북중 회담 뒤늦게 대대적 보도
5월 24일	천안함 사태, 안보리 회부…대북 압박 본격화
	美·日 "北 도발 방지, 추가 제재 방안 검토"
	"대북 제재 동참하라" 美 압박에 中 '신중'
5월 25일	中 "대북 제재 동참 못해…이해해 달라"
	中, 대북 제재 반대 "대결보다는 대화"
	러 대통령 "안보리 회부 한국과 협의"
	日, 조총련 대북송금액 한도 낮출 듯
	"북한 공작기관, 마약 팔아 공작금 마련"

5월 26일	힐러리 "北 책임 묻겠다"…추가 대응 검토
	정부, 새 대북 결의안 다음 주 안보리 제출
	中 관영 언론 "북한, 천안함 사태 시인해야"
	美 "북한 지도부에 가장 큰 타격 조치 검토"
	美, '北 돈줄' 노동당 39호실 자금 차단 검토
	지평리 전투 60년…'푸른 눈' 노병의 회고
5월 27일	북한, 천안함 반박 '억지 주장' 긴급 방송
	내일 한중 정상회담…'천안함 사태' 논의
	美 당국자 "중국도 '대북 비판' 동참 전망"
	러시아, 천안함 전문가팀 파견 요청 수락
5월 28일	원자바오 "시시비비 가려 공정하게 판단"
	靑, 원자바오 '비호하지 않겠다' 발언 주목
	美, 北 핵폐기냐 제재냐 분명한 선택 요구
	日, 공해상 북한 관련 선박 검사법안 통과
	6·25 영화 '포화 속으로' 첫 美 시사회 '감동'
5월 29일	하토야마 日 총리 "진심으로 한국 지지"
5월 30일	한·중·일 정상 "천안함 사태 공통 인식"
	靑 "절반의 성공…중국 협력 디딤돌"
6월 4일	한·미 국방장관, 추가도발 억제책 논의
6월 5일	정부, '천안함' 안보리 회부…'엄중 조치' 요구
	美 의회, '전작권' 연기 논의 공식화
6월 8일	中 언론 "장성택은 섭정왕"…북중 이상기류
6월 9일	'천안함 사태' 중·러 설득 외교 난항
6월 15일	유엔 '천안함' 남북 맞대결…안보리 표심은?
	6·15 공동선언 10년, 남북 다시 '냉전시대'
6월 24일	정부 "지난해부터 전작권 전환 연기 논의"
6월 25일	美, 성대한 기념식으로 한·동맹 강조
	中, "6·25는 남침"…재평가 나서나?
6월 26일	한·미 정상, 전작권 전환 연기 논의 예정
6월 27일	한·미 "전작권 전환 '2015년 12월'로 연기"
	2015년 연기 배경, "주변 정세 불안 고려"

6월 28일	천안함 관련 中 협조 요청…"北 압박 필요"
7월 1일	"中 안보리 대응 동의…수위는 약해질 듯"
7월 3일	천안함 의혹 여전…남북 외교전 치열
7월 6일	러 대통령 참관 하에 '北 급변 사태' 훈련
7월 9일	안보리, 의장 성명…北 책임 우회 명시
	정부 "의장 성명, 우리 입장 상당 반영"
7월 10일	안보리 의장 성명 '만장일치' 채택
7월 12일	이 대통령 "2015년까지 전쟁 억지력 확보"
7월 16일	北-中, 국경지대 '흉흉'…김정은 지시 때문?
7월 19일	게이츠 도착…"2+2에서 6자회담 거론 안해"
7월 20일	[이슈&뉴스] 2+2 회담…'대북 압박' 수위 높인다
7월 21일	한·미 외교·국방장관, JSA 방문…'동맹' 과시
	한·미 "출구전략 없다…北 추가 도발시 응징"
7월 23일	ARF 개막…'천안함 의장 성명' 놓고 격돌
	中당국, 자국 여행사에 금강산 관광 금지
7월 25일	"美 행정명령으로 대북 제재 추진"
8월 6일	北, '中 영화 방송' 등 끝없는 대중국 구애
8월 10일	中 공산당 기관지 "북한은 김 씨 가족 왕조"
8월 25일	카터 평양 도착…김정일 면담 여부 관심
	조선반도 정세 기류 변화 오나?
8월 26일	北 김정일, 석 달 만에 방중…3남 동행 관심
	"위원중·베이산 공원 방문"…내일은 창춘행
	中 지도부, 지린서 김정일 직접 영접?
	3개월 만에 방중…'권력 승계·경제 지원'?
	"카터 前 미국 대통령 北 체류 연장"…왜?
8월 27일	北 김정일 위원장 모습 포착…창춘 입성
	후진타오, 창춘행…정상회담 내용 촉각
	'특별열차 25량' 대규모 방중 배경은?
	청년절 성지순례, 후계 구도 다지기
	환구시보, 관례 깨고 김정일 방중 보도
	카터 前대통령 곰즈와 귀국길 '빛바랜 방북'

8월 28일	김정일, 강행군…오늘 밤 '평양행' 할 듯
	北·中 정상, 오·만찬 같이 하며 공연까지
	5월 방중과 다른 잠행…北·中 '밀착 과시'
	카터 前 대통령, 곰즈와 함께 미국 도착
8월 29일	김정일 행적 오리무중 "하얼빈 방문 중"
8월 30일	김정일 위원장 "6자회담 조속 재개 희망"
	김정일 '창지투' 방문…'권력 승계' 초점
8월 31일	美, 北·中 대화 찬물 끼얹는 새 제재안 발표
	'김정은 동행설' 무게…후계 인정 위한 방중
10월 5일	한중 정상회담…中 "천안함 규탄 뜻 천명"

천안함 사건을 계기로 동북아 지역에 조성된 냉전 구도와 관련해, KBS 《뉴스 9》는 노골적으로 냉전구도의 불가피성을 언급한다던지 이를 지지하는 표현은 사용하지 않았다. 앵커나 기자의 직접적인 멘트보다는 대부분 사실위주의 전달과 전문가의 의견을 인용하는 방식을 통해 이와 관련한 내용을 보도했다.

그럼에도 불구하고 전체적인 보도 경향을 살펴보면, KBS 《뉴스 9》가 냉전적 사고방식에서 벗어나지 못하고 있으며, 냉전 구도를 자연스럽게 받아들이거나 이를 지지하는 듯한 모습마저 보여주고 있음을 부정할 수 없다.

먼저, 천안함 사건을 둘러싸고 남북이 대치하고 있는 상황에서 KBS 《뉴스 9》는 전형적인 냉전적 사고방식이라고 할 수 있는 '동맹 강화와 이를 통한 적대세력 제압'이라는 구도를 긍정적으로 받아들이며 보도했다. 이는 무엇보다 조사 대상이 된 KBS 《뉴스 9》 중 상당 부분이 한·미동맹 강화 또는 한·미 및 한·미·일 협력강화와 관련된 보도라는 것에서 알 수 있으며, 또한 이를 지지하는 전문가들을 주로 인터뷰 대상으로 선정하고 있는 것에서도 엿볼 수 있다. 즉, 한·미 전문가들이 한·미동맹 강화를 주장하고 이를 통해 북한에 대한 압박과 천안함 해결을 강조하면, 다양한 의견이 존재하고 있음에도 불구하고 KBS 《뉴스 9》는 이러한 의견만을 주로 인용하는 식이다. 동시에, 한·미동맹 및 한·일, 한·미·일 협력과 관련된 뉴스들을 중점적으로 발굴하여 보도하고, 보도 과정 중에서 이들 국가 간의 동맹 및 협력 관계가 강화되는 것을 매우 긍정적으로 묘사했다.

한편, 한·미동맹의 상징이라고 할 수 있는 '전시작전권' 이양 문제에 대해서도 KBS 《뉴스 9》는 한·미동맹을 강화하기 위해 전시작전권 이양 시기를 연기하는 것이 바람직하다는 방향의 보도 태도를 보였다.

2012년 4월 한·미연합사령부(주한 미군사령관)로부터 한국 정부로 전시작전권을 이양하기로 한 방침이,[35] 천안함 사건을 계기로 이명박 정부에 의해 2015년 12월 1일로 연기됐다. 이에 대해서는 여당과 야당의 의견이 극명하게 대립하는 등 많은 논란을 일어났다.[36] 그럼에도 불구하고, KBS 《뉴스 9》는 전시작전권 환수 연기를 지지하는 측의 입장을 일방적으로 보도하는 방식을 통해 간접적으로 지지태도를 나타냈는데, 이는 천안함 사건 등으로 북한과 대립하고 있는 상황에서 미국과의 동맹관계를 강화함으로써 북한에 대항하는 것이 중요하다는 논리였다.

KBS 《뉴스 9》는 천안함 사건을 해결하는데 있어 한·미동맹 강화를 강조함과 동시에 중국과 러시아는 설득의 대상으로 인식했다.

---

35) 노무현 정부 시절인 2007년, 한국 정부의 자주국방 실현 의지와 미국 정부의 미군 전략 변화 의도에 따라 2012년 4월에 전시작전권을 한미연합사령부에서 대한민국으로 이양하기로 합의했다.

36) "[종합]전작권 환수 연기에 與'환영' 野'맹비난'" 『뉴시스』(2010년 6월 27일), http://news.naver.com/main/read.nhn?mode=LSD&mid=sec&sid1=100&oid=003&aid=0003312180 (검색일: 2011년 8월 5일).

〈표 20〉 한·미동맹에 대한 KBS 《뉴스 9》의 보도 내용

날 짜	내 용	발언자
4월 20일	"대통령의 오늘 발언은 전작권 전환 연기를 검토할 만큼 현재 남북 관계가 어려워졌음을 시사한 것으로 풀이됩니다"	기자
5월 26일	"이명박 대통령과 힐러리 클린턴 미 국무장관, 오랜 친구처럼 포옹부터 했습니다"	기자
5월 26일	"클린턴 장관의 방한 시간은 4시간여에 불과했지만, 한국에 대한 전폭적인 신뢰와 빈틈없이 공고한 한·미동맹을 대내외에 보여주기엔 충분한 시간이었습니다"	기자
6월 7일	"천안함 사태 이후 전시작전권 전환을 연기하자는 목소리가 힘을 얻고 있죠. 미국 의회가 전면에 나섰습니다"	앵커
6월 7일	"(전작권 전환) 시기를 우려합니다. 2012년 한·양국에서 대선이 있는데, 북한은 지난 대선 때 특히 도발적이었습니다"	리버먼 (미 상원 의원)
6월 24일	"한·미 정상이 토론토에서 전시작전권과 관련한 의미 있는 합의를 발표할 수 있을지 주목됩니다"	기자
6월 27일	"전작권 연기는 미국으로서도 전세계 군사 전략을 다시 짜야 하고, 우리도 정치적 논란에 휩싸일 수 있는 민감한 문제이지만 양국간 두터운 신뢰가 구축돼 결단이 가능했다고 청와대는 설명했습니다"	기자
7월 21일	"한·미 양국의 외교·국방장관이 사상 처음으로 군사분계선 앞 초소, 공동경비구역을 함께 방문했습니다. 한·미동맹을 공개적으로 과시하면서 북한에 강력한 경고 메시지를 보냈습니다"	앵커
7월 21일	"한·미 두 나라는 사상 첫 2+2회의가 북한을 겨냥하고 있음을 명시했습니다"	기자

천안함 침몰 사건이 발생한 후, 초반에는 중국과 러시아를 대북 제재의 동반자로 인식하려는 경향을 보였으나, 중국과 러시아가 천안함 사건에 대해 신중한 태도를 보임에 따라 점차 '설득해야 할 대상', '무책임한 대국' 등의 이미지로 묘사해 갔다. 특히, 한국

〈그림 11〉 이명박 대통령과 힐러리 클린턴 국무장관의 우호적인 제스쳐를 강조하며, 한미 동맹의 굳건함과 대북 공동 대응을 강조하는 KBS 《뉴스 9》의 보도

정부가 천안함 사건에 대한 조사결과를 공식 발표하기 전인 5월 3일, 김정일 국방위원장이 중국을 방문하여 우호관계를 과시한 뒤부터 KBS 《뉴스 9》는 중국을 '우리 편'에서 '상대 편'으로 인식하기 시작했다. 또, 러시아가 천안함 사건에 대한 자체조사를 실시한 후 북한 책임론에 부정적 태도를 보이고, 이에 따라 안보리 의장성명을 도출하는 과정에서 '한·미·일 vs 중·러 구도가 형성되자 KBS 《뉴스 9》는 좀 더 분명하게 중국과 러시아에 대한 부정적 시각을 나타냈다. 심지어, 유엔 안보리에서 천안함 사건에 대한 의장성명을 도출하는 과정을 '외교전'으로 표현하며 '한·미·일'과 '중·러' 대립구도를 냉전구도와 비교해 묘사하기도 했다.

한편, 5월 3일과 8월 26일 두 차례에 걸쳐 김정일 국방위원장이 중국을 방문한 것에 대해서 KBS 《뉴스 9》는 북한이 천안함 사건을 계기로 궁지에 몰리게 되자 중국에게 '외교적 지원'을 요청하고 '경제와 식량난' 해결 및 '후계자 승인'을 받기 위해 중국에 접근한 것이라고 해석했다. 동시에, 중국은 북한에 대한 영향력을 키우고 동북지방에서의 경제 협력이라는 경제적 이익을 챙기며, 북한을 6자회담으로 유도함으로써 중국의 국제정치적 위신을 세우기 위한 것으로 풀이했다. 그러면서 중국과 북한이 우호관계를

과시하는 것에 대해 한국 정부 관계자의 발언을 인용해 간접적으로 불편한 심기를 드러냈다.

또, 조·중관계, 조·러관계에 관한 KBS 《뉴스 9》의 보도태도에 있어 흥미로운 점이 발견됐는데, 조·중관계, 조·러관계에 문제가 있는 것으로 비쳐지는 사건이 있으면 아주 민감하게 반응하며 적극적으로 보도했다는 것이다. 한·미관계에 있어서는 사소한 것이라도 긍정적인 사건을 주로 발굴하여 보도한 것과는 달리, 조·중관계, 조·러관계에서는 부정적인 사건을 부각하며 마치 마찰이 발생하고 있는 듯이 보도하고 있어 대조를 보였다.

〈표 21〉 중국과 러시아 및 김정일 국방위원장의 방중에 대한 KBS 《뉴스 9》의 보도 내용

날 짜	내 용	발언자
4월 30일	"오늘 후진타오 주석의 언급은 향후 천안함 사태 관련 외교적 후속 조처 과정에서 중국의 협조를 얻을 수 있다는 가능성을 보여준 것으로 보입니다"	기자
5월 3일	"천안함 사태의 배후로 북한이 주목받고 있는 민감한 시점에 왜 김 위원장이 방중을 결정했을까? 국면 전환과 3세 후계구도 구축을 노린 듯 합니다"	앵커
5월 3일	"만일, 북한 6자회담 복귀를 선언하고, 중국이 천안함 사태와 관련해 북한의 입장도 경청하는 듯한 태도를 보이면, 천안함 사태 처리가 자칫 우리 정부의 희망대로 흘러가지 않을 수 있기 때문입니다"	기자
5월 4일	"춘궁기를 앞두고 있는 북한으로선 중국으로부터 식량과 유류 지원이 가장 절실한 상황입니다. 더욱이 천안함 사태와 관련해 미국 등 국제사회로부터 곱지 않은 시선을 받고 있는 상황에서 외교적 지원도 요청할 것으로 보입니다"	기자
5월 4일	"외교통상부는 장신썬 주한 중국대사를 불러 천안함 사건 조사가 진행중인 민감한 시기에 김 위원장의 방중은 적절치 않다는 입장을 전달했습니다."	기자
5월 4일	"군색한 입장이 된 북한에 대해 영향력을 키울 기회라	기자

	는 판단 때문일 수도 있습니다. 또 두만강 개발 계획 등 경제 협력 포석도 최고예우의 배경으로 보입니다"	
5월 5일	"중국인들마저 의아한 표정입니다. 〈인터뷰〉후앙 송(베이징 시민) : 진정한 지도자라기 보다는 독재자라는 인상을 주는 것 같아요"	인터뷰
5월 5일	"북한과 중국이 이른바 '홍루몽'관람 외교를 통해 전통적인 친선 우호 관계를 대내외에 과시하려는 의도가 있는 것으로 해석되고 있습니다"	기자
5월 5일	"중국의 역할이, 책임있는 역할이 그 어느 때보다 요구되고"	현인택 통일부 장관
5월 6일	"중국 관영 언론도 가세해 '김정일 환대에 한국이 불만'이라는 기사를 전면에 싣고, 북한의 유일한 중재국인 중국을 한국이 책망해서는 안 된다고 주장했습니다"	기자
5월 8일	"이례적으로 이번엔 중국 수뇌부가 북한에 쓴소리를 했다, 이런 관측도 나옵니다. 북한의 독단적 행동에 불만을 드러내고 변화와 개방을 촉구했다는 겁니다"	앵커
8월 26일	"김정일 위원장이 불과 석 달 만에 또다시 전격 방중한 이유가 뭘까요? 3세 후계나, 심각한 경제난 등 복잡한 상황이 담겨 있을 가능성이 커 보입니다"	앵커

이상에서 살펴본 봐와 같이, 천안함 침몰 사건이 전개되는 과정에서 KBS 《뉴스 9》는 북한을 압박하기 위해 한·미동맹 및 한·미·일 협조를 강조하는 보도태도를 보였다. 특히, 한·미동맹의 상징성을 갖고 있는 전시자전권 이양 문제에 있어서는 한국, 미국 정부와 하나가 되어 이양 시기를 연기하는 것이 바람직하다는 보도 태도를 보여줬다.

한편, 중국과 러시아에 대해서는 한·미 혹은 한·미·일의 대북 제재에 동참하도록 설득해야 할 대상으로 인식했으며, 더 나아가서는 '외교전'에서의 '적'으로 여기며 대립관계로 묘사했다. 또한, 한·미동맹에 대해서는 긍정적인 보도를 내보낸 반면, 북·중 또는 북·러관계에 대해서는 부정적인 뉴스를 적극적으로 보도함으로써

한·미동맹 강화와 북·중, 북·러관계 약화라는 이미지를 형성하려는 경향을 보였다.

안보에 있어 냉전구도를 강대국을 중심으로 한 동맹 형성과 이를 통한 안보 문제 해결이라고 봤을 때, 천안함 사건을 통해 동북아 지역에는 냉전구도가 형성됐다고 볼 수 있는 현상들이 발견됐다. KBS 《뉴스 9》는 천안함 사건으로 형성된 이러한 냉전구도를 직접적으로 지지하지는 않았지만, 한·미동맹 강화를 통해 천안함 문제를 해결하고, '한·미·일 대 북·중·러'의 냉전 구도에서 '북·중·러'를 부정적으로 묘사하는 등의 적대적인 태도를 보였다.

결국, 동북아 지역 안보에 불안정한 요인으로 작용할 수 있는 '냉전구도'에 대해 KBS 《뉴스 9》는 이를 해체하려는 자세보다는 이에 동조하거나 이를 조장하는 보도태도를 보였다고 해석할 수 있다.

(3) 《환치우스빠오(環球時報)》의 보도태도

천안함 침몰 사건을 계기로 동북아지역에 형성된 냉전구도에 대해 《환치우스빠오》는 큰 관심을 가지고 적극적으로 보도했다. 이러한 보도에서 무엇보다 눈에 띄는 특징은, 중국을 동북아 지역 안정을 위한 중재자로 인식하며 이 지역에 조성되고 있는 혹은 관련국들이 가지고 있는 냉전의식에 대해 비판적인 자세를 취했다는 것이다.

이러한 입장을 기본으로 취한 《환치우스빠오》는 한국이 천안함 사건 조사결과를 바탕으로 중국도 대북 제재에 동참할 것을 압박한 것과 관련하여 사설 등을 통해 분명히 거부하는 태도를 보였다. 5월 20일 사설에서 "중국은 천안함 사건 중에 희생된 장병들에 대한 한국인들의 비통한 심정을 이해하고, 한국이 이에 대해 진행한 조사나 관련 뉴스에 대해 충분히 중시하고 있다"고 하면서도 "북한은 중국의 속국이 아니며, 중국 또한 북한을 속국으로 대하지도 않는다. 중국이 독립외교를 숭상하는 북한을 제재해야 한다는 바램은 동북아 정세에 대한 중대한 오판이다"라고 분명히 선을 그었다. 이러한 입장은 김정일 국방위원장의 두 번에 걸친 방중에 대해서도 나타나, 전문가의 발언을 인용하는 방식으로 김정일 국방위원장의 방중은 천안함 사건과 무관하며 북·중 사이의 오래된 외교전통에 의한 것이라고 주장했다.

동시에, 여론 조사 등을 근거로 중국은 북한과 계속해서 우호적인 관계를 가져갈 것이며, 이는 냉전의식에 따른 편 가르기가 아니라 우호적인 북·중관계가 동북아 지역정세에 긍정적인 역할을 하기 때문이라고 주장했다. 예를 들어, 10월 11일 사설에서 "좁은 시야에서 벗어난다면, 누구라도 북·중관계가 동북아 정세에 건설적인 작용을 한다는 것을 알 수 있다. 북한에 대한 중국의 설득력이 없다면 6자회담은 근본적으로 불가능할 것이고, 남북 사이에 일단 천안함 사건과 같은 위기가 발생하면 정세는 융통성 없이 강경으로 치달을 뿐이다"라고 북·중관계의 중요성을 피력했다. 하지만, 이러한 우호적인 북·중관계의 유지가 결코 반미(反美)나 반한(反韓)이 아님을 강조하며, 냉전의식과는 거리가 있음을 강조했다.

그러나 《환치우스빠오》는 북·중관계의 중요성에 대해 강조하고 있음에도, KBS 《뉴스 9》가 동맹관계에 있는 미국에 대해 긍정적인 내용만을 보도한 것과는 달리, 우호관계에 있는 북한에 대해서도 쓴소리를 감추지 않았다. 이는 《환치우스빠오》가 냉전의식에 사로잡혀 일방적으로 북한의 편만을 든 것이 아님을 나타낸다. 예를 들어, 5월 26일 사설에서는 "정세가 안정되기 위해서는 무엇보다 북한이 충분한 사실로써 천안호 침몰이 자신과 무관함을 증명해야 한다. 만약 북한이 저지른 것이 맞다면 북한은 마땅히 사죄해야 한다"고 말하거나, 5월 28일 사설에서는 "사실 요 몇 년간 북한은 한·미·일과 관계완화를 가질 수 있는 기회가 있었다. 하지만 북한은 성실하게 그 기회를 잡지 않았다. 오히려, 핵무기만이 자기에게 진정한 안전을 가져다 줄 것이라고 믿었다. 북한은 점차 대외개방을 해야 한다. 대외개방이 북한에게 있어 위험을 줄 수 있지만, 지금처럼 점점 더 곤란한 길 가는 것이 더 위험하다"고 지적했다.

〈표 22〉 북·중관계에 대한 《환치우스빠오》의 보도 내용

날 짜	내 용
5월 5일	虽然近些年由于朝鲜坚持进行核试爆，中朝关系出现波折，甚至被外电形容为"陷入历史最低谷"，但中国民众中对朝鲜的情绪比韩国对同族的敌视要轻得多。中国人一方面对朝鲜人的处境有天然的同情，同时也大致能从出于国家利益的考虑避免意气用事。 (비록 근래 북한이 핵실험을 계속 실시한 것 때문에 북중관계에 곡절이 나타나고, 심지어 해외 언론은 "역사상 최악의 상태에 빠졌다"라고 표현하지만, 중국 국민들의 북한에 대한 정서는 한국의 동족에 대한 적시보다는 훨씬 덜하다. 중국은 한편으로 북한이 처한 상황에 대해서 자연스런 동정을 갖고 있으면서도, 동시에 국가이익에 대한 고려를 바탕으로 감정적으로 일을 처리하는 사태를 피하도록 조절할 수 있다.)
5월 6일	虽然南北关系可能在"天安"号事件上遇到困难，但是要与中朝高层交往区别对待。更不能将"天安"号事件当做重启六方会谈的先决条件。中国没有伤害中韩关系的意图。对于中朝高层交往，也许韩国在感情上一时无法接受，但是"焉知非福"呢? (비록 남북관계가 천안함 사건으로 곤란한 상황에 처할 수 있겠지만, 북중 고위층 교류와 구분하여 대해야 한다. 게다가 천안함 사건을 6자회담 재개의 선결조건으로 삼아서는 더더욱 안 된다. 중국은 한중관계를 헤치려는 의도가 없다. 북중 고위층 교류에 대해서 아마도 한국은 감정상 일시적으로 받아들일 수 없을지도 모른다. 하지만 북중 고위층 교류가 남북관계에

	있어 새옹지마가 될 수도 있지 않겠는가?) ※ 전문가 발언 인용
5월 13일	李明博刚刚飞离中国，金正日便到了中国。这使韩国一些人十分激动。因为在他们看来，似乎是在朝韩对抗中，中国已被拉到了朝鲜一方。尽管中国一再澄清"天安"舰事件与金正日访华是两码事，但从效果来说，中韩之间的这种不愉快本身就使朝鲜外交再得一分，并使天安舰事件之发展充满悬念。(전문가 투고) (이명박 대통령이 막 중국을 떠났고, 이어 김정일 국방위원장이 중국에 도착했다. 이것이 한국의 일부 사람들을 격분하게 만들었다. 왜냐하면 그들의 입장에서는 남북 대치중에 마치 중국이 이미 북한 쪽으로 기울었다고 볼 수 있기 때문이다. 비록 중국은 거듭해서 천안함 사건과 김정일 위원장의 방중은 별개의 일이라고 분명히 밝혔지만, 결과적으로 말하자면 중한 간의 이러한 의견 차는 북한 외교를 돕는 것이고, 천안함 사건이 더욱 걱정스런 방향으로 발전하게 만든다.) ※ 전문가 투고
5월 20일	中国理解韩国人对"天安号事件"中官兵牺牲的悲痛心情，也十分重视韩国就此事进行的调查，有关这一调查结果的新闻，19日在一些中国主流网站新闻频道的头条位置挂了大半天。但是，这并不代表中国就必须跟着韩国的意愿去做事。 (중국은 천안함 사건 중에 장병을 잃은 한국인들의 비통한 심정을 이해하고, 한국이 이 사건에 대해 진행한 조사에 대해서도 매우 중시한다. 이 조사 결과에 대한 소식은 19일 중국의 주요 인터넷 매체에서 반나절 탑 뉴스에 올려졌다. 하지만, 이것이 중국이 반드시 한국의 의도에 따라 일을 처리해야 한다는 것을 의미하지는 않는다.)
5월 26일	让局势平静下来，当务之急是朝鲜以充分的事实证明天安号沉没与朝鲜无关。如果确系朝鲜所为，朝鲜就应认错。其他方面应表现出更大的耐心，给朝鲜一个申辩的空间，避免局势一发而不可收拾。 (정세가 안정을 되찾기 위해서 시급한 것은 북한이 충분한 사실로써 천안함 침몰이 자신과 무관함을 증명하는 것이다. 만약 북한이 한 것이 확실하다면, 북한은 잘못을 인정해야 하고, 다른 이들은 더 큰 인내심을 가지고 북한에게 해명의 기회를 주어야 한다. 그럴 때 비로소 정세가 수습할 수 없는 사태로 발전하는 것을 피할 수 있다.)

5월 28일	要想彻底扭转半岛局势，或许需要各方都往后退一步。由于朝鲜的体量太小，退的空间有限，加起来十分强大的美日韩多往后退一点，对扭转局势应当是必要的。(중략) 当然，朝鲜也需要反思。世界上与美国有意识形态冲突的国家很多，但朝鲜面临的对立最急迫，这其中固然有半岛冷战体制未除的大原因，但朝鲜对这一负面环境应努力淡化，而非强化。其实前些年朝鲜还是有机会与美日韩缓和的，但朝鲜没有认真把握那些机会，而转为相信核武器才能给自己带来真正的安全。 (한반도의 정세를 확실히 전환시키고자 한다면, 각국 모두가 뒤로 한 발자국 물러나는 것이 필요할 것이다. 북한의 체격은 아주 작아서 후퇴할 공간이 적다. 힘을 합치면 아주 강대한 한·미·일이 좀 더 물러나는 것이 정세를 전환하는데 있어 반드시 필요하다. (중략) 물론, 북한도 반성이 필요하다. 세계적으로 미국과 이데올로기상에서 대립하는 국가는 많지만, 북한이 직면하고 있는 대립이 가장 급박하게 돌아가고 있다. 한반도의 냉전체제가 아직 유지되고 있는 것이 큰 원인이지만, 북한은 이와 같은 부정적 환경이 없어지도록 노력해야지 강화해서는 안 된다. 사실 근래 북한은 한·미·일과 관계완화를 할 기회가 있었지만 북한은 그 기회들을 성실히 활용하지 않았고, 핵무기만이 자신들에게 진정한 안전을 가져다 줄 것이라고 믿었다.)
5월 31일	保持朝鲜半岛局势的相对紧张，并控制在不发生全面战争的可控范围内，是美国的最大利益。 (한반도에서 긴장된 정세를 유지하면서도, 전면 전쟁이 발생하지 않는 범위 내에서 조절하는 것이 미국의 최대 이익이다.) ※ 전문가 투고
6월 29일	从根本上解决半岛问题，唯一的道路还是要消除冷战残余，对紧张源"釜底抽薪"，各方都应朝这个方向做实事。朝鲜半岛发生过惨烈的战争，制裁和各种对立反复出现，这让半岛的局势始终处于紧绷状态。美日韩都要认真想一想，是否真的该换种思路对待朝鲜了。 (한반도 문제를 근본적으로 해결하기 위한 유일한 방법은 역시 냉전 잔재를 없애는 것인데, 이 근본 원인을 없애기 위해 각국은 실질적인 노력을 해야 한다. 한반도에서는 참혹한 전쟁이 발생했고, 제재와 각종 대립이 반복해서 나타나고 있는데, 이

	것이 한반도 정세를 줄곧 긴장 상태로 몰아넣고 있다. 한·미·일은 모두 그와 같은 사고의 전환으로 북한을 대했는지 진지하게 생각해봐야 한다.)
8월 27일	如果金正日访华消息属实，中朝双方对于双边关系、六方会谈、美朝关系以及东北亚局势的讨论都是必不可少的。如何促进朝鲜经济发展可能也是议题之一。此次访问将对缓和东北亚局势产生一定的积极影响，对未来整个东北亚局势也会产生正面作用。 (만약 김정일 위원장의 방중 소식이 사실이라면, 양국관계와 6자회담, 북미관계, 동북아 정세에 대한 북중 양국의 토론이 반드시 필요하다. 어떻게 북한의 경제발전을 촉진시킬 것인가도 의제중의 하나일 것이다. 이번 방문은 동북아 정세를 완화시키는데 일정정도 긍정적인 영향을 끼칠 것이며, 앞으로의 동북아 정세에 대해서도 긍정적인 역할을 할 것이다.) ※ 전문가 인용
10월 11일	只要不出于小心眼，任何人都应看到中朝关系对东北亚局势的建设性。没有中国对朝鲜的说服力，六方会谈根本就不会有，朝韩一旦发生"天安号"事件那样的危机，局势将毫无弹性，只能硬撞硬。(중략) 中国对朝鲜的政策这些年没有飘忽不定，中国鼓励朝鲜保持政治稳定，鼓励朝鲜对外政策不出现偏激，鼓励半岛用谈判代替相互威胁和军备竞赛。但中国从没有试图干涉朝鲜的内政，没有试图影响朝鲜的政权交接。其实各国都清楚，即使有谁想干涉朝鲜的政治进程，也不可能做得到。 (좁은 시야에서 벗어난다면, 누구라도 북중관계가 동북아 정세에 있어 건설적임을 알 수 있을 것이다. 북한에 대한 중국의 설득력이 없었다면 6자회담은 근본적으로 있을 수 없고, 남북 사이에서 일단 천안함 사건과 같은 위기가 발생하면 정세는 유연성 없이 강경으로 치달을 것이다. (중략) 북한에 대한 중국의 정책은 최근 불안정한 것이 아니었다. 중국은 북한이 정치안정을 유지하도록 격려하고, 북한이 대외정책에서 극단적이지 않도록 격려하며, 남북 사이에 대화가 상호 위협과 군비경쟁을 대신하도록 격려한다. 하지만 중국은 한 번도 북한의 내정에 간섭하려고 하지 않았고, 북한의 정권교체에 영향을 주려고 하지 않았다. 설령 누군가 북한의 정치 과정에 간섭하고 싶더라도, 그렇게 하지 못한다는 것을 각국은 모두 잘 알고 있다.)

이렇게 《환치우스빠오》는 중국이 중재자로서의 역할을 하고 북·중관계가 동북아정세에 긍정적 역할을 하고 있음을 강조하면서, 한편으로는 미국과 한국, 일본이 냉전의식에 사로잡혀 있다고 강하게 비판했다. 6월 29일 사설에서 "한반도 문제를 근본적으로 해결하기 위한 유일한 방법은 역시 냉전 잔재를 없애는 것인데, 이 근본 원인을 없애기 위해 각국은 실질적인 노력을 해야 한다. 한반도에서는 참혹한 전쟁이 발생했고, 제재와 각종 대립이 반복해서 나타나고 있는데, 이것이 한반도 정세를 줄곧 긴장 상태로 몰아넣고 있다. 한·미·일은 모두 그와 같은 사고의 전환으로 북한을 대했는지 진지하게 생각해봐야 한다"고 말하며, 한·미·일 3국의 의식전환을 촉구했다.

동시에 개별적으로는, 미국에 대해서 천안함 사건을 이용해 중국을 견제하여 동북아에서 패권을 유지하려 한다고 비판했으며, 한국에 대해서는 전시작전권 이양을 연기하는 등 한·미동맹에 지나치게 의존하려는 자세를 지적했다. 또한 일본에 대해서도 한·미연합 군사훈련에 참관한 일이나 오키나와기지 이전문제, 칸나오토(管直人) 총리가 오직 한국에 대해서만 과거사 사죄를 표명한 것 등을 거론하며 미·일동맹 강화를 통해 동북아에서 중국을 견제하려 하고 있다고 비판했다. 특히, 천안함 사건으로 동북아지역에 긴장관계가 지속되고 있을 때, 중·일 사이에서는 댜오위타오(釣魚島)를 둘러싼 마찰이 발생하여 일본을 견제하는 목소리가 더욱 커졌다.

〈표 23〉 한·미·일의 냉전의식을 비판한 《환치우스빠오》의 보도 내용

날 짜	내 용
6월 8일	在"天安"舰问题上, 菅直人一定会采取日美韩同调的策略, 向中国施压, 在八国和二十国峰会上, 也一定会与西方七国同调, 要求人民币升值, 以实现日元的相对贬值, 促进日本出口。

	(천안함 문제에 있어, 칸나오토 수상은 반드시 한·미·일 동조 전략을 펼쳐 중국을 압박할 것이다. G8이나 G20 회의 상에서도 서방 7개국과 동조하여 인민폐 평가절상을 요구하고, 이로서 상대적 엔저를 이뤄 일본의 수출을 촉진시키려 할 것이다.)
6월 29일	韩国军队如今也远没有具备独立作战指挥的能力。这些年韩军购买和自行建造了先进的战机、坦克和军舰, 但在指挥和情报等软件建设上仍有明显缺陷。 (한국 군대는 아직도 독립작전 지휘 능력을 갖추기에는 아직 멀었다. 최근 한국군은 구매나 자체 개발로 첨단 전투기나 탱크, 함선을 확보했지만 지휘나 정보 등 소프트웨어 건설상에서는 여전히 결함이 드러난다.)
7월 7일	美国是期望借助天安舰事件的"机遇", 巩固在韩国军事基地的指挥主导权, 逼迫日本政府在冲绳岛驻军问题上让步。美国频繁使用这些 "非战争" 的谋略重组东北亚格局, 用"代理人"牵制中国的崛起, 消耗中国的发展。(전문가 인용) (미국은 천안함 사건의 위기를 빌어 한국에서 군사기지의 지휘주도권을 공고히 하고, 일본 정부로부터 오키나와 주둔 문제에서 양보를 얻어내고 싶어 한다. 미국은 빈번히 이러한 '비전쟁' 모략을 이용하여 동북아 구도를 재편하고, '대리인'을 이용하여 중국의 굴기를 견제하며 중국의 발전을 소모시킨다.) ※ 전문가 인용
7월 27일	日本是除美韩之外对此次军演最积极的国家, 有分析称, 日本在有意借机推动美日韩三国军事同盟的形成。《产经新闻》的社论称, 这次军演"正是体现日美韩团结合作的大好时机"。 (일본은 한국과 미국 제외하고 이번 군사훈련에 가장 적극적인 국가인데, 일본이 이번 기회를 이용하여 한·미·일 3국 군사동맹 형성을 추동하려 한다는 분석도 있다. 《산케이신문》의 사설은 이번 군사훈련이 "한·미·일의 단결과 협력에 있어 절호의 기회다"라고 말한다.
7월 29일	韩国过分地依赖于韩美军事同盟, 同时又过分地倚重于中韩战略合作伙伴关系就是这种思维的典型表现。韩国有必要现实地面对和处理包括朝鲜在内的双边关系和地区问题, 重走对话而非对抗的路子, 为缺失的中韩战略合作伙伴关系切实增添一些新的内容。(전문가 투고)

	(한국은 지나치게 한미 군사동맹에 의존해 있고, 동시에 너무 한중 전략적 협력 동반자관계라는 추상적 표현에 집착하고 있다. 한국은 북한을 포함한 양자관계를 현실적으로 대하고 처리할 필요가 있다. 대립이 아닌 대화의 길로 나아가야 하며, 한중 전략적 협력 동반자 관계에 새로운 내용을 더하여 부족한 점을 채워야 한다.)
8월 11일	在以往围绕日本侵略的历史之争中， 中韩曾是共同声讨日本的盟友, 如今日韩就历史"和解", 是日本与所有邻国和解的开始, 还是日韩休兵， 日本单独对付中国、甚至日韩联手对付中国的转折点呢? 东北亚的事情真是越来越有意思了， 这里本来就不多的政治互信在一点点碎掉， 中美大的紧张在改变这里每一件事情带给人们的感受。 (일본의 침략전쟁을 둘러싼 역사 논쟁에서 중한은 일찍이 함께 일본을 성토한 맹우였다. 지금과 같이 일한이 역사에 대해 화해하는 것은 일본이 모든 이웃국가와 화해하기 시작한다는 것을 의미할까? 아니면 일한이 대립을 잠시 뒤로하고 일본 단독으로 중국을 상대하거나, 심지어 일본과 한국이 연합하여 중국을 상대한다는 것을 나타내는 전환점인가? 동북아 상황이 점점 재미있어진다. 이 지역에 원래 부족했던 정치적 상호신뢰가 조금 더 무너지고 있고, 중미 사이의 커다란 긴장관계가 이 지역의 모든 사안들이 사람들에게 가져다주는 생각에 변화를 주고 있다.)
8월 11일	辽宁社会科学院研究员吕超接受《环球时报》记者采访时说， 日本对待中韩是有区别的, 这与美日韩同盟有关。就战争侵略罪行来看, 日本对中国犯下的罪行更大, 最应该向中国人民道歉。然而, 日本借机向韩国道歉, 我认为这和巩固美日韩同盟有关。(전문가 인용) (요녕성 사회과학원 연구원인 뤼차오는 《환치우스빠오》기자의 취재에 응해 다음과 같이 말했다. "일본이 중국과 한국을 대하는 태도에 차이가 있는데, 이는 미·일·한 동맹과 관련이 있다. 침략전쟁의 죄행에 대해서 말하자면, 일본이 중국에 대해 저질렀던 죄행이 더 크고, 마땅히 중국 국민들에게 사죄를 해야 한다. 하지만, 일본은 기회를 이용하여 한국에 대해서만 사죄를 했는데, 나는 이것이 미·일·한 동맹을 공고히 하고자 하는 것과 관련이 있다고 생각한다.)
8월 12일	从美国的角度来看, 这种分裂和对立, 虽然对于亚洲的发展, 对于世界的和平不是好事, 但却符合美国对华战略政策的核心需要。美

	国亚洲政策核心, 就是需要一个分裂的亚洲和对立的军事集团。这样，它就可以更从容地借亚洲国家来遏制中国的和平崛起与和平发展, 至少可以更有效地防范中国的崛起。(전문가 투고) (미국의 각도에서 보자면, 이와 같은 분열과 대립은 비록 아시아의 발전과 세계의 평화에 있어 좋은 일이 아니지만, 미국의 대중국 전략 정책에 필요한 핵심적 수요에 부합한다. 미국의 아시아 정책 핵심은 분열된 아시아와 대립하는 군사 집단이 필요한 것이다. 그렇게 할 때 미국은 침착하게 아시아 국가들을 이용하여 중국의 굴기와 평화발전을 억제할 수 있고, 적어도 효율적으로 중국의 굴기를 경계할 수 있다.) ※ 전문가 투고
8월 24일	近日, 一名日本政府消息人士对共同社把话说得很直白, 为"针对朝鲜和日益强大的中国", 菅直人政府将努力构筑"新的日韩合作关系"。这句话让很多人联想到的第一个词是"冷战"。 (최근, 한 일본 정부관계자가 교도통신에게 아주 솔직한 얘기를 했는데, 북한과 나날이 강대해지고 있는 중국에 대항하기 위해서 칸나오토 정부는 앞으로 "새로운 일한 협력 관계"를 구축하기 위해 노력할 것이라고 했다. 이 말이 많은 사람들로 하여금 연상하게 만든 첫 번째 단어는 "냉전"이다.)
9월 1일	美国一直存在着两种主张对华强硬的观念。一种是坚持冷战思维的势力, 他们始终以社会制度和意识形态的异同作为衡量国家关系的准绳, 一贯对共产党领导的社会主义中国怀着根深蒂固的成见和敌意。一种是顽固维护美国全球霸权的势力, 他们不能容忍任何国家对美国的世界地位形成挑战，越来越把快速发展的中国视为美国的竞争对手或"潜在敌人"。 (미국에는 줄곧 대중국 강경을 주장하는 두 가지 관념이 있다. 하나는 냉전의식에 사로잡힌 세력으로, 그들은 시종 사회제도와 이데올로기의 차이를 국가관계를 규정하는 기준으로 삼는 것이다. 그들은 공산당이 이끄는 사회주의 중국에 대해서 일관되게 뿌리 깊은 편견과 적의를 품고 있다. 다른 하나는 미국의 세계패권을 확고히 유지하려는 세력으로, 그들은 어떤 국가도 미국의 세계 지위에 대해서 도전하는 것을 용인하지 않는다. 그들은 점점 더 빠른 속도로 발전하는 중국을 미국의 경쟁상대 또는 "잠재적 적"으로 간주한다.)
9월 9일	美国开始实行战略东移, 而日本是其中的一枚棋子, 钓鱼岛是美国

	故意留给中国与日本的一个冲突导火索。但另一方面, 日本在利用近来中美关系的紧张来达到其自己的目的, 它急于借助目前的局势让美国在钓鱼岛问题上表态, 加固日美安保同盟。 (미국의 전략적 관심이 아시아로 이동하기 시작했다. 일본은 거기에서 하나의 바둑알에 해당하며, 조어도는 미국이 고의로 중국과 일본에 남겨놓은 충돌의 도화선이다. 하지만 한편으로, 일본은 최근의 중미 관계의 긴장 국면을 이용하여 자신들의 목적을 달성하고, 지금의 정세를 이용하여 미국으로 하여금 조어도 문제 상에서 일미 안보동맹을 공고히 하겠다는 자세를 이끌어내기 위해 바쁘다.) ※ 전문가 발언 인용

이상에서 살펴본 봐와 같이, 《환치우스빠오》는 천안함 침몰 사건을 계기로 동북아지역에 다시 드리워진 냉전의식에 대해 비판적인 입장에 서 있었다. 먼저, 미국에 대해서는 천안함 사건을 계기로 중국을 견제하여 동북아지역의 패권을 장악하려 한다고 비판했으며, 한국에 대해서도 전시작전권 이양 연기 등을 거론하며 한·미동맹을 통해 북한을 압박하려는 전형적인 냉전의식이라고 지적했다. 또한, 일본에 대해서도 한·미연합 군사훈련에 처음으로 참관을 하고, 오직 한국에 대해서만 과거사 사죄를 하는 등의 태도를 문제 삼으며 이를 통해 한·미·일 삼각 동맹을 형성하여 중국을 견제하려 한다고 비판했다.

한편, 김정일 국방위원장의 두 차례 방중에 대해서는 천안함 사건과 관련이 없는 것으로 해석했으며, 북·중관계는 중국 인민이 원하는 데로 특수한 관계를 계속 유지해 가야 한다고 주장했다. 그리고 이러한 우호적인 북·중관계는 냉전의식에 기인한 것이 아니며, 동북아 지역 정세에도 긍정적인 역할을 하고 있다고 강조했다. 또, 우호관계에 있는 북한에 대해서도 비판적인 시각을 나타내기도 하며 중국을 동북아지역에서의 중재자로 인식했다.

동북아 지역 안보에 있어 냉전구도를 강대국을 중심으로 한 동맹 형성과 이를 통한 안보 문제 해결이라고 봤을 때, 《환치우스빠오》는 냉전구도를 거부하는 보도태도를 보였다고 해석할 수 있다.

(4) 《요미우리(讀賣)신문》의 보도태도

냉전 구도와 관련해 《요미우리신문》에서 나타난 특징으로는, 무엇보다 천안함 침몰 사건에 대한 대응과정에서 미·일동맹이나 한·일, 한·미·일 협력강화를 '노골적'으로 강조했다는 것이다. KBS 《뉴스 9》와 마찬가지로 한·미·일 간의 협력강화를 중시한 점에서는 비슷했지만, KBS 《뉴스 9》보다 더 적극적이고 직접적으로 협력강화를 강조했다는 점에서 차이점을 보였다. 예를 들어, 5월 16일 사설에서는 "오카다(岡田) 외무장관은 유엔 안보리 비상임이사국으로서, 한국, 미국과 긴밀히 연대할 것임을 표명했다. 당연한 대응이다"라고 노골적으로 한·미·일 연대를 강조했으며, 5월 21일 사설에서도 "하토야마(鳩山) 총리와 오바마 대통령은 이명박 대통령과의 개별 전화 통화에서 한국을 지원할 것이라고 약속했다. 안보리에서 북한의 책임을 엄하게 추궁하는 문서를 채택하는데 힘써야 한다"고 재차 강조했다.

이렇게 《요미우리신문》이 한·미·일 연대를 강조한 것과 달리, 북한과 중국, 러시아에 대해서는 비우호적인 자세를 나타냈다. 특히 북한과 중국에 대해서는 더욱 노골적이고 빈번하게 부정적으로 묘사했다. 예를 들어, 북한이 한국의 합조단 조사결과에 반발한 것을 "지명된 북한은 바로 '날조'라고 반발하며, 제재에 대해서는 '전면전쟁을 포함한 다양한 강경조치로 응할 것이다'라고 공갈했다"라며, 북한의 반발을 '공갈'로 묘사하거나 "증거를 대도 시치미를 떼는 여느 때와 마찬가지의 패턴이다"라고 폄하했다.

한편, 중국에 대해서는 "하지만, 현실에서는 가장 중요한 파트

너들이 모이는 장소가 되야 할 G20에서 중국이라는 '벽'에 직면하여, 국제협력노선의 앞길에 많은 어려움이 놓여졌다"[37]고 하거나, "25일부터의 합동연습에서는 중국의 반대에 직면하여 서해에서의 연습이 연기됐다. 한·미가 북한을 몰아가는 것을 중국이 막아주고 있는 구도가 형성되고 있다"[38]는 등 중국을 극복의 대상이나 걸림돌로 여겼다. 더 나아가, 중국을 북한의 '최대 후원자(後ろ盾)'로 묘사하거나, 북한이 6자회담 재개에 적극 나서고 대신에 중국이 안보리 의장성명에서 북한의 이름을 빼주는 것으로 서로 선물을 주고받으며 도와주고 있는 관계로 묘사하는 등 중국을 북한과 한 통석으로 간주했다. 즉, 중국에 대해서는 북한만큼 극단적인 표현으로 비난하지는 않았지만, 북한과 마찬가지로 부정적으로 묘사하면서 '우리'가 아닌 '상대', 혹은 '적'으로서 여겼다. 이러한 인식을 통해《요미우리신문》은 자연스럽게 '한·미·일 vs 북·중·러' 구도를 형성하며 보도를 했다.

〈표 24〉 '냉전구도'와 관련한《요미우리신문》의 보도 사례

날짜	내용
4월 23일	黄海で起きた韓国海軍哨戒艦「天安(チョンアン)」の沈没などで朝鮮半島情勢が不透明さを増していることを踏まえ、海兵隊の沖縄駐留の意義が「強まっている」と強調。 (서해에서 일어난 한국 한국의 천안함 침몰 등으로 한반도 정세가 더욱 불투명해지고 있는 가운데, 해병대의 오키나와 주둔 의의가 "강해지고 있다"고 강조.)
4월 24일	次官補は、今回の沈没事件にも言及しながら、日米同盟が今後とも強力であり続けなければならない理由の第一に朝鮮半島の

37) "G20協調 乗らぬ中國 米で失望感強く 哨戒艦事件、G8との違い鮮明."『讀賣新聞』(2010년 6월 29일), 7.

38) "[スキャナー]米韓、北の挑發に警告 外務·國防閣僚會議 最新鋭機で合同演習."『讀賣新聞』(2010년 7월 22일), 3.

	「不確実性」があると語った。 (차관보는 이번 침몰사건도 언급하면서 일미동맹이 앞으로도 강력하지 않으면 안 되는 이유의 하나로 한반도의 "불확실성"을 들었다.)
5월 4일	実際に中国が対北経済支援に踏み切れば、国連安全保障理事会の対北制裁決議は一気に形骸（けいがい）化が進む。 (실제로 중국이 대북 경제지원에 나선다면 안보리의 대북제재 결의는 한 순간에 유명무실 해 진다.)
5월 16일	岡田外相は、国連安保理の非常任理事国として、韓国、米国と緊密に連携する考えを表明した。妥当な対応であろう。 (오카다 외무상은 안보리 비상임 이사국으로서 한국, 미국과 긴밀히 연대할 생각을 표명했다. 당연한 대응이다.)
5월 16일	中国が、先に訪中した金総書記に約束した経済援助の拡大も、制裁の効果を損ねかねない。北朝鮮への影響力はむしろ、核開発断念を迫ることに使うべきだ。 (중국이 방중한 김 총서기에게 약속했던 경제원조 확대도, 제재의 효과를 떨어뜨릴 수 있다. 북한에 대한 영향력이 있는 만큼, 핵개발을 단념하도록 압박하는데 사용해야 한다.)
5월 21일	名指しされた北朝鮮は、ただちに「捏造（ねつぞう）だ」と反発し、制裁に対しては「全面戦争を含む各種の強硬措置で応える」と恫喝（どうかつ）した。今後の展開次第で、北朝鮮が危険な挑発行為に出る恐れもある。日米韓の3か国は連携を強め、これを断固阻止する決意で臨まなければならない。中露両国も、これに呼応すべきだ。 (지목당한 북한은 바로 "날조다"라고 반발하며, 제재에 대해서는 "전면전쟁을 포함한 각종 강경조치로 맞설 것이다"라고 공갈했다. 앞으로의 전개에 따라 북한이 위험한 도발행위로 나올 우려도 있다. 일·미·한 3개국은 연대를 강화하여 이를 강력히 저지할 결의로 임하지 않으면 안 된다. 중·러 양국도 여기에 호응해야 한다.)
5월 21일	鳩山首相とオバマ米大統領は、李明博大統領との個別の電話会談で韓国への支援を約束した。安保理では、北朝鮮の責任を厳しく問う文書の採択に尽力すべきだ。

	(하토야마 수상과 오바마 대통령은 이명박 대통령과의 개별 전화회담에서 한국에 대한 지원을 약속했다. 안보리에서는 북한의 책임을 엄중하게 추궁하는 문서가 채택되도록 전력을 다해야 한다.)
5월 21일	北朝鮮は国際社会の圧迫に対抗して、さらなる強硬策に打って出るだろう。朝鮮半島を取り巻く安全保障で利害が一致する日米韓の3国が協調するのは当然だ。 (북한은 국제사회의 압박에 대항하여 한층 더 강경한 정책으로 나올 것이다. 한반도를 둘러싼 안전보장에서 이해가 일치하는 일·미·한 3개국이 협조하는 것은 당연하다.)
6월 29일	クリントン国務長官は、オバマ政権が提唱する多国間協調外交の前提となる世界観は、「多極化世界」ではなく、世界に協力の輪が広がる「多パートナー化世界」だと説明する。だが現状では、最も主要な「パートナー」が集う場となるはずのG20で中国という「壁」に直面しており、国際協調路線の前途は多難だ。 (클린턴 국무장관은 오바마 정권이 제창하는 다국간 협조외교의 전제인 세계관에 대해서 "(다극화 세계)"가 아닌, 세계에 협력의 고리가 넓어지는 "다 파트화 세계"라고 설명한다. 하지만 현실에서는, 가장 주요한 '파트너'가 모여야 할 G20에서 중국이라고 하는 '벽'에 직면하고 있어 국제협조노선의 전망은 어려워 보인다.)
7월 22일	25日からの合同演習では、中国の反対に直面して、黄海での演習が見送られた。米韓が北朝鮮を追い込むのを中国が阻んでいる構図が浮かび上がる。 (25일부터의 합동훈련에서는 중국의 반대에 직면하여 서해에서의 훈련이 연기됐다. 미·한이 북한을 압박해 들어가는 것을 중국이 막아주고 있는 구도가 나타나고 있다.)
9월 15일 9월 15일	韓國外交安保研究院の尹德敏（ユンドクミン）教授は、「引き續き、日米韓の安保協力を深めていくことが非常に重要だ」と指摘する。 (한국 외교안보연구원의 윤덕민 교수는 "계속해서 일·미·한이 안보협력을 공고히 해가는 것이 매우 중요하다"고 말한다.)

한편, 후텐마(普天間) 미군기지 이전문제에 관한 《요미우리신문》의 보도태도를 분석하는 과정에서 흥미로운 사실이 발견됐다. KBS 《뉴스 9》가 한·미동맹 강화를 위해 전시작전권 이양시기를 연기하는 것에 대해 긍정적인 보도태도를 보였고, 그 이유로서 천안함 침몰 사건으로 조성된 정세불안을 제기한 것과 비슷한 보도태도가 《요미우리신문》의 보도에서도 나타난 것이다. 즉, 《요미우리신문》은 하토야마(鳩山) 총리가 일본국민과 약속한 '오키나와 후텐마 미군기지를 국외, 적어도 오키나와현 밖으로 이전 시키겠다'는 약속을 어기고, 미·일동맹 강화를 위해 미군이 원하는 대로 오키나와현 내에 기지를 그대로 유지한다는 방침에 대해 긍정적인 보도태도를 보인 것이다. 그리고 그 이유로서 천안함 사건으로 조성된 불안정한 정세를 들었다. 4월 23일 기사에서는 미국 정부 관계자의 말을 빌려 "서해에서 일어난 한국 해군 초계함 '천안함'의 침몰 등으로 한반도 정세가 더욱 불투명해 지고 있는 것을 언급하며, 해병대의 오키나와 주둔 의미가 '강해지고 있다'[39]라고 천안함 사건과 후텐마 기지의 연관성을 보도했다. 또 다음 날인 24에도 "이번 침몰사건도 언급하면서, 미·일동맹이 앞으로도 강력하게 지속되어야 하는 이유의 하나로 한반도의 '불확실성'이 있다고 말했다"[40]고 미 고관의 발언을 인용하며, 후텐마 기지의 오키나와 주둔 정당성을 소개했다. 7월 7일에도 전문가의 견해를 소개하는 방식으로 "현 상황에서는 오키나와 합의 형성은 어렵다. 그래도 나라와 나라의 약속이다. 참의원선거 후, 노력하지 않으면 안 된다"[41]며, 오키나와 주민의 반발에도 불구하고 미국과 맺은 후텐마

39) "「普天間 早く正式案を」 米國務次官補、德之島案に難色."『讀賣新聞』(2010년 4월 23일), 1.
40) "韓國艦沈沒 進展を注視 米國務次官補「半島に不確實性」."『讀賣新聞』(2010년 4월 24일), 7.

기지의 오키나와 주둔 약속을 지켜야 한다는 글을 실었다.

이와 같이,《요미우리신문》은 천안함 사건에 대한 대응과정에서 한·미·일 협력을 강화하고, 미·일동맹, 한·미동맹을 강조하는 보도태도를 보였다. 동시에, 북한과 중국에 대해서는 노골적으로 부정적인 시각을 나타냈다. 심지어, 후텐마 기지 이전문제와 관련해서도 일본 국민의 여론과 미·일동맹 강화가 충돌하는 상황 속에서 미·일동맹을 더욱 중시하는 보도태도를 보였다.

결국, 천안함 사건으로 조성된 동북아 지역에서의 냉전구도에 대해《요미우리신문》은 이를 자연스럽게 받아들이거나, 더 나아가 이러한 냉전구도를 통해 북한과 중국을 압박해야 한다고 적극적으로 주장하는 모습을 보였다. 즉, 동북아 안보에 있어 불안요인으로 작용하는 냉전구도를 극복하고 해체하려는 자세보다는, 이를 더욱 강화하고 이용하려는 보도태도를 보였다고 할 수 있다.

(5) 응징을 위해 동맹을 강조하는 미디어

'냉전구도'와 관련해서도 '군사적 갈등'과 마찬가지로, KBS《뉴스 9》,《요미우리신문》과《환치우스빠오》의 보도태도 사이에 차이점이 나타났다. 먼저 KBS《뉴스 9》,《요미우리신문》은 천안함 사건의 대응과정에서 한·미동맹과 미·일동맹, 한·미·일 협력강화를 통해 북한에 대응해야 한다는 보도태도를 보였다. 더 나아가, 북한과 우호관계에 있는 중국에 대해서도 부정적인 태도를 숨기지 않았다. 반면에,《환치우스빠오》는 일반 기사는 물론, 사설 등을 통해 직설적으로 동북아 지역에 조성된 냉전의식을 비판하며

41) "参院選 識者に聞く 外交·安保 柳井俊二氏 國分良成氏."『讀賣新聞』(2010년 7월 7일), 11.

스스로를 북한과 한·미·일 사이의 중재자로 인식했다. 이에 따라, KBS 《뉴스 9》, 《요미우리신문》이 한·미·일에 긍정적인 뉴스만 일방적으로 보도한 것과 달리, 《환치우스빠오》는 북한과의 우호관계를 주장하면서도 북한에 대한 쓴 소리도 숨기지 않았다.

한편, KBS 《뉴스 9》와 《요미우리신문》은 한·미동맹과 미·일동맹을 강화를 위해서 전시작전권 이양 시기를 연장하는 것과 오키나와 후텐마 미군기지를 그대로 오키나와현 안에 주둔시키는 것에 대해 옹호하는 보도태도를 보였다. 그리고 이런 판단이 정당한 이유로서 천안함 사건으로 조성된 북한 및 중국과의 대립에 효과적으로 대응하기 위한 것을 들었다.

즉, 천안함 사건의 전개 과정에서 KBS 《뉴스 9》와 《요미우리신문》은 동북아 안보에 부정적 영향을 끼치는 냉전구도에 대해 이를 적극 이용해야 한다거나 더 강화해야 한다는 등으로 긍정적인 보도태도를 보였다. 반면, 《환치우스빠오》는 이러한 냉전의식을 비판하는 자세를 보였다.

3절 소결론

2010년 3월 26일 한반도 서해에서 발생한 천안함 침몰 사건은 동북아 지역안보에 큰 영향을 끼친 사건으로, 미디어 보도가 동북아 지역안보에 미치는 영향을 연구하는데 있어 중요한 사례가 된다. 이에 본장에서는 이 사건에 대한 한국의 KBS 《뉴스 9》, 중국의 《환치우스빠오》, 일본의 《요미우리신문》의 보도태도를 지역안보의 관점에서 분석했다.

분석 결과, 우선 천안함 사건의 전개과정에서 조성된 군사적 갈등에 대해서 KBS 《뉴스 9》와 《요미우리신문》은 이를 심각하게 받아들이지 않음으로써 안보 불안을 방관하거나, 군사적 갈등을 조장하는 모습마저 보였다. 반면, 《환치우스빠오》는 두 미디어에 비해 군사적 갈등이 지역정세에 부정적인 영향을 끼치는 것에 대해 우려하는 모습을 적극적으로 나타냈다. 하지만, 《환치우스빠오》도 자국의 군사연습에 대해서는 관대한 입장을 나타내는 모습을 보였다.

다음으로, 천안함 사건이 전개되는 과정에서 세 개의 미디어는 모두 '대화와 교류'가 중단되는 사태에 대해 전체적으로 심각하게 인식하지 않고, 비교적 소극적이고 단순하게 사실관계 위주로 보도하는 경향을 보였다. '대화와 교류'가 안보를 유지하는데 있어 중요한 요소의 하나라는 점을 생각한다면 KBS 《뉴스 9》, 《환치우스빠오》, 《요미우리신문》의 보도태도는 동북아 지역안보에 긍정적인 역할을 했다기 보다는 단순히 방관자적 입장에 서 있었다고 평가할 수 있다.

마지막으로, KBS 《뉴스 9》와 《요미우리신문》은 냉전구도에 대해 이를 적극 이용해야 한다거나 더 강화해야 한다는 등 긍정적인 보도태도를 보인 반면, 《환치우스빠오》는 이러한 냉전의식에 대해 비판하는 자세를 보였다.

이와 같이, 천안함 침몰 사건이 전개되는 과정에서 '군사적 갈등'의 심화와 '대화와 교류'의 단절 및 축소, '냉전구도'의 강화와 같이 지역 안보에 부정적 영향을 미치는 현상들이 나타났다. 이에 대해, 전체적으로 KBS 《뉴스 9》, 《환치우스빠오》, 《요미우리신문》은 이를 적극적으로 방지하여 지역 안보에 긍정적인 역할을 하려는 자세에 부족함이 나타났다. 특히, KBS 《뉴스 9》와 《요미우리신문》은 소극적인 자세를 넘어, 대화와 교류의 단절을 방관하고 군사적 갈등을 조장하며, 냉전구도를 더욱 강화하려는 보도태도마저 보였다. 한편, 냉전의식에 대한 적극적인 비판과 군사적 충돌에 대한 우려를 나타낸《환치우스빠오》의 보도태도는 지역 안보의 관점에서 보면 일정 부분 긍정적으로 평가를 할 수 있다.

4장 해양 귀속권 분쟁과 미디어 보도*

1절 동북아 해양 귀속권 분쟁

영토분쟁은 각 당사국의 영토주권이라는 민감한 국제법적 쟁점과 관련되어 있다. 따라서 영토분쟁은 한 국가의 생존문제와 관련된 경우도 있고, 때로는 그 국가의 자존심, 정통성과 관련된 부분이 있어 그 해결이 쉽지 않고, 그 만큼 국제평화와 안전의 유지를 위태롭게 하는 요소로 작용하기도 한다.[1]

영토분쟁이 국제평화, 안전보장에 중요한 요소로 작용한다는 이러한 일반적 인식은 동북아 지역에도 적용된다. 특히, 현대 영토분쟁의 주요 원인으로서 2차 세계대전 이후 독립과정에서 영토문제가 발생하고 있는 점이 지적되고 있는데, 동북아 지역에는 식민(반식민)지배로부터 독립한 국가와 식민국가로서 군림했던 국가가 공존하고 있어 현대 영토분쟁의 전형적인 배경을 갖추고 있다. 동시에 세계적으로 냉전구도가 해체되는 과정 속에서도 이 지역은 여전히 냉전구도가 해체되지 못하고 대립하고 있으며,[2] 더

---

* 본 장은 연세대학교 사회과학연구소 『社會科學論集』에 실린 '동북아 해양 귀속권 분쟁 보도와 지역안보: 한·중·일 신문의 독도, 이어도, 조어도에 대한 보도를 중심으로'(제43집 2호, 2012년 가을)를 수정, 보완한 글임.

1) 최태현, 앞의 글(2007), p. 71.

나아가 미국, 중국, 일본, 러시아 등 주요 강대국의 영향력이 이 지역에 직접적으로 미치고 있어, 이러한 지정학, 지경학적 요소가 영토분쟁과 결합하여 지역안보에 중요한 변수로서 작용하고 있다. 실제로, 김기수, 와다하루끼(和田春樹), 주펑(朱鋒), 찐찬룽(金燦榮), 황따후이(黃大慧) 등 많은 동북아 지역 전문가들은 영토분쟁이 동북아 지역안보에 있어 중요한 요소임을 공통적으로 강조하고 있다.

이와 같이, 많은 연구들이 영토분쟁이 지역안보에 있어 중요한 요소이며, 특히 동북아 지역의 경우 이러한 경향이 더욱 두드러지게 나타나고 있음을 말해주고 있다.

영토분쟁의 한 유형인 해양 영토분쟁과 함께, 해양 관할권 분쟁을 포함하고 있는 동북아 지역의 해양 귀속권 분쟁[3]은 주로 독도(일본명 다케시마), 이어도(중국명 쑤옌자오), 조어도(일본명 센카쿠쇼토, 중국명 댜오위따오), 쿠릴열도(일본명 북방영토)를 둘러싸고 벌어지고 있다. 이 중 한국과 중국, 일본 사이에서 각각 분쟁중인 독도, 이어도, 조어도 문제는 비록 각 당사국들이 자국의 귀속권을 강력하게 주장하고 있지만, 국제법적, 역사적, 지질학적으로 다양한 쟁점을 둘러싸고 의견이 팽팽히 맞서고 있는 것이 현실이다.

---

2) 和田春樹, 앞의 책(2003); 姜尙中, 앞의 책(2001).

3) 관할권은 일정한 범위에 대해서 행사할 수 있는 권능을 나타내고, 영유권은 특히 영토에 대한 관할권을 의미한다. 본 연구에서는 관할권과 영유권의 의미를 모두 포괄할 수 있는 의미로서 귀속권을 사용하며, 본 연구에서의 귀속권 분쟁이란 독도와 이어도, 조어도에 대한 분쟁을 모두 포함한다. 또한, 한국 정부는 독도에 대해서, 일본 정부는 조어도에 대해서 영토 분쟁이 존재하지 않는다는 외교적 입장을 보이고 있지만, 실질적으로 분쟁이 존재하는 것이 사실이므로 본 연구는 이들 지역을 분쟁 지역으로 정의한다.

1. 독도 분쟁

독도(일본명 다케시마)는 울릉도에서 동남쪽으로 87.4㎞ 떨어진 해상에 위치해 있으며, 일본의 오키(隱岐)섬으로부터는 북서쪽으로 157km 떨어져 있다. 총 면적은 18만 7,554㎡로, 동도(동경 131도 52분 10.4초, 북위 37도 14분 26.8초)와 서도(동경131도 51분 54.6초, 북위37도 14분 30.6초) 및 그 주변에 흩어져 있는 89개의 바위섬으로 이루어진 화산섬이다. 현재 한국이 실효지배를 하고 있는 가운데, 한국과 일본이 서로 자국의 영토라고 주장하며 대립하고 있다. 2차 세계대전 종전 이후에는 1952년 《대일강화조약(샌프란시스코 조약)》 체결과 1965년 《한일협정》과정에서 독도 영유권에 대한 양국의 대립이 심화됐으며, 1992년 유엔에서 《국제해양법조약》을 선포한 뒤에는 배타적경제수역(EEZ: Exclusive Economic Zone) 획정 등의 문제를 둘러싸고 양국 사이의 대립이 더욱 격화됐다.

한국 측에서 독도에 대한 영유권을 주장하는 주요 근거는 다음과 같다.[4)]

첫째, 독도는 서기 512년부터 한국의 영토였다. 둘째, 일본의 고문헌과 고지도에도 독도[5)]를 한국의 영토로 기록하고 있다. 셋째, 조선왕조는 15세기와 16세기에 독도가 한국영토임을 당시 한자문화권 세계에 알렸고, 일본을 포함한 모든 한자권 세계가 이에

4) 한국 외교통상부 홈페이지(http://www.mofat.go.kr/trade/keyissue/dokdo/basic/index.jsp?menu=m_30_40) 및 『독도, 세계인이 '독도문제'를 이해하기 위한 16포인트』(신용하 2012)의 내용을 주로 참고했다.

5) 한국 측에서는 고지도에 나와 있는 울릉도가 현재의 울릉도를 나타내고, 우산도는 현재의 독도를 나타낸다고 주장한다. 반면, 일본 측에서는 울릉도(당시 일본명 다케시마)는 현재의 울릉도가 맞으나, 우산국은 현재의 독도가 아닌 죽도를 말한다고 하며 당시 일본이 사용한 마쯔시마도 현재의 독도가 아닌 죽도를 가리킨다고 주장한다.

항의하지 않았다. 넷째, 1877년 일본의 메이지정부 태정관(국가최고기관)도 독도와 울릉도가 조선의 영토임을 확인했다. 다섯째, 근대에 들어 한국은 1900년에 일본의 독도 편입(1905년)에 앞서 대한제국 칙령 제41호를 통해 독도가 한국의 영토임을 세계에 공표했다. 여섯째, 1905년 일본의 독도 편입은 불법적이고, 무효한 결정이다. 일곱째, 《대일강화조약》 전의 일련의 조치(1946년 1월 29일 연합국최고사령부지령 제677호, 1946년 6월 22일 연합국최고사령부지령 제1033호 등이 독도를 한국의 영토라고 표기한 것)는 아직 국제법적으로 효력이 있다. 여덟째, 《대일강화조약》에서 독도가 누락되어 있으나, 독도는 울릉도의 부속 섬이기 때문에 울릉도만 기록되어있다면 그 부속 섬인 독도는 자동적으로 한국의 영토가 된다.

이에 대해, 일본 측에서는 다음과 같은 이유로 독도가 자국의 영토임을 주장하고 있다.[6)]

첫째, 1618년 이래로 다케시마(독도)는 일본인이 울릉도로 가는 도중에 기항지로서 이용해 왔으며, 이는 일본이 다케시마를 실효지배 해 왔다는 것을 말해준다. 둘째, 에도(江戶)시대에 일본인이 울릉도로 도항하는 것을 금지했지만, 다케시마에 대해서는 금지하지 않았다. 즉 울릉도에 대한 조선의 영유권은 인정했지만, 다케시마는 일본의 영토라고 인식했다. 셋째, 1904년부터 2차 세계대전이 끝날 때가지 지사(知事)의 시찰, 시마네현 3개 부서장들이 현지실태 조사를 하는 등 국제법상으로도 영유권 주장을 위한 제 조건을 완전히 충족시켰다. 다섯째, 1905년 일본 정부에 의한 다케시마 편입은 국제법상으로 유효하다. 여섯째, 다케시마는 1943년 카

---

6) 일본 외무성 홈페이지(http://www.mofa.go.jp/mofaj/area/takeshima/)와 독도가 행정구역 상으로 편입되어 있는 시마네현(島根縣隱岐郡隱岐の島町)이 발행한 자료『竹島 : かえれ 島と海』(2008)를 주로 참고했다.

이로선언에서 언급된 '폭력 및 탐욕에 의해 약탈한 지역'에 해당하지 않는다. 일곱째,《대일강화조약》전의 일련의 조치(1946년 1월 29일 연합국최고사령부지령 제677호, 1946년 6월 22일 연합국최고사령부지령 제1033호 등이 독도를 한국의 영토라고 표기한 것)는 최종적인 결정이 아니었다. 여덟째, 1951년 체결된《대일강화조약》에서 다케시마가 언급되어 있지 않은 것은 다케시마가 일본의 영토임을 말해준다.

이와 같이, 비록 한국이 현재 독도에 대해 실효지배를 하고 있음에도 불구하고, 독도의 영유권을 둘러싸고 한일 양국은 역사적 자료나 국제법적 근거 등을 둘러싸고 첨예하게 대립하고 있다.

〈표 25〉 독도 귀속권을 둘러싼 한·일간 주요 쟁점

〈역사적 사실과 관련한 쟁점〉
- 한국 측의 고문헌 및 지도에 나타나있는 '우산도(于山島)'가 현재의 독도를 말하는가?
- 1618년 일본에서 발행된 '다케시마도해면허(竹島渡海免許)'와 '마쯔시마도해면허(松島渡海免許)'는 외국에 갈 수 있는 허가서인가, 아니면 국내용의 허가서인가?
- 1877년 일본의 '태정관(太政官)'이 인정한 '타케시마(울릉도)와 그것의 한 개 섬은 일본과 관계가 없다(竹島(鬱陵島) と他の1島は日本と關係がない)'에서 '한 개 섬(1島)'이 지금의 독도를 말하는가, 아니면 현재의 죽도(일본명 竹嶼)를 말하는가?
- 한국의 광무4년 칙령 제41호 제2조에 나오는 '석도(石島)'가 현재의 '독도'를 말하는가?

〈국제법과 관련한 쟁점〉
- 1905년 일본의 독도 편입은 적법한 행위였나?
- 《대일강화조약》에서 독도가 누락되어 있는 것이 독도가 일본의 영토임을 인정한다고 볼 수 있는가?
- 《대일강화조약》 체결 당시, 당사자들은 독도가 울릉도의 부속 섬이라고 인식하고 있었나?

이렇게 독도의 영유권을 둘러싸고 한일 양국이 대립하고 있는 가운데, 2005년 2월 23일 일본의 시마네현 의원들이 독도(다케시마) 편입 100주년을 기념하기 위해 2월 22일을 '다케시마의 날'로 정하는 조례안을 상정했다. 이에 한국에서는 반일 여론이 조성되기 시작했고, 양국 사이에는 독도 영유권을 둘러싼 긴장감이 다시 한 번 고조됐다. 시마네현 의회는 3월 16일에 끝내 다케시마의 날을 제정하는 조례(竹島の日を定める條[7])를 정식으로 가결했고, 한국에서는 이에 항의하는 반일 데모가 더욱 격렬히 전개됐다. 그리고 이러한 대립은 정부간 및 지방 도시간의 대립으로 확대되어, 외무장관 및 의원들의 방문이 취소되고 한국의 많은 지방 도시들이 일본과의 교류 중단을 선언했다. 심지어 한국 정부는 3월 17일 '대일 정책의 신(新) 원칙'[8]을 발표했고, 이어 노무현 대통령도 직접 대

7) 주요 내용은 다음과 같다. "(취지) 제1조, 현민, 시정촌(市町村) 및 현이 하나가 되어 다케시마 영유권의 조기 확립을 목표로 운동을 추진하고, 다케시마 문제에 대한 국민여론의 계몽을 위해 다케시마의 날을 정한다. (다케시마의 날) 제2조, 다케시마의 날은 2월 22일로 한다. (현의 의무) 제3조, 현은 '다케시마의 날'의 취지에 맞는 조치들을 추진하기 위해 필요한 대책을 마련하는 곳으로 한다. 이 조례는 공포된 날(2005년 3월 25일)로부터 실행한다." (시마네현 의회 홈페이지 http://www.pref.shimane.lg.jp/gikai/ugoki/takesima/takesima.html 검색일: 2012년 3월 7일)

8) 대일 정책의 신 원칙은 4대 기조와 5대 방향으로 정리된다. 4대 기조는 ① 인류 보편적 가치와 인식에 기초한 한일관계 구축, ② 독도 및 과거사와 관련된 문제 제기 등 일본의 식민지 침탈 정당화에 대한 단호한 대처, ③ 국제사회에 대한 한국의 당당한 대의 천명과 일본의 태도 변화 촉구, ④ 기존의 정치적·외교적 교류와 경제·사회·문화 및 인적 교류 증진이다. 한편, 5대 방향은 ① 독도 영유권에 대한 확고한 수호 조치, ② 시대착오적인 역사왜곡을 바로잡기 위한 국제사회와 일본 내 양심세력과의 연대 등 모든 가능한 수단 동원, ③ 일제 피해자 권리보호를 위한 정부 조치와 일본의 성의 있는 태도 촉구, ④ 일본의 국제연합 안전보장이사회 상임이사국 진출 견제, ⑤ 인적·문화적 교류 지속과 한일 시민단체 간 네트워크 구축 등이다.

국민 담화를 통해 강경한 입장을 표명했다.[9]

2005년 당해는 한일 국교정상화 40주년으로서 '한일 우호의 해'로 정해졌으나, 독도를 둘러싼 양국의 대립이 '다케시마의 날' 제정을 계기로 민간 차원은 물론, 정부 차원의 심각한 외교적 충돌로까지 번진 것이다. 당시 '다케시마의 날' 제정을 둘러싸고 전개된 양국의 마찰을 정리하면 다음과 같다.

〈표 26〉 2005년 '다케시마의 날' 제정을 둘러싼 한일 양국 사이의 마찰

-1월 13일 : 교도통신, 일본 시마네현 '다케시마의 날' 제정 움직임 보도
-2월 2일 : 시마네현의 지방 방송국, 독도 영유권을 주장하는 광고 방송
-2월 23일 : 일본 시마네현 의회 '다케시마의 날' 제정 조례안 상정
-2월 23일 : 주한 일본대사 "다케시마는 일본 땅" 발언
-2월 23일 : 경상북도, 시마네현과의 교류 중단 선언
-3월 1일 : 노무현 대통령, 3·1절 기념사에서 일본의 반성 촉구
-3월 1일 : 고이즈미 총리, 노무현 대통령의 기념사 내용을 국내용으로 평가절하
-3월 2일 : 일본 자민당 의원 방한 취소
-3월 4일 : 한국, 반기문 외교부장관의 일본 방문계획 무기한 연기 발표
-3월 10일 : '다케시마의 날' 제정 조례안이 시마네현 의회 총무위원회에서 가결
-3월 11일 : 일본의 '새로운 역사교과서를 만드는 모임'의 역사교과서 개정판 공개, 한국 반발
-3월 13일 : 주한 일본대사 귀국
-3월 14~15일 : 시마네현의 '다케시마의 날' 제정이 임박해지면서 한국 내에서 반일 데모 격화
-3월 16일 : 일본 시마네현 의회, '다케시마의 날' 제정 조례안 가결
-3월 16일 : 한국 내 각계각층에서 반일 데모 실시. 제주시, 수원시 등 상당수 시도에서 일본과의 교류 중단 선언.

9) 노무현 대통령은 3월 23일 인터넷 '청와대 브리핑'을 통해 직접 작성한 '한일관계 관련 국민에게 드리는 글'을 발표했다. 여기서 고이즈미 총리의 신사참배와 '다케시마의 날' 제정, 역사교과서 왜곡 등을 지적하며, 향후 외교적으로 단호히 대응하고 국제여론 환기 및 일본 국민에 대한 설득 등을 펼쳐나갈 것을 표명했다.

-3월 17일 : 한국 정부, 대일 정책의 新원칙('4대 기조', '5대 대응방안') 발표
-3월 17일 : 일본 마치무라 외상, 공식 담화를 통해 일본 측 입장 발표
-3월 20일 : 한국 전남 고흥군, 일본 가고시마와의 교류중단 선언. 대전시, 일본 시마네현 오다시와의 자매결연 철회 및 단교 선언. 울산시, 하기시와의 공무원 상호파견 교류를 무기한 연기. 부산시, 시마네현 방문 계획 취소
-3월 23일 : 노무현 대통령, 인터넷 '청와대 브리핑'에 '최근 한·일 관계에 관련하여 국민 여러분께 드리는 글' 게재.
-3월 24일 : 일본 돗토리현, '다케시마는 일본 땅' 의견서 채택
-3월 25일 : 시마네현의 '다케시마의 날' 조례 시행
-3월 28일 : 한국 강원도, 일본 돗토리현과의 교류 협력사업 무기한 중단 선언

한편, 2012년 8월 10일 한국의 이명박 대통령은 대통령으로선 처음으로 독도를 전격 방문했다. 비록 한국에 의해 실효지배가 이뤄지고 있지만, 일본도 독도에 대한 영유권을 주장하고 있는 상황에서 분쟁 당사국의 최고 지도자가 분쟁 지역을 방문한 만큼 한일 양국 사이에 큰 파장을 일으켰다. 일본은 이명박 대통령의 독도 방문에 강력 반발하며 10월 말 끝나는 통화스와프 확대 조치를 연장하지 않기로 하는 등 독도 논쟁의 파장은 양국간 경제협력의 축소로 연결됐다.

2. 이어도 분쟁

이어도(중국명 쑤옌자오)는 한반도 서해 남단과 동중국해(동시나해)가 교차하는 북위 31도 07분 32초, 동경 125도 10분 58초에 위치해 있으며, 한국의 제주도 남쪽 마라도에서 남서쪽으로 149km(81해리), 중국의 통다오(童島)에서 북동쪽으로 247km(133해리) 떨어져 있다. 해저 4.6m에 잠겨 있는 바위로, 일 년에 몇 차례 모습을

드러내어 간출지라는 주장도 일부 있지만, 해양법상 간출지는 간조시마다 수면에 출현해야 하나 이어도는 그렇지 않기 때문에 일반적으로 수중 암초(reef)로 인식되고 있다. 이에 따라, 이어도는 《해양법에 관한 국제연합 협약(국제 해양법협약)》상 도서로서 인정받지 못하며, 영해와 배타적 경제수역, 대륙붕을 가질 권리가 주어지지 않는다.[10]

이어도 주변 수역은 북상하는 쿠로시오(黑潮) 해류와 남하하는 서해의 한류, 그리고 중국 대륙의 연안수가 서로 접촉하고 합류함으로써 꽁치, 조기, 멸치, 도미, 북어 등 어종이 풍부하여 동중국해의 주요 어장을 형성하고 있다. 또한 주요 태풍의 이동 길목에 위치하고 있어 해양과학조사 및 기상관측 등의 과학적 가치가 높으며, 군함의 통과 항로 및 주요 군사 활동을 위한 수역에 해당하여 군사적으로도 중요한 위치에 있다. 특히, 한국의 입장에서는 이어도 항로를 통해 이동하는 전략물자가 원유의 경우 99.8%, 곡물 및 원자재의 경우 100%에 달해 국가 경제 차원에서도 중요한 의미를 갖고 있으며, 중국의 입장에서는 해양권 확대 및 해양봉쇄에 대한 견제, 해군의 태평양 진출을 위해서도 중요한 지점이다.[11]

한국과 중국의 민간에서는 자국의 전설과 문학 등에 이어도가 등장하고 있으며, 자국 어민들이 이곳에서 오랫동안 어업활동을 해왔다는 이유 등으로 이어도에 대한 영유권을 주장한다. 하지만 《국제 해양법협약》 상, 이어도는 도서가 아니기 때문에 영유권 분쟁의 대상이 아니며, 따라서 이어도를 누가 먼저 발견했는가, 어느 나라의 국민들에게 정서적으로 더 친숙한 곳인가 등은 이어도

10) 김부찬. 2000. "韓中 漁業協定과 '이어도' 주변수역의 법적 문제." 『제주대학교 논집』(제10집). 제주대학교평화연구소, p. 244.
11) 강효백. 2009. "한중해양 경계획정 문제 : 이어도를 중심으로." 『한국동북아논총』(제50집). 한국동북아학회, p. 102-103.

분쟁에 있어 중요한 고려사항이 아니다. 즉, 이어도에 대한 논쟁은 영토분쟁이 아닌 해양경계 획정 문제와 관련한 관할권 문제이다. 실제로 한국과 중국은 2006년 12월 7일 열린 해양경계획정과 관련한 회담에서 이어도가 수중 암초인 만큼 양국 간에 영토 분쟁이 없다는 데 인식을 같이 했다.

이어도 관할권에 대한 한중 양국의 인식 차이가 표면화 된 것은 1994년《국제 해양법협약》이 발효되면서부터다.《국제 해양법협약》에 따르면 주권 국가는 기선으로부터 200해리의 배타적경제수역(EEZ)[12]을 가질 수 있는데, 한국과 중국은 동중국해에서 각자가 주장하는 배타적경제수역이 겹치게 되고, 이 수역 안에 바로 이어도가 위치한다. 따라서 양국은 서로 이어도에 대한 관할권을 주장해왔다.

특히, 1995년부터 2003년 6월까지 한국은 이 암초 위에 "이어도 종합해양기지"를 일방적으로 축조했는데, 이에 대해 중국은 외교적 항의를 해 왔다. 또, 양국은 서로가 자국의 배타적경제수역 안에 있다고 주장하는 이어도 주변에 대해 감시, 순찰활동을 펼치고 있어 긴장감이 조성되고 있다. 특히, 최근 2012년 3월 3일에는 중국 국가해양국장이 중국 미디어와의 인터뷰에서 이어도가 중국의 관할 해역으로 해양감시선 및 항공기의 정기순찰 범위에 포함된다고 주장한 내용이 알려지면서 다시 한 번 양국사이에 대립이 발생했다.[13]

이어도에 대한 한국과 중국 양국의 입장을 정리하면 다음과 같다.

---

12) 영해의 폭을 정하는 기선으로부터 200해리 이내 해역으로, 관할 국가는 이 지역에 대한 지하자원 및 정착성 생물자원 개발, 탐사의 권리를 갖는다.

13) "中國宣布在蘇岩礁巡航,急的韓國媒体上躥下跳."『獵訊軍情网』, http://www.1n0.net/Article/jqcb/129127.html (검색일: 2012년 3월 19일).

〈표 27〉 이어도 분쟁에 대한 한·중의 주요 입장

〈한국〉
-이어도는 수중암초이기 때문에 양국 간 이어도를 둘러싼 영토분쟁은 존재하지 않는다.
-서해(황해)와 동중국해에서는 거리상 중간선 원칙을 적용하는 것이 타당하며, 이에 따라 이어도는 한국의 배타적경제수역(EEZ) 범위 안에 위치한다.
-따라서 한국은《국제 해양법협약》에 근거하여 이어도에 해양과학기지를 축조할 권리를 갖는다.

〈중국〉
-쑤옌자오(이어도)는 수중 암초이기 때문에 양국 간에 쑤옌자오를 둘러싼 영토분쟁은 존재하지 않는다.
-쑤옌자오는 중한 양국의 배타적경제수역이 중첩되는 곳에 위치하며, 쌍방은 해당 지역에서 어떠한 일방적 조치를 취해서는 안 된다.
-쑤옌자오 문제는 '형평의 원칙'에 근거하여 쌍방이 협상을 통해 해결해야 한다.
-중국은《국제 해양법협약》과 중국의 국내법에 근거하여, 쑤옌자오 주변에 대한 감시, 감독 권리를 갖는다.

3. 조어도 분쟁

조어도(일본명 센카쿠쇼토, 중국명 댜오위따오)는 동중국해(동시나해)의 타이완과 류큐열도 사이(북위 25도 40분에서 26도 00분, 동경 123도 25분에서 123도 45분)에 위치한 작은 무인도와 암석들로 구성되어 있다. 1945년 제2차 세계대전 종전 당시 일본이 사실상 실효 지배를 하고 있었으나, 1960년대부터 중국과 일본이 조어도를 둘러싸고 영유권 주장을 하면서 분쟁이 가시화되기 시작했다.[14] 1972년 중·일 국교정상화 당시에는 조어도 문제를 차후에

14) 1969년 유엔 산하의《극동경제 위원회》가 섬유탐사 팀을 만들어 동아

조건이 성숙될 때 해결하기로 하고 우선 국교정상화를 추진하는 데 성공했으나, 이 문제는 지금껏 해결되지 못하고 양국은 영유권을 둘러싸고 첨예한 대립을 계속하고 있다.[15]

일본 정부는 다음과 같은 이유로 조어도에 대한 영유권을 주장하고 있다.[16]

일본 정부는 조어도가 1885년 이후 오키나와현 당국을 통하는 등의 방법에 의해 거듭 현지 조사를 거쳐, 단순히 이것이 무인도일 뿐만이 아니라 청나라의 지배가 미치고 있다는 흔적이 없음을 신중하게 확인한 후, 1895년 1월 14일 현지에 표항을 건설하는 취지의 각의결정을 내려 정식으로 일본의 영토에 편입했다고 주장한다. 또 조어도 군도는 역사적으로 일관되게 일본의 영토인 서남군도의 일부로 구성되어 있으며, 1895년 5월 발효된 시모노세키조약의 제2조에 근거하여 일본이 청나라로부터 할양 받았던 타이완 및 팽호(澎湖)제도에는 포함되지 않는다고 말한다. 따라서 《대일강화조약(샌프란시스코 평화조약)》에 있어서도 조어도는 동 조약 제2조에 근거하여 일본이 포기했던 영토에 포함되지 않으며, 제3조에 근거하여 서남군도의 일부로서 미국의 지배하여 놓여 졌고, 1971년 6월 17일 서명된 류큐열도(琉球諸島) 및 다이토열도(大東諸島)에 관한 일본과 미국과의 협정(오키나와 반환 협정)에 의해 일

시아 지역에 대하여 탐사활동을 벌인 후 《Emerry 보고서》를 발표했다. 이 보고서에 따르면, 한반도 남해와 동중국해 주변의 대륙붕에는 상당량의 석유자원과 천연가스가 매장되어 있다고 하여 이를 계기로 조어도를 둘러싼 일본과 중국의 분쟁은 본격적으로 시작됐다.

15) 1972년 국교정상화 당시, 조어도 논쟁을 잠시 접어두고 후세에게 문제 해결을 넘기자고 한 합의가 있었는지에 대해서는 중국과 일본 사이에 이견이 존재하기도 한다.

16) 주로 일본 외무성 홈페이지의 『尖閣諸島の領有權についての基本見解』(http://www.mofa.go.jp/mofaj/area/senkaku/index.html 검색일: 2012년 2월 3일)와 김현수의 "센카쿠(조어도)분쟁의 국제법적 고찰."(1997)을 참고함.

본에 통치권이 반환되었던 지역에 포함된다는 것이다. 게다가, 중국이 조어도를 타이완의 일부로 생각하지 않았다는 것은, 《대일강화조약》 제3조에 근거하여 미국의 통치하에 놓였던 지역에 동군도가 포함되었던 사실에 대해서 종래 어떠한 이견도 표시하지 않았던 것에서도 명확하며, 중화인민공화국 정부도 타이완 당국도 1970년 후반 동중국해 대륙붕의 석유개발 움직임이 표면화되면서 처음으로 조어도의 영유권을 문제시화 했다고 주장한다. 또, 종래 중화인민공화국 정부 및 타이완 당국이 이른바 역사적, 지리적 또는 지질적 근거 등으로 제시하고 있는 것들은 어떠한 것도 조어도에 대한 중국의 영유권 주장을 뒷받침 하기에 충분한 국제법상 유효한 논거라고 할 수 없다고 반박한다.

한편 중국정부는 이에 대해 조어도는 역사적으로든 국제법적으로든 중국의 고유영토이며, 일본이 현재 불법점령하고 있다고 주장하고 있다.[17]

먼저, 조어도는 역사적으로 중국인이 최초로 발견하여 명명하였으며, 유구록(琉球彔) 등의 역사적 자료들이 이를 뒷받침 해주고 있다고 말한다. 실제로 1403년 명나라 때의 《順風相送》는 조어도가 언급되어 있는 가장 오래된 고문서이며, 1534년의 《使琉球彔》에도 "댜오위섬을 지나고, 황마오섬을 지나서, 츠섬을 거쳐... 구미산이 보이면 비로소 류큐에 속한다(過釣魚嶼, 過黃毛嶼, 過赤嶼, ... 見古米山, 乃屬琉球者)"라고 서술되어 있다. 당시에 중국과 주변국 사이에는 조공과 책봉으로 맺어진 국가간 관계가 형성되어 있었는데, 중국의 사신들이 책봉을 위해 류큐왕국(현재의 오키나와)으로 가는 바닷길에 조어도를 표식으로 삼았다는 것이다.

---

17) 주로 중국 국무원 판공실(中華人民共和國國務院新聞辦公室)이 2012년 9월 25일에 발표한 『釣魚島是中國的固有領土(白皮書)』와 왕더수이(王德水)의 "從國際法視角看中日釣魚島主權爭端"(2007年3期)을 참고함.

중국은 먼저 발견했다는 점뿐만이 아니라, 실질적으로 지배를 해왔다고도 주장한다. 명나라 초기에 왜구로부터 동남 연해지역을 지키기 위해 이미 조어도를 방어지역에 포함시켰다는 것인데, 그 근거로 1561년 편찬된 《籌海圖編》를 제시한다.

한편, 지리적으로도 조어도는 중국대륙과 타이완을 연결하는 동남연해의 대륙봉 끝에 위치하기 때문에, 중국 대륙에 속하는 영토라고 주장한다. 즉, 《국제 해양법협약》 제76조의 "대륙붕 외부 한계까지를 계산하는 영해의 넓이는 350해리를 초과하지 못한다"라는 규정에 근거하여, 비록 조어도가 중국대륙으로부터 200해리 밖에 위치하지만, 중국대륙 영토의 자연적 연장 부분이라 할 수 있는 350해리 이내의 대륙붕 위에 위치하기 때문에 중국 대륙의 일부라고 주장한다.[18] 또, 국제법적으로 조어도는 1895년 《시모노세키조약》에서 중국이 일본 측에 할양한 영토에 포함되는 것이 마땅하며, 따라서 《카이로선언》과 《포츠담선언》에 의해 일본이 중국에 돌려주어야 하는 강탈 영토에 해당한다고 말한다. 따라서

18) 지리적으로 조어도는 중국대륙에서 이어지는 대륙봉 끝에 위치하는데, 이 때문에 중국은 조어도가 중국 대륙에 속하는 영토라고 주장한다. 비록 조어도가 200해리를 초과하는 위치에 존재하지만, 350해리까지 대륙붕이 인정된다는 '육지의 자연연장' 개념에 의해 자국의 영토라고 주장하는 것이다. 1969년 북해대륙붕 판결 이후 일반적으로 인정되어 오던 이 개념은 조어도에 대한 중국의 영유권에 힘을 실어 주었다. 하지만, 1985년 널리 알려진 '리비아-몰타 대륙붕 판결'에 의해 '육지의 자연연장' 개념은 과거의 것이 되어 버리고, 해역이 협소한 곳에서는 '등거리 원칙'이 적용되어야 한다는 판결이 내려졌다. 이에 따라 일본은 동중국해가 해역이 협소한 곳에 해당하므로 당연히 '등거리 원칙'이 적용되어야 하고, 중국과 일본에서 같은 거리로 해역을 이등분 했을 경우, 조어도는 일본의 해역에 속하게 된다고 주장한다. 즉, '등거리 원칙'이 적용될 경우 조어도는 지리적으로 일본의 영토에 속하게 되는 것이다. 중국과 일본은 이 해역에서 어떤 원칙을 적용하여 대륙붕 경계를 획정해야 하는지에 대해서도 여전히 팽팽한 대립을 지속하고 있다.

1951년 《대일강화조약》과 1971년 《오키나와 반환협정》은 조어도에 대한 중국의 주권에 아무런 영향을 끼치지 않는다고 주장한다.

이렇게 서로 조어도에 대한 영유권을 주장하고 있는 양국의 첨예한 대립은 크게 다음과 같은 4가지의 주요 쟁점을 둘러싸고 벌어지고 있다.

〈표 28〉 조어도 분쟁의 주요 쟁점 사항

〈역사적 사실과 관련한 쟁점〉 -중국 고문헌에 조어도가 언급되어 있는 것만으로, 영유 의사 및 실효지배를 인정할 수 있는가? -조어도에 대한 영유권 주장을 누가 먼저 공식적으로 표시했는가? 〈국제법과 관련한 쟁점〉 -1895년 1월 14일 일본에 의해 조어도가 일본 영토로 편입되었을 때, 이것이 국제법적으로 효력을 갖는가? -1895년 ≪시모노세키조약≫ 및 제2차 세계대전 이후 체결된 ≪대일강화조약≫, ≪오키나와 반환협정≫ 등과 관련하여, 중국이 과거 일본 측에 할양한 영토에 조어도가 포함되는가? 〈지질학과 관련한 쟁점〉 -동중국해(일본명: 동지나해)에서의 대륙붕 획정에 있어, 중국 측이 주장하는 '육지의 자연연장설'과 일본 측이 주장하는 '중간선 원칙'중 어느 것을 적용하는 것이 합당한가?

조어도에 대해서 중국과 일본 양국이 영유권을 주장하며 대립하고 있는 가운데, 2010년 9월 7일 오전 이 지역에서 양측의 충돌이 발생했다. 조어도 부근을 순찰 중이던 일본 해상보안청 순시선이 이 지역에서 어업행위를 하고 있던 중국어선을 발견하고 불법어업 행위로 규정하여 단속하려 했으나, 중국어선이 이에 불응하고 도주하는 과정에서 일본 순시선과 중국어선 사이에 충돌이 발생했다. 상호간의 인명피해는 없었으나, 중국어선의 선장 및 선원

들이 일본 측에 의해 공무집행방해 혐의로 체포됐다. 이에 중국정부는 조어도 및 부속도서는 중국의 고유한 영토로 일본은 이 지역에서 어떠한 법 집행 활동도 할 수 없으며, 더욱이 중국어선과 인원의 안전을 해하는 어떠한 행위도 취해선 안 된다고 주장하며 일본 측에 강력 반발하여 양국관계에 긴장감이 조성됐다.

이에 13일 일본정부는 선장을 제외한 모든 선원을 중국으로 돌려보냈으나, 선장에 대해서는 계속해서 조사를 진행했다. 이에 중국은 거듭해서 무조건적으로 선장을 돌려보낼 것을 요구했고, 이에 일본이 응하지 않자 급기야 19일에는 일본에 대한 대응조치로서 성부(省部)급 이상의 교류를 중단, 항공노선 증편과 관련한 교섭을 중지, 중·일 석탄종합회의를 연기, 중국 국민의 일본 여행을 자제시키는 등의 조치를 단행했다. 이후에도 중국 측에서는 관련성을 부인하고 있지만, 일본회사 《후지타》의 사원 4명이 중국 내에서 군사지역 불법 촬영 혐의로 구속이 됐고 일본에 대한 희토류 수출절차가 까다로워지는 등의 일이 발생했다.

결국, 24일 일본의 나하(那覇)지방검찰청은 중국어선 선장의 행위에 계획성이 인정되지 않고, 또한 중일관계를 고려하여 선장을 처분보류로서 석방할 것을 발표했다. 일본정부도 이러한 결정을 받아들여, 25일 마침내 중국인 선장은 구속 17일 만에 중국으로 송환됐다.

그러나, 중국인 선장이 귀국했음에도 불구하고 중국정부는 이번 사건에 대한 일본 측의 불법성을 주장하며 사죄와 배상을 촉구했고, 이후에도 이 사건이 양국관계에 지속적으로 악영향을 끼쳤다. 게다가, 11월 4일에는 일본정부가 대중관계를 고려하여 공개하지 않고 있던 중국어선과 일본 순시선의 충돌장면이 담긴 비디오 영상이 유튜브를 통해 유출되면서 일본 내의 반중정서가 다시 고조되기도 했다.

이렇게 조어도 어선 충돌사건이 전개되는 과정에서 양국 정부 사이의 대립뿐만이 아니라, 양국 국민의 반일, 반중 데모가 끊임없이 일어나는 등 민간 차원에서의 대립도 격화되는 양상을 보였다.[19] 조어도 어선충돌 사건 하나가 중·일 양국관계 전체에 심각한 악영향을 끼치는 사태로까지 발전했던 것이다.[20]

〈표 29〉 2010년 조어도 어선 충돌사건 주요 일지

-9월 7일 : 조어도 부근에서 중국어선과 일본 순시선 충돌.
-9월 8일 : 일본 측, 중국인 선장 및 선원 체포. 중국 측, 즉각 석방 요구.
-9월 10일 : 중국인 선장에 대한 구류기간을 10일간으로 결정.
-9월 13일 : 일본 측, 선장을 제외한 14명 선원 석방. 중국 측, 선장도 즉각 석방 요구.
-9월 19일 : 일본 측, 중국인 선장에 대한 구류기간 연장 발표.
-9월 19일 : 중국 측, 중일 간 성부(省部)급 교류 중단 등 보복조치 발표.
-9월 20일 : 일본 후지타 사원 4명 군사지역 불법 촬영 혐의로 중국 측에 의해 구속.
-9월 22일 : 원자바오 총리, 무조건적으로 선장 석방할 것 요구.
-9월 22일 : 일본 측, 타협을 거부하며 국내법에 근거해 엄정처리 할 것을 표시.
-9월 24일 : 일본 측, 중국인 선장 석방의사 발표.
-9월 25일 : 중국인 선장 석방 및 중국으로 귀국. 중국 측, 일본 측에 대해 사죄와 배상 요구.
-9월 30일 : 중국 측, 후지타 사원 3명 석방 및 1명 계속 조사.
-10월 4일 : 브뤼셀 ASEM 정상회담 자리에서 원자바오, 칸나오토 총리 비

19) 일본 효고(兵庫)현에서는 효고중화동문학교에 대해 "학교를 폭파하겠다"는 협박전화가 걸려와 휴교를 하는 등 일본인의 반중 정서가 격화됐고, 중국에서도 일본총영사관 외벽에 맥주병을 던지거나, 중국의 대형 건강식품 회사가 일본에 대한 항의의 뜻으로 예정되어 있던 1만 명 사원의 일본 여행을 취소시키는 등 민간차원의 대립도 격렬하게 펼쳐졌다.

20) 일본 《요미우리신문》과 중국 《신화사》 계열의 주간지가 공동 실시한 여론조사에 따르면, 어선 충돌사건 발생 이후, 일본인은 90%, 중국인은 81%가 "중일관계가 나빠졌다"고 인식했다.

공식 회담. -10월 11일 : 하노이 아세안 확장 국방장관 회담에서 중일 국방장관 비공식 회담. -10월 16일 : 중국 쓰촨성에서 대규모 반일데모 발생. -10월 29일 : 하노이 ASEAN 회의에서 양국 외무장관 회담은 성사됐으나, 정상회담은 무산. -10월 30일 : 하노이 ASEAN 회의에서 원자바오, 칸나오토 총리 비공식 회담. -11월 4일 : 충돌 당시의 영상이 유튜브를 통해 공개됨. -11월 14일 : 요코하마 APEC 회의에서 어선 충돌사건 이후 처음으로 양국 공식 정상회담 성사

한편 2012년 4월, 이시하라 신타로(石原愼太郎) 도쿄도지사가 미국의 한 강연회에서 중·일간에 영토분쟁 중인 조어도를 도쿄도가 구매하여 영토주권을 확실히 지키겠다고 선언했다. 이것이 중국인들의 감정을 자극하여 양국 사이의 대립이 고조되던 가운데, 2012년 8월 15일 중국 홍콩의 활동가들이 조어도에 상륙하여 영유권을 표시하려 했다. 하지만 일본 해상보안청에 의해 14명 전원이 체포되는 사건이 발생했다. 비록 모두 강제추방 형식으로 바로 중국으로 돌아갔지만, 이후 일본 정부도 조어도에 대한 국유화 방침을 확정하며 영유권 확보를 강화했다. 이를 계기로 중국에서는 연일 반일데모가 이어졌고, 양국의 외교관들이 초치(招致)되고 국교정상화 40주년 행사가 취소되는 등 험악한 분위기가 조성됐다. 심지어 9월 18일의 '9.18사변' 81주년을 앞두고 중국에서는 반일감정이 최고조를 이뤄, 중국 주요 대도시에서는 대규모 반일시위가 벌어졌고 일본 대사관 및 일부 일본계 상점이 물질적인 피해를 입기도 했다.[21]

---

21) 일본 내각부가 11월 24일 발표한 '외교에 관한 여론조사(外交に關する世論調査)' 결과에 따르면, 중국에 '친밀감을 느끼지 않는다'고 대답한 일본인의 비율이 전년 대비 9.2% 증가한 80.6%로 나와 1978년 같은 조사

2절 한·중·일 미디어의 보도태도 분석

1. '무력 충돌'과 '대화 및 교류'에 관한 보도태도 분석

(1) 독도 분쟁에 대한 대응

2005년 '다케시마의 날' 제정에 대한 대응과 관련하여《중앙일보》는 "일본의 영토 침탈 기도에 대해선 어떠한 타협도 있을 수 없다. 이에 대한 응징은 냉정하면서도 단호하게, 그리고 일관되게 지속돼야 한다. 그 일환으로 정부는 독도 생태계를 해치지 않는 선에서 독도의 개발을 고려하고, 경비를 경찰에서 해병대로 이관하고"[22]라고 하며 군 주둔까지 포함하는 단호하고 강경한 대응을 주장했다. 또, 일본의《산케이신문》은 "우호도 좋지만, 국가주권과 관련된 영유권은 그것보다 훨씬 중요한 문제다. 풀뿌리 교류 때문에 국가의 주권이 침해되는 일이 있어서는 안 된다"[23]라고 하며, 각종 민간교류가 중단되는 일이 생기더라도 조례 제정을 강력하게 추진해야 한다는 입장을 나타냈다.

이와 같은 강경하고 단호한 대응을 주장하는 목소리는《조선일보》,《동아일보》,《한겨레신문》,《요미우리신문》에서도 나타났다.

반면,《경향신문》은 "감정이 격해지면 사리분별을 잃는다. 사

를 실시한 이래 가장 높은 수치를 보였다. 이 조사에서는 9월 센카쿠 열도 국유화로 중국에서 반일데모가 연일 발생했던 것의 영향을 받은 것으로 분석했다. http://www8.cao.go.jp/survey/h24/h24-gaiko/index.html (검색일: 2012년 12월 13일)

22) "(사설)독도를 일상생활 속의 영토로 만들어야." 『중일일보』(2005년 3월 17일), 30.

23) "【主張】竹島の日「凜とした」外交と言論を." 『산케이신문』(2005년 3월 12일).

리분별을 잃으면 우리 자신을 해치는 일인 줄도 모르고 달려들게 된다. 과잉대응은 금물이다. 차분히 하나하나 풀어가야 한다. 정부도 국민감정에 편승하지 말고, 냉정해져야 한다"[24]고 주장했다. 일본의 《마이니치신문》도 시마네현이 조례를 제정하든 말든 거기에 연연하지 말고 양국 국가차원에서 우호관계를 지켜가자고 하면서, "국교정상화 이후 40년간 쌓아 온 우호관계를 여기서 손상시키는 것은 양국 국민에게 도움이 안 된다. 냉정한 대응이 필요하다"[25]고 상호간의 냉정한 대응을 주문했다.

이와 같이 상호 냉정한 대응을 강조한 신문으로는 《경향신문》과 《마이니치신문》, 《아사히신문》, 《닛케이신문》이 있었다.

(2) 이어도 분쟁에 대한 대응

이어도 문제에 대해서 한국의 모든 신문들이 적극적으로 의견을 나타낸 것과 달리 중국 신문 중에서는 《환치우스빠오》만이 비교적 명확한 입장을 나타냈다. 《환치우스빠오》는 "쑤옌자오는 중국과 한국이 각각 주장하는 배타적경제수역이 중첩되는 곳에 위치해 있다. 그 귀속 문제는 반드시 담판을 통해 해결해야 한다"[26]고 하며 일관되게 대화를 통한 평화적 해결을 주장했다. 《경향신문》도 서로 자극하지 말고 대화를 통해서 합리적으로 해결해야 한다고 주장했다. 특히 《경향신문》은 "최근 불거진 이어도 논란에 중국은 차분한 대응을 보여주고 있다. '이어도는 영토 문제'라는

---

24) "[사설] 한·일관계 이렇게 흘러가도 좋은가." 『경향신문』(2005년 3월 13일).
25) "(社說)日韓關係 40年の友好の歴史を大切に." 『마이니치신문』(2005년 3월 17일).
26) "中韓各自記住：尊重對方是自重." 『环球時報.』(2012년 3월 13일), 15.

그릇된 인식으로 극우 애국주의 조짐마저 보이는 한국과 대비된다"[27]고 하며, 한국 신문이면서도 한국 국내에서 이 문제에 대해 과도하게 반응하여 극우 애국주의로 흐르고 있는 행태를 비판하기도 했다.

반면, 《중앙일보》는 "자칫 방심하다 이어도가 제2의 독도나 센카쿠(尖閣) 열도가 되는 사태가 없도록 단호하고 신속하게 대응하기 바란다"[28]고 주문했고, 《한겨레신문》은 "중국이 기존의 의례적인 관할권 주장을 넘어, 이전보다 관할권을 강화하기 위한 차원에서 추가적인 법·제도 조처를 취하는 것이라면 강력한 대응이 필요하다"[29]고 하며 단호하고 강경한 대응을 주장했다. 한국 신문 중에서는 《조선일보》, 《중앙일보》, 《동아일보》, 《한겨레신문》이 이어도에 대한 중국의 관할권 주장 및 순찰활동을 '해양 위협', '도발' 등으로 표현하며, 중국으로부터 이어도를 지키기 위해서는 강력하고 단호하게 대응해야 한다고 주장했다. 특히, 《조선일보》는 "몇 년 안에 강정마을 앞바다에 중국 항모전단이 모습을 보일 것이다. 지금 강정마을에서 기지 건설 반대 굿을 하는 좌파는 그때는 이어도를 중국에 떼주자 할 셈인가"[30]라고 하고, 《동아일보》는 "점점 거세질 중국의 영유권 주장에 대항하기 위해서도 제주 해군기지는 반드시 필요하다"[31]고 하는 등 《조선일보》, 《중앙일보》,

27) "이어도는 영토와 주권 문제 황우여·김부겸의 본질 호도." 『경향신문』(2012년 3월 13일), 2.
28) "(사설)터무니없는 중국의 이어도 관할권 주장." 『중앙일보』(2012년 3월 12일).
29) "(사설)이어도를 분쟁지역으로 내몰려고 안달인 자들." 『한겨레 신문』(2012년 3월 12일), 31.
30) "(사설)한국 左派, 이어도 바다도 중국에 떼주자 할 텐가." 『조선일보』(2012년 3월 12일), 35.
31) "(사설)해군기지 방해꾼들, 中의 '이어도 억지' 알고나 있나." 『동아일보』(2012년 3월 12일), 31.

《동아일보》는 이어도 문제를 제주도 강정마을 해군기지 건설과 연계하여, 이어도를 지키기 위해서는 강한 해군력이 필요하고, 이를 위해서는 제주 해군기지 건설이 꼭 필요하다고 주장했다.

(3) 조어도 분쟁에 대한 대응

조어도를 둘러싼 중·일간의 마찰은 과거에도 종종 발생했다. 하지만, 2010년의 어선 충돌사건이 기존의 마찰과 달리 심각하게 전개됐던 이유 중의 하나는 일본이 국내법에 근거해 중국인 선장을 사법 처리하려 했고, 중국이 이에 반발하며 각종 보복조치로서 강력하게 대응하면서 대립이 격화됐기 때문이다. 일본에서는 '국내법 적용' 여부에 대한 태도를 통해 이번 사건에 대한 대응 태도로서 '강경(원칙)'과 '유연'성을 살펴볼 수 있었고, 중국에서는 '각종 보복조치'와 '사과와 배상'에 대한 입장을 통해 '강경(원칙)'과 '유연'성을 엿볼 수 있었다.

이와 관련하여, 《아사히신문》은 "일본이 법에 근거하여 엄정한 자세로 일관하는 것은 법치국가로서 당연하다"[32]고 주장하며 일본 국내법에 근거하여 원칙적으로 처리하려는 정부의 태도를 긍정적으로 평가했다. 《닛케이신문》과 《산케이신문》은 더욱 직접적으로 단호하고 원칙적인 대응을 주문했는데, 예를 들어 《닛케이신문》은 '일본국민에 대한 영향과 중일관계를 고려하여 석방'을 결정한 나하(那覇)지방 검찰청의 조치에 대해서 "당돌한 석방을 엄정한 법률의 적용·집행이라고 말할 수 있나? 심각하게 우려하지 않을 수 없다"[33]라고 비판했다. 이러한 논조는 《요미우리신

32) "(社說) 尖閣沖事件 冷静さこそ双方の利益だ." 『아사히신문』(2010년 9월 22일), 3.

33) "(社說) 筋通らぬ船長釋放、早く外交を立て直せ." 『닛케이신문』(2010년

문》, 《마이니치신문》에서도 나타나 일본의 모든 조사 대상 신문들은 일본의 국내법에 근거해서 원칙적으로 중국인 선장을 처리해야 한다는 입장을 나타냈다.

한편, 중국의 《환치우스빠오》는 사설에서 "중국은 외교루트를 통해 일본에게 중국이 보복조치를 취할 것이라고 분명히 알려, 일본으로 하여금 그들의 조치가 길어지면 길어질수록 지불해야 하는 대가도 커진다는 것을 깨닫게 해야 한다"[34]고 하면서 구체적인 보복 수단을 제시하기도 했다. 《런민일보》도 조어도 충돌사건 전개과정에서 발생한 중일 양국 간의 대화와 교류의 중단 및 연기에 대해서 일본 측의 불법행위에 대한 정당한 대응수단이며, 모든 책임은 일본 측에 있다고 보도했다.[35]

전체적으로 일본의 신문들은 모두 국내법으로서 중국인 선장을 처리해야 한다는 단호한 입장을 지지했고, 중국의 신문들은 정부의 강경한 보복조치에 대해서 직·간접적으로 지지하는 모습을 보였다.

〈표 30〉 단호하고 강경한 대응을 주문한 보도 사례

분쟁	신문사	날짜	내 용
독도	조선일보	2005. 03.18	"일본 도발세력에게 도덕성과 정당성은 아랑곳하지 않은 채 경제력만으로 행세해 보려는 그들의 뜻이 이뤄지기 힘들다는 교훈을 절절하게 느끼도록 만들어야 한다"(사설)
	중앙일보	2005. 03.17	"일본의 영토 침탈 기도에 대해선 어떠한 타협도

09월 25일), 2.

34) "环球社評 : 中國不會因海上摩擦笨重跌倒." 『환치우스빠오』(2010년 9월 17일).

35) "日方如不立即无條件放回中方船長 中方將采取强烈反制措施." 『런민일보』(2010년 9월 20일), 3.

			있을 수 없다. 이에 대한 응징은 냉정하면서도 단호하게"(사설)
	동아일보	2005. 03.17	"주권과 영토는 결코 양보나 타협의 대상일 수 없음을 내외에 천명한 적절한 조치다"(사설)
	한겨레	2005. 02.24	"성명이나 내고 주한 일본 공사를 외교통상부로 불러 변명이나 듣는 정도로는 안 된다. 겉과 속이 다른 일본의 후안무치한 행태를 더는 용납할 수 없다"(사설)
독도	요미우리	2005. 03.17	"영토문제는 국가의 존엄에 관련된 기본 문제다. 소홀히 해서는 안 된다. 한국을 자극하지 않도록 한다는 안일주의로는 일본 국민의 이해를 얻을 수 없다"(사설)
	산케이	2005. 03.21	"영토를 불법 점령당하고도 일한관계를 손상시켜서는 안 된다고 하는 정부, 정당하고 강경한 자세를 취하려고 하지 않는 일본 정부가 이상하다"(기고)
	조선일보	2012. 03.12	"몇 년 안에 강정마을 앞바다에 중국 항모전단이 모습을 보일 것이다. 지금 강정마을에서 기지 건설 반대 굿을 하는 좌파는 그때는 이어도를 중국에 떼주자 할 셈인가"(사설)
이어도	중앙일보	2012. 03.12	"새로울 것은 없지만 장관급 인사까지 나서 이어도에 대한 관할권 주장을 노골화하고 있다는 점에서 예사롭게 넘길 문제가 아니다. 단호한 대응이 요구된다"(사설)
	동아일보	2012. 03.12	"점점 거세질 중국의 영유권 주장에 대항하기 위해서도 제주 해군기지는 반드시 필요하다"(사설)
	한겨레	2012. 03.12	"중국이 기존의 의례적인 관할권 주장을 넘어, 이전보다 관할권을 강화하기 위한 차원에서 추가적인 법·제도 조처를 취하는 것이라면 강력한 대응이 필요하다"(사설)
	요미우리	2010. 09.16	"일본 국내법으로 처리하는 것은 당연한 거다. 중국이 강경한 태도로 나오면 일본이 꺾일 거라고 생각한다면 그건 착각이다"(사설)
조어도	아사히	2010. 09.22	"일본이 법에 근거하여 엄정한 자세로 일관하는 것은 법치국가로서 당연하다"(사설)
	마이니치	2010.	"나하 해상보안부는 체포한 중국인 선장을 불법조

조어도		09.09	업에 대해서도 조사할 방침이라고 한다. 당연하다"(사설)
	닛케이	2010.09.28	"일본에 사죄 요구를 들이댄 중국이 양보할 징후는 없다. 일본이 먼저 양보를 하면, 더욱 압력을 가할 가능성도 부정할 수 없다"(사설)
	산케이	2010.09.23	"중국의 무법적인 행동에 대항하기 위해서 수상과 마에하라 외상은 미군재편의 착실한 이행을 축으로 동맹의 기반을 재확립하고 센카쿠 방위에 대한 강력한 의사를 세계에 발신해야 한다."(사설)
	런민일보	2010.09.27	"주권과 통일 및 영토와 관련된 문제에서 중국의 입장은 굳건하고 절대로 양보와 타협을 하지 않을 것이다"(논평)
	환치우스빠오	2010.09.14	"신속하고 굳건한 투쟁을 통해서, 중국은 일본의 대중국 사고에 새로운 인식을 심어줄 수 있다. (중략) 일본에 대한 반격에 있어, 중국은 우선 경제자원, 특히 시장 자원을 이용해야 한다"(사설)

(4) '단호'와 '강경'을 주문하는 미디어

독도와 이어도, 조어도 분쟁에 대한 대응방법에 있어서, 한·중·일 미디어가 보인 가장 큰 특징은 자국이 분쟁의 당사국인 문제에 대해서 단호하고 강경한 대응을 강조했다는 것이다. 특히 사안별로는 조어도 분쟁을 둘러싼 중국과 일본의 미디어에서 이러한 경향이 확연하게 나타났다. 국가별로는 한국의 미디어에서 이러한 경향이 강하게 나타났는데, 독도와 이어도 문제에 있어 《경향신문》을 제외한 한국의 미디어는 모두 단호하고 강경한 대응을 강조했다. 한편, 일본 언론 중에서는 《요미우리신문》과 《산케이신문》에서 이런 경향이 두드러지게 나타났다.

흥미 있는 사실로 일본 미디어의 경우 독도와 조어도가 모두 당사국 문제임에도 불구하고, 조어도 문제에 있어 좀 더 단호하고 강경한 논조를 보였다. 반면 독도 문제에 있어서는 《아시히신문》,

《마이니치신문》,《닛케이신문》이 한국과 일본이 서로 냉정을 되찾고, 대화를 통해 문제를 해결해야 한다는 태도를 나타내 조어도에 대한 태도와는 대조를 보였다.

이와 같이, 해양 귀속권 분쟁에 대한 대응 방법으로서 단호하고 강경한 대응을 주장하는 것은 '대화와 교류'가 축소되고 단절되는 상황에서부터, 더 나아가서는 군사적 조치로 인한 '무력 충돌'을 야기할 수 있는 상황으로도 확산될 수 있다. 그런 의미에서 3개국 미디어의 해양 귀속권 분쟁에 대한 보도태도는 지역 안보를 불안하게 할 수 있는 위험성을 내포하고 있으며, 특히 자국과 관련된 보도에서 이러한 경향이 더욱 현저하게 나타났고, 한국 미디어의 보도태도에서 그 정도가 더 심하게 나타났다.

2. '정확하고 공정한 정보 제공'에 관한 보도태도 분석

(1) 독도 분쟁에 대한 정보 제공

조사대상이 된 한국의 모든 신문에서는 독도가 한국의 영토임을 뒷받침 해 주는 역사적, 국제법적 근거와 주장만이 기사화 됐다. 예를 들어,《조선일보》의 "'독도는 한국땅' 연합국측 지도 발견"(2005년 2월 28일),《중앙일보》의 "일본 독도전문가가 말하는 '독도가 일본 땅이 아닌 이유' 메이지 정부도 '일본 영토 아니다'"(2005년 2월 25일),《동아일보》의 "13~19세기 日고지도 '독도'는 없다"(2005년 3월 23일),《경향신문》의 "'독도는 한국땅' 英 지도 발굴"(2005년 2월 27일),《한겨레신문》의 "'독도는 조선 땅' 시인 일본 책자 발견"(2005년 3월 4일) 등 한국 측에 유리한 근거만이 기사화 됐고, 이러한 자료들에 대한 일본 측 학자의 반론이나 일본 측의 주장을 뒷받침 하는 자료들은 전혀 소개되지 않았다.

반대로, 일본의 신문에서는 독도가 일본의 영토임을 뒷받침해 주는 근거만이 소개됐고, 한국 측의 주장이 간혹 소개되긴 했지만 아주 간단하게 소개되는 정도에 불과했다. 예를 들어, 《요리우리 신문》은 독도에 대해 "다케시마는 17세기에는 일본이 전복 채취를 할 때 기항지로서 이용됐고, 1779년 간행된 지도에도 위치가 거의 정확하게 기재되어 있다. 메이지정부는 한일강제병합보다 5년 전인 1905년에 타국이 점령한 흔적이 없다는 것을 확인하고 다케시마로 명명한 뒤 시마네현에 편입한다는 각의결정을 내렸다. 1945년 종전 후, 한국은 다케시마에 대한 영유권을 주장. (중략) 강화조약발효 전인 1952년 1월, 한국의 이승만 대통령은 일방적으로 한반도의 주변해역에 대해 주권을 선언. '이승만 라인'을 그은 다음 다케시마를 그 안에 포함시켰다"[36]라고 소개했고, 이러한 설명은 몇 차례에 걸쳐 반복적으로 게재됐다.

특히 일본의 신문에서는 한국과 일본이 '다케시마의 날' 제정을 둘러싸고 충돌하고 있는 현상에만 집중하는 모습을 보였고, 독도 분쟁의 역사적, 국제법적 쟁점에 대해서는 거의 보도하지 않았다.

(2) 이어도 분쟁에 대한 정보 제공

이어도 귀속에 대한 판단은 한중간에 배타적경제수역(EEZ)이 겹치는 수역을 어떤 원칙에 근거하여 해양 경계선을 획정할 것인가에 달려있다. 따라서 한국 측이 주장하는 '중간선 원칙'과 중국 측이 주장하는 '형평성 원칙'에 대해 자세한 정보를 제공하고, 이를 바탕으로 독자가 이어도 귀속에 대해서 판단할 수 있도록 돕는

---

36) "歴史問題 韓國對応に不滿の聲 閣僚ら「韓流ブームなのに」." 『요미우리 신문』(2005년 3월 19일).

것이 미디어 보도의 역할이라고 할 수 있다. 하지만, 분석대상이 된 기사 중에서 이에 대해 자세하게 설명한 기사는 발견되지 않았다.

단지, 한국과 중국의 미디어들은 각각 자국에 유리한 방향으로 이어도를 소개하는 모습만을 보였다. 《조선일보》는 "중국이 올 들어 우리나라의 배타적경제수역(EEZ) 내에 속해 있는 이어도를 해양감시 선박과 항공기의 정기 순찰 대상에 공식 포함시키면서 이어도에 대한 영유권 주장 강도를 점차 높이고 있다"[37]고 소개했고, 《베이징일보》도 단순히 "(중국)국가해양국 소속 해양감시 선박, 항공기의 순항 범위는 쑤옌자오, 댜오위다오, 황옌자오 및 남사군도 내의 모든 관할 해역을 포함한다"[38]고만 보도하는 등 이어도가 자국에 귀속되어 있는 것만을 나타냈다.

예외적으로, 한국 신문 중에서는 《한겨레신문》과 《경향신문》이, 중국 신문 중에서는 《환치우스빠오》가 비교적 공정하고 정확하게 이어도에 대해 설명했다. 《한겨레신문》은 이어도에 대해 한·중 간에 배타적경제수역이 겹치는 곳으로 한국은 중간선 원칙을 근거로, 중국은 형평성 원칙을 근거로 관할권을 주장하고 있다고 양측의 입장을 모두 소개했다. 《경향신문》도 전체적으로 차분한 어조로 이어도 관련 기사를 게재했으며, 이어도 주변 수역이 양국의 배타적경제수역이 겹치는 지역이라고 설명하며 한국 측의 중간선 원칙 주장과 중국 측의 형평성 원칙 주장을 비교적 대등하게 소개했다. 중국 신문 중에서는 《환치우스빠오》가 "쑤옌자오가 있는 해역은 중국과 한국의 배타적 경제수역이 중첩되는 곳에 위치해 있어, 그 귀속은 반드시 쌍방이 담판을 통해 해결해야 한

37) "항모 가진 중국, 이어도 분쟁 유도… 제주 앞바다까지 노린다." 『조선일보』(2012년 3월 10일).
38) "釣魚島70附屬島標准名公布." 『베이징일보』(2012년 3월 4일).

다"[39]고 하는 등, 양국의 입장을 공평하게 소개했다.

한편, 정확한 정보의 제공이라는 측면에서 중요한 문제가 발견됐다. 이어도는 수중암초로서 '국제 해양법 협약'상 영토의 지위를 갖지 않는다. 따라서 이어도를 둘러싼 한중 양국의 분쟁은 영유권 분쟁이 아닌, 해양 경계선 획정과 관련한 관할권 문제이다. 이에 대해서는 한중 양국 정부가 이미 인식을 같이 한 바 있다. 하지만 분석결과, 한국 미디어가 이어도 문제를 접근하는데 있어, '영유권'과 '관할권'을 혼동하여 사용하고 있는 것으로 나타났다. 유일하게 《경향신문》만이 '관할권 분쟁'임을 정확하고 일관되게 인식하고 있었다. 이로 인해 《경향신문》을 제외한 조사대상의 한국 신문들은 이어도 문제를 '독도'와 마찬가지로 영유권 분쟁으로 인식하는 오류를 보였다. 《중앙일보》는 "중국은 '책임강대국론' 지켜라"(2012년 3월 13일)에서 "엄연한 우리 영토를 자기 것이라고 우기는 억지 주장이다. 이어도의 위치는 제주도 남쪽 마라도에서 149㎞, 중국으로부터 287㎞에 위치한 분명한 대한민국 영토다"라는 주장의 기고문 등을 실었고, 《한겨레신문》도 "우리가 몰랐던 바다 영토 '이어도'"(2011년 7월 4일)라고 제목을 짓거나, "이 대통령은 최근 중국과 영토 분쟁 가능성이 불거진 이어도 문제에 대해"라고 기사를 쓰는 등 이어도를 영토 문제로 인식하기도 했다. 심지어 "(사설)이어도를 분쟁지역으로 내몰려고 안달인 자들"(2012년 3월 12일)에서는 "이어도 관할권 문제가 뜨겁게 달아오르고 있다. 성격상 분쟁 당사국 간 서로 양보할 수 없는 영토 문제인데다…"라며 이어도 분쟁을 영토 문제라고 인식하는 오류를 범했다.

반면, 이어도 문제의 당사국인 중국의 미디어들은 비록 보도량이 많지는 않았지만, 이어도가 영유권이 아닌 관할권 문제라고 정

39) "中韓各自記住：尊重對方是自重." 『환치우스빠오』(2012년 3월 13일).

확히 나타냈다. 이는《환치우스빠오》와《런민일보》를 제외하고는 일반적으로 국제문제 보도에 있어 자체 취재보다는《신화사(新華社)》로부터 기사를 받아 그대로 게재하는 중국 미디어의 특징이 반영되었기 때문이기도 하다. 즉,《신화사》에서 이어도 문제가 관할권 분쟁이라고 정확하게 인식하며 기사를 썼기 때문에 이런 기사를 인용하는 대부분의 중국 미디어들도 이어도를 관할권 문제로 나타냈던 것이다.

(3) 조어도 분쟁에 대한 정보 제공

조어도 분쟁과 관련해서도, 한·중·일 신문은 어선충돌 사건 자체에 대해서는 많은 기사를 내보냈지만, 사건의 본질인 조어도의 귀속권과 관련된 역사적, 국제법적 근거 등에 대해서는 정보제공의 기능을 소홀히 했다. 사설이나 일반 기사를 통해서 각 신문사가 조어도에 대해 어떤 태도를 가지고 있는지는 나타냈지만, '어떤 근거로' 그렇게 판단하고 있는지에 대해서는 충분한 정보제공이 없었으며, 있더라도 자국에 유리한 정보만이 일방적으로 제공되는 경우가 많았다. 예를 들어,《아사히신문》은 조어도에 대해 "일본정부는 1895년에 각의결정으로 영토로 편입하여 오키나와현의 일부로 만들었다. 유엔 아시아극동경제위원회가 석유자원의 가능성을 지적하는 보고서를 제출한 후인 1970년대에 이르러 타이완과 중국이 대륙붕에 대한 주권과 군도의 영유권을 주장하기 시작했다"[40]라고 설명했다. 이는 일본 정부가 적법하게 자국 영토로 편입한 조어도에 대해, 중국이 나중에 지하자원을 노리고 영유권

40) "(時時刻刻)「衝突は故意」海保決斷 中國船長逮捕、巡視船の映像決め手."『아사히신문』(2010年09月09日).

을 주장하기 시작했다는 일본 정부의 입장을 그대로 소개하는 정도에 불과한 것으로, 중국 측이 주장하는 1895년 이전의 역사적 근거에 대해서는 아예 언급하지도 않았다. 이와 같은 경향은《요미우리신문》,《마이니치신문》,《닛케이신문》,《산케이신문》에서도 동일하게 나타났다.

한편, 중국의 신문들은 일본 신문에 비해 이 사건에 대한 보도량이 적었다. 또한 모든 중국 신문들은 어선 충돌사건의 근본이 되는 조어도의 귀속권과 관련된 정보제공에 있어서도 소홀한 모습을 보였다.《환치우스빠오》에서는 "비록 조어도가 일본의 실효지배 아래에 있지만, 조어도에 대한 중·일 양국의 분쟁은 이미 오래됐으며, 조어도는 전형적인 주권 분쟁지역이다"[41]라고 소개하는 정도에 불과했다.《런민일보》도 내부 논평의 형식으로 "조어도와 그 부속도서는 오래 전부터 중국의 고유 영토였고, 중국은 이에 대해 논쟁의 여지가 없는 주권을 가지고 있다. 일본이 중국 어민과 어선에 대해서 나포, 조사 및 어떤 형태의 사법 조치를 취하는 것은 모두 불법이고 무효다. 일본은 이에 대해 중국 측에 대해서 사과와 배상을 해야 한다"[42]라고 설명하는데 그쳤다.《베이징일보》와《광저우일보》,《신민완빠오》는 조어도가 중국 고유의 영토라고 주장하는 중국 외교부 대변인이나 외교부 부부장, 원자바오 총리의 발언을 그대로 소개하는 정도에 불과했다.

(4) 아전인수, 본질에 소홀한 미디어

정확하고 공정한 정보제공이라는 측면을 중심으로 독도, 이어

41) "(社論) "撞", 日本当局的高危動作." 『환치우스빠오』(2010年09月08日).
42) "要用坦誠務實的行動修夏對華關系 (國際論壇)." 『런민일보』(2010년 9월 26일).

도, 조어도 분쟁에 대한 한·중·일 신문의 보도태도를 살펴본 결과 다음과 같은 특징이 발견됐다.

먼저, 사건 자체에 대해서는 높은 관심을 가지며 많은 보도량을 보였지만, 정작 사건의 본질인 분쟁 지역의 귀속권에 관한 정보 제공에는 소홀한 모습을 보였다. 이에 따라, 각 신문사가 분쟁 지역에 대해 어떤 입장을 갖고 있는지는 명확하게 나타났지만, 어떤 근거로 그렇게 판단했는지에 대해서는 근거제시가 부족했다.

또한, 귀속권에 대한 역사적, 국제법적 근거가 제시되더라도 자국에 유리한 근거만이 편향되게 소개됐다. 이에 따라, 자국은 역사적, 국제법적 근거를 통해 해당 지역에 대한 귀속권을 주장하고 있으나, 상대국은 근거도 없이 자기 것이라고 우기는 것처럼 묘사되고 있었다.

한편 부정확한 보도도 발견됐다. 특히, 이어도 분쟁에 있어서는 《경향신문》을 제외한 모든 한국 신문과 일본 신문들이 관할권 문제를 영유권 문제로 인식하는 혼란을 보였다. 이는 해양 경계선 획정을 둘러싼 관할권 문제를 영유권을 둘러싼 영토분쟁으로 오해시킬 수 있는 중요한 오류다. 왜냐하면, 영토분쟁은 영토주권 및 국가의 자존심, 정통성과 관련을 맺고 있어 여론이 민감하게 반응하며, 이로 인해 그 해결이 쉽지 않고, 감정적으로 대응하기 쉽기 때문이다.

3. 보도태도의 변화 여부 분석

(1) 2005년 '다케시마의 날' 제정과 2012년 'MB 독도 방문' 논쟁

2005년 '다케시마의 날' 제정을 둘러싼 마찰에 이어, 2012년에는 이명박 대통령의 독도 방문을 계기로 한·일 사이에 마찰이 발생했다.

아래의 〈표 31〉는 2012년 발생한 독도 분쟁에 관한 한국과 일본 신문의 사설이다.

〈표 31〉 2012년 독도 분쟁에 관한 한일 신문의 사설

신문사	날 짜	제 목
조선일보	8월 11일	[사설] 대통령의 독도 방문
	8월 13일	[사설] 대통령 독도 방문, 의연하게 '後폭풍' 대처해야
	8월 16일	[사설] 독도·위안부 문제에 막힌 韓日 양국의 미래
	8월 17일	[사설] 韓日, 보복과 再보복의 악순환 바퀴 굴리나
	8월 22일	[사설] 日本, 100년 前과 아무것도 달라지지 않았다
	8월 24일	日, 세계 외교사 유례 찾기 힘든 유치한 외교
	8월 28일	[사설] '東北亞 민족주의 바람' 헤쳐나갈 대선 주자 資質 점검해야
중앙일보	8월 11일	[사설] 이 대통령 독도 방문은 일본이 자초한 일
	8월 15일	[사설] '특별한 어머니들'의 시위
	8월 17일	[사설] 냉정과 자제 요구되는 한·일 정부 감정싸움
	8월 18일	[사설] 일본의 '독도 ICJ 제소'는 꼼수
	8월 20일	[사설] 한·중·일 협력의 틀 흔들려선 안 된다
	8월 25일	[사설] 일본 정치인들의 자제를 촉구한다
동아일보	8월 16일	[사설]과거사와 독도, 일본의 '국가理性'을 촉구한다
	8월 18일	[사설]남의 영토 넘보는 일본의 '독도 제소' 뻔뻔하다
	8월 22일	[사설]일본부터 감정적 내응 자제할 때다
	8월 25일	[사설]일본 총리, 그래도 주요국 지도자답게 언행하길
	8월 29일	[사설]2012년 일본 정치, 새 罪業을 쌓고 있다
	8월 31일	[사설]안보환경 급변하는데 국방개혁은 언제 하나
경향신문	8월 11일	[사설]이명박 대통령의 느닷없는 독도 방문
	8월 14일	[사설]'독도 방문' 이후 시험대에 오른 외교역량
	8월 16일	[사설]실망스러운 대통령의 광복절 경축사
	8월 20일	[사설]한·일 갈등 해법, 대통령이 직접 답하라
	8월 22일	[사설]독도 제소로 일본이 얻을 게 무엇인가

	8월 25일	[사설]한·일관계 파국으로 모는 노다 내각의 망발
	8월 29일	[사설]'위안부 역사' 뭉개려는 일본 부끄럽지도 않나
한겨레	8월 11일	[사설] 뜬금없는 이 대통령 독도 방문, 무얼 하자는 것인가
	8월 13일	[사설] 한·일 정부, '독도 강공몰이'만이 능사 아니다
	8월 16일	[사설] 이 대통령의 외교 발언, 배려와 품위가 없다
	8월 17일	[사설] 동북아 갈등, 한·중·일 지도자부터 자제해야
	8월 18일	[사설] 일본의 독도 제소, 의연하고 치밀하게 대응해야
	8월 20일	[사설] 도 넘은 일본의 외교공세, 자제를 촉구한다
	8월 22일	[사설] 독도를 잘 지키는 법
	8월 25일	[사설] 일본 노다 정권의 치졸한 '보복 외교'
요미우리신문	8월 12일	大統領竹島入り 日韓關係を悪化させる暴擧だ (대통령 타케시마 진입, 일한관계를 악화시키는 폭거다)
	8월 16일	(韓國大統領發言 日韓關係の停滯化を懸念する (한국 대통령 발언, 일한관계의 정체화를 걱정한다)
	8월 18일	「竹島」提訴へ 日本領有の正当性を發信せよ ('다케시마' 제소로 일본 영유의 정당성을 알려라)
	8월 24일	竹島·尖閣審議 民主は「配慮外交」を反省せよ (다케시마·센카쿠 심의, 민주당은 '배려외교'를 반성해라)
	8월 25일	首相「領土」會見 國際社會へ反轉攻勢の一步に (수상 '영토'회견, 국제사회에 반전 공격의 한 걸음으로)
	8월 31일	韓國提訴拒否 竹島はやはり國際裁判が筋だ (한국 제소 거부, 다케시마는 역시 국제재판이 도리다)
아사히신문	8월 11일	竹島への訪問—大統領の分別なき行い (다케시마 방문—대통령의 분별없는 행위)
	8월 21일	尖閣と竹島—政治が對立をあおるな (센카쿠와 다케시마—정치가 대립을 조장하지 마라)
	8월 23일	竹島提訴—大局に立つ日韓關係を (다케시마 제소—대국에 선 일한관계를)
	8월 25일	日本と韓國—非難の応酬に益はない (일본과 한국—비난의 응수에 이득은 없다)
	8월 29일	近隣外交—挑發に振り回されまい (근린외교—도발에 휘둘려서는 안 된다)
	8월 12일	社說:竹島問題 深いトゲをどう拔く (다케시마 문제, 깊이 박힌 가시를 어떻게 빼나)
	8월 16일	社說:韓國大統領發言 外交努力自ら壞すな

마이니치신문		(한국 대통령 발언, 외교노력 스스로 무너뜨리지 마라)
	8월 18일	社說:尖閣諸島と竹島 冷靜かつ賢明な對處を (센카쿠쇼토와 다케시마, 냉정하고 현명한 대처를)
	8월 20일	社說:外交シンクタンク 世界レベルに育てよう (외교 싱크탱크, 세계적 수준으로 육성하자)
	8월 21일	社說:領土外交 國際世論を味方にせよ (영토외교, 국제여론을 우리 편으로 만들자)
	8월 25일	社說:日韓摩擦 頭を冷やして考えよう (일한마찰, 머리를 식히고 생각하자)
닛케이신문	8월 12일	韓國大統領の竹島訪問の愚 (社說) (한국 대통령의 다케시마 방문의 어리석음)
	8월 22일	竹島問題提訴を韓國の猛省促す機會に (다케시마 문제 제소를 한국의 반성을 촉구하는 기회로)
산케이신문	8월 11일	李大統領竹島入り 暴擧許さぬ對抗措置とれ (이대통령 독도 진입, 폭거를 용납치 않는 대항조치를 취하라)
	8월 14일	竹島提訴 世界に不法占據知らせよ (다케시마 제소, 세계에 불법 점거를 알려라)
	8월 19일	竹島領有權 手段盡くし正当性訴えよ (다케시마 영유권, 모든 방법을 동원해 정당성을 호소해라)
	8월 23일	竹島提訴拒否 韓國はなぜ背向けるのか (다케시마 제소 거부, 한국은 왜 등을 돌리는가)
	8월 25일	李大統領發言 撤回と謝罪は讓れない 韓國に正しい歷史認識求める (이 대통령 발언, 철회와 사죄는 양보할 수 없다. 한국에 바른 역사인식을 요구한다.)

먼저, 일본의 《산케이신문》을 제외한 한국과 일본의 신문들은 양국이 냉정을 되찾고, 서로를 자극하는 행위를 자제해야 한다고 주장했다. 하지만 동시에 한국 신문들은 “엄연히 주인이 있는 땅을 도둑질한 것이다. 그래 놓고 지금까지 자기네 땅이라고 우기고 있는 것이다”(중앙일보 8월 18일)라고 하거나, “중국이나 러시아는 제쳐두고 독도만 도발하는 것은 한국을 얕잡아 보는 태도다”(동아일보, 8월 18일), “그제 노다 요시히코 일본 총리의 친서를 반환하

러 간 주일 한국대사관의 참사관이 외무성 앞에서 문전박대를 당했다"(한겨레, 8월 12일)고 하는 등 감정적인 표현을 사용하며 일본을 비난하는 모습을 보였다.

한편, 일본의 언론들은 "(천황을) 초청한 쪽에서 나중에 조건을 달고, 그것을 만족시키지 않으면 올 필요가 없다고 하는 것은 너무도 예의에 어긋난 것이다"(요미우리, 8월 16일), "친서를 반송한다고 한다. 현격하게 외교적 예의를 지키지 않는 한국 측의 대응이 놀랍다"(마이니치, 8월 25일)라고 하는 등 한국 측의 행동을 비판했다. 또한 "일본은 오랫동안 한국을 배려해서 제소를 자제해 왔지만, 이명박 대통령의 독도 상륙은 선을 넘은 행위였다. 천황에 사죄를 요구하는 발언에 대해서도 반발이 크다. 대항조치는 당연한 것이다"(아사히신문, 8월 23일)라고 하거나, "겐바 외상이 한국의 주일대사를 불러 강하게 항의하고, 무토 주한대사를 일시 귀국시킨 상태에서 국제사법재판소에 제소할 방침을 표명한 것은 당연한 외교적 조치다"(요미우리신문, 8월 12일)라고 하며 한국 측을 자극했던 일본 정부의 조치에 대해서 지지하는 입장을 취했다. 《산케이신문》은 더 나아가 "일본 정부는 이달 하순에 한국에서 개최될 예정이었던 일한 재무대화를 연기했다. 정상회담도 당면 중지해야 한다. 긴급 시에 달러 등 외화를 융통하는 스왑협정의 재검토도 망설여서는 안 된다"(산케이신문, 8월 19일)고 하며, 대화와 경제 분야에서의 교류, 협력도 중지해야 한다고 주장했다.

표면적으로 한·일 언론은 냉정과 자제를 요구하며 대화와 교류에 지장을 줘서는 안 된다는 입장을 나타냈다. 하지만 감정적인 표현으로 국민 정서를 자극하고, 분쟁 상대국을 자극하는 대응조치를 지지하는 모습을 보이는 등, 실질적으로는 대화와 교류 분위기 조성을 저해하는 태도를 보였다.

그렇다면 정확하고 공정한 정보의 제공이라는 측면에서 보면 어떨까?

〈표 32〉 한·일 신문의 사설에서 언급된 독도 귀속권 근거

신문사	독도 설명
조선일보 (8/16)	일본은 러·일전쟁 막바지인 1905년 2월 동해에서 전쟁을 유리하게 이끌려고 독도를 강제 편입했고 그해 5월 전쟁에서 이기자 곧바로 한국 병합에 들어갔다.
중앙일보 (8/18)	일본은 1905년 한국의 외교권을 박탈하는 와중에 슬그머니 독도를 자기네 땅으로 편입하는 조치를 취했었다.
동아일보 (8/22)	독도는 신라시대 이래 울릉도의 부속도서로서 한국 영토이고 실효적으로도 우리가 지배하고 있다. 1905년 한국 침략을 노골화하면서 독도를 시마네 현에 포함시킨 일본이 독도의 역사적 연고를 주장하는 것은 한반도 내륙 지방의 연고권을 주장하는 것과 마찬가지다.
한겨레 (8/11)	독도가 국제법적, 역사적, 지리적으로 엄연한 우리나라 땅이라는 점에서, 이 대통령이 독도를 방문하지 못할 이유는 전혀 없다.
경향신문 (8/19)	독도는 우리 땅이다. 결코 분쟁의 대상이 될 수 없다. 대한민국 국민이면 누구나 알고 있는 상식이다.
요미우리신문 (8/18)	일본은 17세기 중엽에 영유권을 확립하여 1905년에는 시마네 현으로의 편입을 내각결정했다. 세계대전 후의 샌프란시스코강화조약에서도 일본이 포기해야 할 지역에서 다케시마는 제외됐다. 하지만 한국은 조약발효 직후인 52년, 당시의 이승만 대통령이 공해에 국제법 위반인 '이승만라인'을 설정하여 다케시마를 수중에 넣고, 그 후 불법점령을 계속하고 있다.
아사히신문 (8/11)	일한이 모두 영유권을 주장하고 있는 섬이다.
마이니치 (8/12)	다케시마는 1905년의 내각결정으로 시마네현에 편입됐다. 이에 대해서 한국은 1952년 해양주권선언을 통해 일방적으로 공해상에 선을 긋고, 다케시마를 그 안쪽에 넣었다. 그 후에는 해안경비대를 상주시키고, 헬리곱터, 접안시설을 건설하는 등 실효지배를 오늘날까지 계속하고 있다.
닛케이신문 (8/12)	일한 쌍방이 영유권을 주장하는 다케시마. 다케시마는 1905년에 시마네현에 편입된 경위가 있지만, 한국에서는 일한병합이라는 암울한 역사와 연관 지어 생각하는 경향이 강하다.

산케이신문 (8/11)	다케시마는 일본정부가 1905년, 시마네현으로의 편입을 각의결정하여 정식으로 영토로 삼았다. 일한병합과는 관계가 없고, 일본이 영유권을 확립하기 전에 한국은 실효지배를 하고 있지 않았다.

〈표 32〉는 2012년 독도 분쟁이 불거졌을 때, 한국과 일본의 각 신문에서 언급된 독도에 대한 설명이다. 특정 사안에 대한 견해를 주로 나타내는 사설의 특성을 고려하더라도, 독도에 대한 설명이 거의 없이 독도가 자국의 영토라는 것만을 강조했다.

한편, 한·일 양국의 모든 신문에서는 분쟁 상대국이 어떤 근거로 독도에 대한 영유권을 주장하고 있는지에 대해서는 정보를 제공하지 않았다.

독도를 둘러싼 분쟁이 반복되고 있는 것은 독도의 영유권에 대한 상반된 입장 때문임을 고려한다면, 독도의 영유권에 대한 정보 제공은 매우 중요한 부분이라고 할 수 있다. 하지만, 2012년 독도를 둘러싼 마찰 과정에서도 한국과 일본 미디어는 독도 영유권에 대한 자세하고, 공정한 정보를 제공하는데 소홀했다.

(2) 2010년 '어선 충돌'과 2012년 '조어도 국유화' 논쟁

2012년 발생한 조어도 충돌 사건에 대해서, 전체적으로 일본 신문은 일본 정부의 조어도 국유화 조치에 대해서 지지하며, 중국의 과격한 반일데모와 대응조치를 비판하는 논조를 보였다. 반면, 중국 신문은 일본이 분쟁중인 조어도에 대해서 일방적으로 국유화를 추진하여 문제를 일으켰으며, 이에 대한 중국의 대응은 정당하다는 논조를 보였다. 〈표 33〉은 2012년 조어도 분쟁에 대해서 언급한 중국과 일본 신문의 사설(평론)이다.

〈표 33〉 2012년 조어도 분쟁에 관한 중·일 신문의 사설 및 평론

신문사	날 짜	제 목
요미우리신문	9월 2일	中國大使車襲擊 容疑者の「英雄」扱いを憂える (중국대사 차량 습격, 용의자의 ‘영웅’화를 우려한다)
	9월 6일	尖閣國有化へ 安定管理への具体的方策を (센카쿠 국유화로, 안정적 관리를 위한 구체적인 방책을)
	9월 14일	尖閣國有化 中國の壓力外交は行き過ぎだ (센카쿠 국유화, 중국의 압력 외교는 도를 넘었다)
	9월 17일	反日過激デモ 中國政府はなぜ容認するのか (반일 과잉 데모, 중국정부는 왜 용인하는가)
	9월 19일	反日デモ續く 對中感情の惡化を招くだけだ (반일 데모 계속, 대중감정의 악화를 초래할 뿐이다)
아사히신문	9월 6일	尖閣國有化—無用な摩擦打ち止めに (센카쿠 국유화—불필요한 마찰을 멈추게)
	9월 16일	反日デモ—中國の自制を求める (반일 데모—중국의 자제를 요구한다)
	9월 19일	中國の姿勢—話しあえる環境を作れ (중국의 자세—대화할 수 있는 환경을 만들라)
마이니치신문	9월 6일	社說:尖閣諸島 對立緩和が日中の利益 (센카쿠쇼토, 대립완화가 일중의 이익)
	9월 16일	社說:自民「外交」論戰 骨太で体系的な方針を (자민당 ‘외교’논쟁, 골격이 튼튼하고 체계적인 방침을)
	9월 18일	社說:尖閣と日中對立 對話解決に全力擧げよ (센카쿠와 일중대립, 대화 해결에 전력을 다해라)
닛케이신문	9월 6일	中國は愚行の再發を防げ (중국은 어리석은 행동의 재발을 막아라)
	9월 12일	尖閣諸島の國有化を機に管理の強化を (센카쿠쇼토의 국유화를 계기로 관리 강화를)
	9월 16일	常軌逸した「反日」を許してはならない (궤도를 벗어난 ‘반일’을 용납해서는 안 된다)
	9월 17일	國力回復なくして摩擦鎮靜なし (국력 회복 없이는 마찰 진정 없다)
	9월 19일	中國の挑發に乘らず危機抑える外交を (중국의 도발에 휘둘리지 말고 위기를 진정시키는 외교를)
	9월 4일	尖閣諸島 國有化して何をするのか (센카쿠쇼토, 국유화해서 무엇을 할 건가)

산케이신문	9월 7일	大使公用車襲撃「反日」を煽る甘い處分だ (대사 공용차 습격, '반일'을 부추기는 관대한 처분이다)
	9월 12일	尖閣購入決定 中國の實力行使に備えを (센카쿠 구입 결정, 중국의 실력행사에 준비를)
	9월 14일	自民党總裁選 領土と主權もっと論じよ (자민당 총재선거, 영토와 주권을 더 논해라)
	9월 16일	中國の尖閣侵犯 公船排除の法整備を急げ (중국의 센카쿠 침범, 공선 배제의 법 정비를 서둘러라)
	9월 18일	中國のデモ暴徒化 反日壓力に屈してならぬ (중국의 데모 폭주화, 반일 압력에 굴해서는 안 된다)
	9월 19일	中國漁船群 總力あげ尖閣防備固めよ (중국 어선떼, 총력으로 센카쿠 방어를 확고히 해라)
런민일보	9월 12일	日本應停止玩火（國際論壇) (일본은 불장난을 멈춰라)
	9월 13일	耍小聰明的"姿態"一錢不値（國際論壇) (잔꾀를 부리는 '자태'—일고의 가치도 없다)
	9월 14일	日本必須回歸理性（國際論壇) (일본은 반드시 이성적으로 돌아와야 한다)
	9월 17일	警惕日本以拖待變的僥幸心理（國際論壇) (일본의 상대 찔러보기 요행심리를 경계한다)
	9월 18일	文明理性展現中國力量 (문명화와 이성이 중국의 힘을 나타낸다)
환치우스빠오	9월 5일	讓希拉里了解中國捍衛領土的決心 (힐러리로 하여금 중국의 영토 수호 결심을 알게 해야)
	9월 7일	反制日本"購島", 應立即采取行動 (일본의 '섬 구매'에 대한 반격, 즉시 행동을 취해야 한다)
	9월 11일	釣魚島, 中國的"國有"地位不會變 (댜오위다오, 중국의 '국유' 지위는 변하지 않을 것이다)
	9월 12일	莫再幻想友好, 認眞對付日本 (다시는 우호의 환상을 꿈꾸지 말고, 진지하게 일본을 대해야)
	9월 12일	團結就是力量, 這句話沒過時 (단결이 힘이라는 말은 시기가 끝나지 않았다)
	9월 13일	對抗中國是日本21世紀最大敗筆 (중국에 대한 대항은 21세기 일본의 최대 오점)
	9월 14일	日本若做美國玩偶, 中美必一起玩它 (일본이 만약 미국의 장난감이 된다면, 중미는 반드시 같

환치우스빠오		이 그것을 가지고 놀 것이다)
	9월 17일	翻二戰案, 日本的荒唐夢想 (2차 세계대전의 결과를 뒤집는 것, 일본의 터무니없는 꿈)
	9월 17일	反對一切街頭暴力, 中國須堅定不移 (모든 길거리 폭력에 반대, 중국은 확고부동해야)
	9월 18일	回望9·18, 中日實力歷史性逆轉 (9·18 회고, 중일 실력의 역사적 역전)
	9월 19일	中國光用嘴勸不來美國的"中立" (중국은 말로만으로는 미국의 '중립'을 촉구할 수 없다)
	9월 19일	支持國家保釣絶對是主流民意 (국가의 댜오위다오 수호에 대한 지지는 절대적 주류의 민의다)

중국과 일본의 모든 신문들은 2010년 충돌 때와 마찬가지로 조어도가 자국의 영토임을 강하게 주장하면서도 무슨 근거로 그렇게 판단하는지에 대해서는 자세한 정보를 제공하지 않았다. 견해를 주로 밝히는 사설의 특성을 고려하더라도 조어도에 대한 정보 제공 기능이 거의 작동하지 않았다고 볼 수 있다. 기껏해야 "센카쿠쇼토는 일본의 영토지만, 중국도 영유권을 주장해서 대립이 격해지고 있다"(마이니치신문, 9월 6일), "센카쿠는 일본의 영토로서 중국 측으로부터 비판받을 이유가 없다"(닛케이신문, 9월 12일), "댜오위따오는 중국의 신성한 영토다"(환치우스빠오, 9월 11일), "댜오위따오는 중국의 고유영토다"(런민일보, 9월 14일) 정도로 언급하는 수준에 불과했다. 조어도 분쟁이 갖고 있는 역사적, 국제법적, 지질학적 쟁점 사항에 비해 너무나도 단순한 설명이라고 하지 않을 수 없다.

한편, 일본의 신문들은 "불필요한 마찰은 멈추고, 대국적 관점에 서서 (일중관계를) 다시 세우기 위해 건설적인 대화를 요구한다"(아사히신문, 9월 6일), "일중 쌍방 정상이 대국적이고 냉정하게 대화를 거듭하여, 양국관계의 재구축을 위해 노력하는 것이 중요하다"(요미우리신문, 9월 2일)고 하는 등 《산케이신문》을 제외하고는 모두 냉정하고 대국적 차원에서 사태에 임해야 한다고 강조했다.

하지만 일본의 신문들은 이렇게 원론적으로는 대부분 냉정한 대응과 대화를 통한 조기 사태 수습을 요구하고 있었음에도 불구하고, 구체적인 사안에 있어서는 다른 모습이 나타났다. 중국이 강하게 반발하며 각종 대응조치를 취하고 있는 가장 직접적인 원인은 일본 정부의 일방적인 조어도 국유화 방침이었다. 따라서 중국과 일본 사이에 대화의 분위기가 조성되기 위해서는 국유화 방침에 대한 일본 측의 일정한 조치가 필요한 상황이었다. 그럼에도 불구하고, 일본의 모든 신문들은 일본 정부의 국유화 조치에 대해서 적극적으로 지지하는 입장을 나타냈다. 게다가 "정부는 등대의 보수와 환경보호는 물론, 국토보전과 실효지배를 한층 강화하기 위한 방책을 짜내야 한다"(요미우리신문, 9월 6일), "먼저 해야 할 것은 해상보안청의 체제를 확충하고, 영해 수호를 강화하는 것이다. 중국군의 증강에 대처하기 위해 일미 안전보장협력도 더욱 강화해야 한다"(닛케이신문, 9월 6일)라고 하며, 중국 측이 민감하게 반응하는 문제들에 대해서 과감하게 추진할 것을 주문했다. 심지어 《산케이신문》은 "해상보안청만으로 대응할 수 없는 경우, 자위대의 출동이 필요하다"(9월 19일)고 하여 군사적 충돌마저 야기할 수 있는 조치에 대해서도 노골적으로 주장했다. 즉, 일본의 신문들은 원론적으로는 냉정과 대화를 주장했지만, 실질적으로 대화가 이뤄지기 위해 취해져야 할 조치에 대해서는 단호하고 강경한 입장이었으며, 심지어 대화의 상대인 중국이 민감하게 반응하는 사안들에 대해서 추가적으로 적극 추진할 것을 요구하기도 했다.

한편, 중국의 신문들은 일본의 조어도 국유화 방침을 일본의 역사인식 및 정치 우경화와 연계하며 강하게 비판했다. 《런민일보》는 "일본의 조어도 관련 행태는 2차 세계대전 후 확립된 국제 질서에 대한 도전이고, 우익이 국내정치를 좌지우지 하도록 종용하는 불장난"(9월 17일)이라고 하며, 이에 따라 "중국정부가 영토 주권을 지키기 위해서 취한 필요조치는 정의로운 것"(9월 14일)이라고 주장했다. 이러한 인식하에서 중국 정부가 취한 중·일간의 각종 교류 중단 및 해양감시선의 증파, 중·일수교 40주년 행사를 연기하는 등의 강경 조치에 대해서 적극적으로 지지하는 입장을 나타냈다. 더 나아가 중국이 강력하게 대응하지 않으면 일본이 계속해서 도발할 것이라고 하며, 강력한 대응을 종용하는 모습도 보였다.

중국의 신문, 특히 국제문제와 관련해서 대중적으로 큰 주목을 받고 있는 《환치우스빠오》에서는 감정적이고 자극적인 표현이 빈번하게 등장했다. 일본을 '철천지원수(世仇)'라고 표현하는가 하면, 심지어 미국의 동북아 전략에 이용되고 있는 '장난감 인형(玩偶)'이라고 묘사하기도 했다. 그러면서 미국과 일본을 향해서 "중국은 줄곧 전쟁 수단을 통해 조어도 분쟁을 해결하려고 하지 않았지만, 만약 외부 세력이 전쟁을 통해 중국의 조어도 주권 수호를 방해하려 한다면, 중국도 이 도전을 받아들이겠다"(9월 19일)고 경고했다. 심지어 "중국은 21세기에는 다시는 이 대결에서 지지 않을 것이다. 중국의 경제총량, 부단히 발전하는 군사 실력 및 핵대국의 지위는 우리가 지도록 놔두지 않을 것이다"(9월 13일)라고 하며 핵까지 언급하기도 했다.

(3) 반복되는 보도태도

2012년 8월과 9월에 걸쳐 조어도와 독도 분쟁이 공교롭게 거의 같은 시기에 발생하면서, 동북아 지역 정세가 해양 영토분쟁으로 인해 급속히 얼어붙었다. 이에 대한 한·중·일 신문의 보도태도를 살펴본 결과, 조어도 분쟁에 대해 노골적으로 강경한 논조를 보인 중국 신문을 제외하면 대체적으로 표면적으로는 상호 냉정과 자제를 촉구하는 모습을 보였다. 하지만, 민족주의 정서를 자극할 수 있는 감정적인 표현을 사용한다던가, 대화 분위기 조성에 장애가 되는 조치들에 대해서 지지하거나 심지어 정부에 추가 조치를 요구하는 모습을 보이기도 했다. 즉, 실질적으로는 감정적이고 경직된 보도태도를 나타냈다고 평가할 수 있다. 특히, 조어도 분쟁에 있어 중국 신문은 대화와 교류를 중단한 중국 정부의 조치를 지지하면서 그 책임을 일본 측에 전가하는 등 매우 강경한 입장을 나타냈다. 더 나아가 중국의《환치우스빠오》와 일본의《산케이신문》은 핵과 자위대 파견 등을 언급하는 등 군사충돌을 야기할 수 있는 발언까지 서슴없이 했다.

한편, 사설의 특징을 감안하더라도 영토분쟁의 본질에 대한 정보제공 기능에 매우 소홀했다고 평가할 수 있다. 자국의 영토라는 것은 반복적으로 강력하게 주장하면서도 어떤 근거로 그러한 주장을 하는지는 나타내지 않았고, 더더욱 상대국의 주장과 근거는 거의 무시되었다.

결국, 정도의 차이는 있었지만 2005년 '다케시마의 날' 제정과 2012년 이명박 대통령의 독도 방문으로 촉발된 독도 분쟁에 대한 보도태도, 그리고 2010년 어선 충돌 사건과 2012년 일본 정부의 국유화 시도로 촉발된 조어도 분쟁에 대한 보도태도는 비슷한 경향을 나타냈다. 즉, 대화와 교류가 정상적으로 이뤄지도록 분위기를 조성하는데 실질적으로 도움이 되지 않거나 노골적으로 부정적인 논조를 보였고, 심지어 군사 충돌을 야기할 수 있는 조치도 적극적으로 요구했다. 또한 해양 귀속권 분쟁에 있어 가장 핵심적인 '분쟁 지역에 대한 정보 제공'에 있어서도 그 기능을 소홀히 했고,

제공된 정보도 자국에 유리한 정보만이 제공되었으며, 상대방의 주장과 근거는 무시됐다.

3절 소결론

한국과 중국, 일본은 각각 조어도, 독도, 이어도를 둘러싸고 분쟁을 벌이고 있다. 비록 각 당사국들은 자국의 귀속권을 강력하게 주장하고 있지만, 각 사안에 대해서는 국제법적, 역사적, 지질학적으로 여러 쟁점을 둘러싸고 의견이 맞서고 있다. 특히 해양 귀속권 분쟁은 지역 정세에 큰 영향을 끼치는 사안임에도 그 해결이 어렵고, 민감한 성격을 갖고 있다. 그렇기 때문에, 이 문제에 대한 미디어의 보도태도는 더욱 신중해야 하고, 분쟁이 평화적이고 합리적으로 해결될 수 있도록 긍정적인 역할을 해야 한다.

하지만 조어도, 독도, 이어도에 대한 한·중·일 미디어의 보도를 지역 안보의 관점에서 살펴본 결과 다음과 같은 보도경향이 나타났다.

먼저, 지역 안보를 안정적으로 유지하기 위해서는 '대화와 교류'가 정상적으로 이뤄져야 한다는 점을 바탕으로, 각 분쟁에 대한 대응방법 또는 해결방법에 대해서 각 신문이 어떤 보도태도를 보였는지 살펴봤다.

결과, 자국이 분쟁의 당사국인 문제에 대해서 한·중·일 신문은 단호하고 강경한 대응을 강조하는 경향을 보였다. 특히 조어도 분쟁을 둘러싼 중국과 일본의 신문에서 이러한 경향이 두드러지게 나타났다. 분쟁이 불거진 시기와 상황에 따라, 표면적으로는 대화와 자제를 강조하는 모습도 나타났지만, 실질적으로는 여전히 대화와 교류를 저해하는 정책을 지지하거나, 새로운 갈등을 유발할 수 있는 조치들을 주장하는 모습이 나타났다.

또한, 해양 귀속권 분쟁이 평화적이고 합리적으로 해결되기 위해서는 대화와 타협을 통한 외교적 해결이 필요한데, 이는 상대방의 주장에 대한 이해와 존중을 바탕으로 이성적으로 대응해 가는 자세가 필요하다. 특히 일반 국민에게 있어 뉴스 미디어는 중요한 정보원으로, 국민이 상대국의 주장에 대해 올바른 이해와 존중을 갖기 위해서는 미디어의 정확하고 공정한 정보 제공이 필요하다.[43] 하지만 조어도, 독도, 이어도에 대한 한·중·일 신문의 보도에서는 자국에 유리한 정보만이 편중되게 제공되었고, 상대국이 어떤 근거로 주장하는지에 대해서는 거의 정보를 제공하지 않았다. 게다가 이어도 문제에 있어서는 해양경계선 획정 문제를 영토분쟁으로 잘못 보도하여 자칫 국민의 민족주의 정서를 자극할 수 있는 오류도 보였다.

지역 안보 차원에서 더욱 심각한 것은, 독도에 해병대를 파견하고, 조어도에 자위대를 파견하며, 심지어 핵까지 언급하는 등 무력 충돌을 야기할 수 있는 조치들이 미디어에서 주장되고 있다는 점이다. 무력 충돌이 지역 안보에 가장 직접적인 불안 요인이라는 점을 생각한다면 이러한 미디어의 보도태도는 지역 안보를 위협하는 심각한 문제가 아닐 수 없다.

---

43) 미디어 효과 이론에 따르면, 미디어의 보도 내용이 수용자의 직접 경험과 거리가 멀 때 수용자는 미디어 보도로부터 더욱 큰 영향을 받게 된다. 해양 귀속권 분쟁의 경우 일반 수용자가 직접 경험할 수 없는 사안이기 때문에 해양 귀속권 분쟁에 대한 미디어의 보도로부터 수용자는 더욱 큰 영향을 받는다고 할 수 있다.

5장 '광명성 3호' 발사와 미디어 보도

1절 '광명성 3호' 발사와 북한 미사일 문제의 본질

2011년 12월 북한의 김정일 국방위원장의 갑작스러운 사망과 그에 따른 최고지도자 교체가 동북아는 물론, 세계 각국의 주목을 집중시켰다. 그리고 그로부터 얼마 지나지 않은 2012년 4월 13일, 김일성 주석 탄생 100주년을 앞두고 북한은 '광명성 3호'를 발사하여 지역 정세에 큰 파장을 일으켰다. 북한은 '광명성 3호'가 지구관측 위성으로서 인민생활의 향상을 위한 평화적 우주개발사업이라고 주장했지만, 한국과 미국, 일본 등은 사실상의 장거리 미사일 시험 발사라고 맹비난했다. 이로 인한 북한과 주변국 사이의 대립이 동북아 지역 정세를 다시 한 번 불안하게 만드는 요인으로 작용했다.

'광명성 3호' 발사를 둘러싼 논쟁의 핵심은 '광명성 3호' 발사가 주권국가의 정당한 인공위성 발사인가, 아니면 사실상의 미사일 시험 발사인가에 대한 입장 차이다. 따라서 '광명성 3호' 발사 사건에 대한 한·중·일 미디어의 보도태도를 분석하기 위해서는 먼저 북한의 '미사일 문제'에 대한 이해가 필요하다.

1. '비대칭 억지·강제 전략'의 관점에서

북한의 핵과 미사일 개발 문제의 본질을 이해하는데 있어서, 국제관계학의 억지와 강제 이론, 비대칭 전략 이론이 유용한 틀을 제공해 준다.

억지 이론에 대한 연구는 1950년대에서 1960년대에 걸쳐 집중적으로 이루어 졌는데, 대표적으로는 블로디(Brodie, 1946)와 울슈테터(Wohlstetter, 1968), 카프만(Kaufmann, 1954), 칸(Kahn, 1960), 쉘링(Schelling, 1960), 스나이더(Snyder, 1961) 등의 연구가 있다.[1] 이들 억지 이론에서 제시되는 '억지'의 기본적인 논리는 "상대방이 취하려는 행위의 비용이나 위험부담이, 기대되는 이득보다 크다는 것을 상대방에게 설득하는 것"이라고 할 수 있다.[2] 한편, 강제 이론에 대한 연구는 억지 이론에 비해 활발하게 이루어지지는 않았지만, 대표적으로는 쉘링(Shelling. 1966)과 죠지(George, 1971), 제이콥슨(Jakobson, 1988)의 연구가 널리 알려져 있다.[3]

억지와 강제에 관한 위의 이론들을 종합하면, 억지란 특정 행동의 결과에 대한 두려움으로 인해 상대방이 그 행동을 행하지 못하게 하는 것이고, 반면 강제는 좀 더 능동적인 개념으로 상대방이 원하지 않는 행동을 하게 만들거나 또는 상대방의 행위를 멈추게 만드는 것을 의미한다. 그런데 기존의 이러한 억지와 강제 이론들은 대등한 관계 혹은 강대국을 중심으로 발전되어 왔기 때문

1) 현인택. 1995. "국제안보연구의 재조명." 김달중·박상섭·황병무 공편. 『국제정치학의 새로운 영역과 쟁점』. 서울: 나남출판사, p. 188.

2) James E. Dougherty and Rober I. Pfaltzgraff, Jr.. 2001. *Contending Theories of International Relations: A Comprehensive Survey*, 5th edition. New York: Addison Wesley Longman. p. 344.

3) Peter Viggot Jakobson·최동철 역. 2001. 『탈냉전시기의 강압외교』. 서울: 국방대학교.

에, 미국과 소련을 그 주요 대상으로 하고 있어 북한과 같은 약소국의 대외전략을 설명하기에는 부족한 부분이 있다.

이에, 최용환은 '비대칭 억지·강제 전략'이라는 개념을 통해 북한의 핵과 미사일 개발 문제에 대해 해석을 시도했다. 비대칭 전략(asymmmetric strategy)이란 "군사적으로 약한 국가가 자신의 장점을 이용하여 자신보다 강한 국가의 결정적 약점(critical weak point)을 공격하는 것"을 말한다.[4] 그는 대등한 관계 혹은 강대국을 중심으로 발전되어온 억지와 강제의 논리가 일정한 요소를 갖춘다면, 국력에 있어서 비대칭적인 상황에서도 적용될 수 있다고 주장한다. 즉, 약소국이 강대국을 상대로 비대칭 전략을 구사하기 위해서는 첫째, 강대국이 충분한 비용을 지불하도록 만들 수 있는 치명적 위협을 할 수 있는 능력을 갖추어야 한다. 둘째, 이러한 수단을 사용할 수 있는 정치·군사적 전략이 마련되어 있어야 한다. 셋째, 국내 여론으로부터 자유로운 정책결정자일수록 비대칭 전략이라는 일면 무모해 보이는 전략을 선택할 가능성이 높아진다. 넷째, 정책결정자들이 상황을 어떻게 인식하고 있는가 하는 것이 중요하다. 즉, 현 상황이 나쁠 뿐만 아니라 미래에도 개선될 여지가 없다고 인식 할수록 자신의 의지를 강하게 주장할 가능성이 높아진다. 다섯째, 약소국과 강대국 사이에 제3세력이 존재한다면, 약소국도 강대국을 상대로 적극적 대외정책을 펼칠 수 있다는 것이다.[5]

이와 같은 조건에 기초하여, 최용환은 북한이 비대칭 전략을 사용할 수 있는 조건들을 모두 갖추고 있다고 주장한다. 핵과 미사일과 같이 치명적 위협을 가할 수 있는 무기를 개발했거나 개발

---

4) 최용환. 2003. "북한의 대미 비대칭 억지강제전략 : 핵과 미사일 사례를 중심으로." 서강대학교 박사학위논문, p. 48.

5) 위의 책, pp. 79-81.

중에 있고, 체제의 특성상 북한의 정책 결정권자들은 여론으로부터 비교적 자유롭게 정책선택을 할 수 있으며, 미국과의 사이에 중국이라는 제3세력이 존재하고 있기 때문이다. 중국이라는 중재세력뿐만이 아니라 한국과 일본이라는 확실한 '인질'을 갖고 있다는 점도 약소국 북한이 강대국 미국을 상대로 비대칭 전략을 구사할 수 있는 환경을 제공하고 있다고 말한다. 특히, 북한이 비대칭 전략의 수단으로써 핵과 미사일을 선택한 이유에 대해서, 북한 체제의 특성이 가진 정책적 딜레마를 지적한다. 즉, 북한으로서는 체제의 생존을 위해 개혁·개방이 반드시 필요하지만, 개혁·개방은 북한 체제의 핵심인 수령유일체제의 유지에 부정적으로 작용하게 된다. 따라서 핵과 미사일 개발을 통해 제한된 억지력을 바탕으로 현 체제를 유지하면서도, 미국 등으로부터 경제적 보상 등을 받고자 한다는 것이다.

종합하면, 북한은 한국과 미국을 동시에 상대해야 하는 이중의 안보위협 하에 놓여있다. 북한으로서는 이러한 이중의 안보위협을 근본적으로 해결하기 위해서는 핵과 미사일 개발을 통해 한국과의 군비경쟁에서 최후수단을 확보하면서, 미국을 협상의 장으로 끌어내 최종적인 안보적 담보(평화 협정)를 확보하고자 하는 것이다.[6)]

즉, 북한이 핵과 미사일을 통한 비대칭 억지·강제 전략을 구사하는 근본적 이유는 체제의 생존을 위한 것이다. 미국으로부터의 안보위협을 억지하고, 체제 생존에 필요한 정치, 경제적 지원을 받아내고자 하는 것이다.[7)]

---

6) 위의 책, p. x.
7) 위의 책, p. 67.

2. '선군외교'의 관점에서

서훈은 '선군외교'라는 개념으로서 북한의 핵개발과 미사일 개발의 본질에 접근한다. 일반적으로 약소국의 강대국에 대한 외교 유형은 유화정책, 중립주의, 비동맹, 동맹, 집단안보, 고립주의 등으로 나타난다.[8] 특히, 약소국은 외부의 위협, 특히 강대국의 위협에 직면했을 때 중립정책을 취하지 않는다면 동맹 정책을 택하는 경향이 있다.[9] 이와 관련하여 헨릭슨(Henrikson)은 동맹정책을 취하는 약소국은 자신을 위협하는 강대국에 세력균형을 취하기 위해 그 반대의 연합세력에 가담하는 균형(balancing) 정책을 취하거나, 위협하는 강대국 편에 가담·편승(bandwagoning)함으로써 자신의 안전을 도모하게 된다고 설명한다. 헨릭슨은 현대 정치학에서 이러한 균형과 편승을 보통의 국가들이 선택할 수 있는 두 가지 기본 외교 전략으로 파악한다.[10] 월트(Walt)는 이 중에서 약소국은 균형보다는 편승을 선호하는 경향이 있다고 주장한다.[11]

서훈에 따르면, 냉전시기 북한의 외교도 이러한 균형과 편승이라는 전략으로 설명할 수 있으며, 특히 소련을 중심으로 한 사회주의 진영과의 연대성을 강화해 왔던 외교정책은 진영외교의 큰 테두리 안에서 펼쳐졌다고 설명한다. 하지만, 소련의 붕괴로 냉전 구도가 해체되면서 북한은 편승과 균형을 취할 수 있는 외부 조건을 상실하게 되고, 세계 유일의 초강대국 미국을 상대로 체제를 유지하고 자주성을 확보하기 위해서 새로운 외교 전략을 세울 필

---

8) 서훈. 2008. 『북한의 선군외교』. 서울: 명인출판사, p. 13.
9) 위의 책, p. 16.
10) 위의 책, p. 16.
11) Stephen M. Walt.. 1987. *The Origins of Alliances*. Ithaca & London: Cornell University Press, pp. 29-31.

요성이 제기됐다. 이런 상황에 대응하기 위해서 모든 외교역량을 대미관계에 집중하여 탄생한 것이 바로 선군외교 전략이다. 이 선군외교 전략은 기존의 약소국이 강대국에 대해서 취해왔던 균형과 편승으로는 설명할 수 없는 '갈등을 통한 접근'과 '접근을 위한 갈등'이라는 전략적 형태를 보이는 특징을 갖고 있다. 즉, "외교도 강한 군사력을 동반하지 않으면 큰 효과를 내지 못한다"고 하면서 군사와 외교의 결합을 주장하는데 이것이 바로 선군외교의 핵심적 개념이다.[12]

특히, 미국에 대한 선군외교 전략이 작동되기 위해서는 군사적 수단이 필요한데, 약소국인 북한이 강대국인 미국을 상대하기 위해서는 현격한 국방력의 차이로 인해 비대칭적인 수단의 개발이 필요하다.[13] 그리고 북한의 입장에서는 자신의 이점과 미국의 약점을 충분히 이용할 수 있는 가장 적합한 수단이 바로 핵과 미사일인 것이다. 그런데 여기서 주의해야 할 것은, 핵과 미사일과 같은 군사적 수단을 사용하는 북한의 선군외교가 협상의 승리를 위하여 혹은 자신의 원칙이 침해당하지 않는 선에서 타협을 이끌어내기 위해 상대방에 대한 압박·위협 수단으로 군사력을 활용하고자 하는 전략적 발상이라는 점이다. 따라서 군사력과 외교의 결합을 강조하는 북한의 선군외교는 군사력을 직접적으로 사용·전개하는 '폭력적' 대외정책과는 구분된다.[14]

---

12) 서훈, 앞의 책(2008), p. 86.

13) 여기서 말하는 '비대칭적'이라는 개념은 군사적으로 약한 나라가 자신의 이점을 이용하여 강한 나라의 결정적 약점을 이용하는 것을 의미한다. (임수호. 2007. "실존적 억지와 협상을 통한 확산: 북한의 핵정책과 위기조성외교(1989~2006)." 서울대학교 박사학위논문.)

14) 서훈, 앞의 책(2008), pp. 88-89.

3. 기타 관점에서

이수혁은 북한의 핵 개발 의도를 크게 안보용과 협상용 두 가지로 설명한다. 안보용 핵 보유란 북한이 국방력을 강화하여 미국이나 한국의 공격을 방지하고 필요시에 남침을 하는데 사용하기 위한 것으로, 경제 사정으로 한국과 재래식 무기에 의한 무기 경쟁을 더 이상 할 수 없게 되어 핵을 개발하게 되었다는 것이다. 그리고 협상용이란 북한이 충분한 정치적, 외교적, 경제적 보상을 받으면 핵을 포기할 것이라는 주장이다.[15)]

이렇게 안보용과 협상용으로 북한의 핵 개발 의도를 설명하면서, 동시에 북한 내부에서 그 동기를 찾기도 한다. 즉, 북한 지도부가 이데올로기적 야심, 국가적 위신과 개인적 명성을 위해 핵과 미사일을 개발하고 있다고 주장한다.

한편, 주펑(朱鋒)은 냉전이 종식되었지만, 북한에게 있어서 냉전은 여전히 끝나지 않았다고 말한다. 이에 따라 북한의 정치 이데올로기 및 국가의 발전 방향 모두 냉전 후의 동북아 지역발전 과정에 편입되지 못하고 있으며, 여전히 '안보 불안'을 느끼고 있다고 주장한다. 따라서 북한은 자주적인 방법으로서 국제관계중 국가의 가장 중요한 목표인 생존을 모색하고 있는데, 핵개발과 미사일 개발이 바로 그 방법이라고 말한다. 즉, 북한은 미국의 군사동맹 체제에 대항하고, 초강대국 미국으로부터의 군사적 위협에 대응하며, 미국, 일본 등의 국가와 정치 대화 시에 입지를 강화하기 위해서 핵과 미사일을 개발하고 있다고 설명한다.[16)]

북핵문제의 당사자인 북한은 핵개발 문제에 대해 다음과 같은

15) 이수혁. 2011. 『북한은 현실이다』. 서울: 21세기북스.
16) 朱鋒, 앞의 책(2007), pp. 194-197.

입장을 나타낸다.

"오늘 조선반도에서 핵문제를 비롯한 일련의 복잡하고 첨예한 문제들이 제기되고 있는 것은 정전협정의 실제적 당사자들인 우리와 미국을 적대쌍방으로 규정하고 있는 정전체계가 그대로 지속되고 있는 것과 관련 된다. 조선반도에 조성되고 있는 제반 사태는 조미사이의 적대관계를 해소하고 화해를 이룩하며 조선반도의 진정한 평화와 안전을 보장하자면 반드시 정전협정을 평화협정으로 바꾸고 현 정전기구를 대신하는 평화보장체계를 수립할 것을 요구하고 있다.[17]

여기에 나타난 북한의 인식은 정전협정이 한반도의 안정을 담보하지 못하고 있고, 미국이 북한을 위협하는 상황 속에서 북핵문제가 발생했다는 것이다. 즉, 북핵문제의 본질은 미국의 대북한 적대정책이라는 것이다.

북한은 미사일 문제에 대해서도 마찬가지의 인식을 가지고 있다. 예를 들어, 북한은 1999년 9월 24일 외무성 대변인 담화를 통해 "미국이 우리에 대한 적대시정책을 버리고 실제로 관계개선에로 나온다면 우리도 신의 있게 호응할 것이며, 쌍방의 리익에 맞게 미국의 의려를 해결하기 위해 노력할 것이다. 당면하여 우리는 미국의 요청에 따라 조미사이의 현안문제들을 해결하기 위한 고위급회담을 진행하게 될 것이며 회담에 더 좋은 분위기를 조성하기 위하여 이 회담이 진행되는 기간에는 미싸일 발사를 하지 않을 것이다"[18]라고 말해, 북한의 미사일 개발이 미국의 대북 적대시 정

17) "조선반도의 평화보장체계수립에 관한 조선외교부 성명", 『조선중앙통신』, 1994년 4월 28일. http://www.kcna.co.jp/index-k.htm (검색일: 2012년 06월 12일).

18) "조미회담진행기간에는 미싸일발사를 하지 않을 것이다(조선외무성 대변인)", 『조선중앙통신』, (1999년 9월 24일). http://www.kcna.co.jp/index-k.htm (검색일: 2012. 06. 13).

책으로 인한 산물임을 나타냈다.

북한의 핵과 탄도미사일 개발을 둘러싼 문제는 20여년에 걸쳐 타협과 갈등을 반복해 왔다. 그리고 이러한 과정에서 다양하고 복잡한 기술적 문제들이 도출되어 왔다. 하지만 위에서 살펴본 봐와 같이, 북핵과 탄도미사일 문제의 본질에 대해서는 냉전체제 해체에 따른 북한의 상대적 고립과 이런 상황에서 북한이 미국이라는 초강대국을 상대로 자신의 체제 안전을 확보하기 위해 핵과 미사일이라는 비대칭적 수단을 사용하고 있는 것이라는 점이 공통적으로 지적되고 있다. 즉, 북핵, 탄도미사일 문제는 약소국 북한과 강대국 미국 사이의 북미관계가 그 핵심이라고 할 수 있다.

2절 한·중·일 미디어의 보도태도 분석

1. '무력 충돌'에 관한 보도태도

2012년의 '광명성 3호' 발사를 둘러싼 대립에서는, 이것이 정당한 행위인지 여부에 대한 입장 차이가 주요한 논쟁거리가 됐다. 북한은 '광명성 3호' 발사를 인공위성 발사라고 하며 주권국가의 합법적 권리라고 주장한 반면, 미국과 한국, 일본 등은 유엔 안보리 결의안 1874호와 '2·29 합의'를 위반한 행위라고 비난했다.

이에 따라 일본 정부는 만일의 사태에 대비한다는 이유로 PAC-3 미사일 요격 시스템을 오키나와(沖縄)의 미야코(宮古)섬과 이시가키(石垣)섬 그리고 도쿄에 배치했고, 요나그니(与那國) 섬에는 육상자위대를 파견했으며, 동해와 오키나와 해역 부근에는 이지스함을 배치시켰다. 또 한국에서는 광명성 3호 발사를 계기로 북한의 장거리 탄도미사일에 적절히 대응하기 위해서 300km 이하로 제한되어 있던 탄도미사일 사거리를 늘려야 한다는 주장이 제기됐다.

본 연구는 '무력 충돌'의 위험과 관련하여 이러한 군사적 움직임에 대해 한·중·일 미디어가 어떻게 보도했는지 분석했다.

(1) KBS 《뉴스 9》의 보도태도

KBS 《뉴스 9》는 처음에는 광명성 3호 발사에 대해서 '장거리 미사일 발사'와 '광명성 3호 로켓 발사', 또는 단순히 '광명성 3호 발사', '미사일 발사'라고 부르며, 명칭에 있어 일관성 없는 모습을 보였다. 특히, "이번에 쏘겠다는 광명성 3호는 사거리가 만 킬로미터도 넘습니다"[19]라고 설명하며 인공위성의 명칭인 '광명성 3호'와 이를 쏘아 올릴 로켓 추진체 '은하 3호'를 혼동하는 모습마저 보였다. 이렇게 명칭에 있어 혼란스러운 모습은 시간이 흐르면서 '로켓 발사'로 통일시키는 양상을 보였다. 이는 KBS 《뉴스 9》가 인공위성인 '광명성 3호' 보다 이를 쏘아 올릴 로켓 추진체에 더 관심을 가지며 의미를 부여한 것으로 풀이된다. 이에 따라, KBS 《뉴스 9》는 광명성 3호 발사가 평화적 우주개발사업이라는 북한의 주장을 부정하며, 직·간접적으로 발사 자체를 비판하는 보도태도를 보였다. 예를 들어, "매년 40만 톤의 식량이 부족하다는 점을 감안하면 로켓 발사만 안했어도 6년 치 식량 부족을 해결할 수 있는 셈입니다"[20]라고 하며, 돈도 없으면서 장거리 로켓 발사에 돈을 낭비하고 있다는 식으로 북한을 비난했다. 또, "그러나 위성발

---

19) "[이슈] 광명성 3호 발사 D-10, 美 본토 타격 가능." 『KBS 뉴스 9』(2012. 4. 2).

20) "[이슈&뉴스] 北 로켓 왜 쐈나?…향후 예상 행보는?." 『KBS 뉴스 9』(2012. 4. 13).

사체와 미사일의 기본구조가 동일하기 때문에 형식만 위성 발사라는 지적입니다. 발사체 1단과 2단에는 똑같이 추진 엔진과 연료가 장착되는데, 마지막 탑재체에 인공위성을 실으면 위성발사체, 탄두를 실으면 미사일이 됩니다"[21]라고 하거나, "탄도미사일 기술을 이용한 어떠한 발사도 금지한 유엔 안보리 결의 1874호에 대한 명백한 위반이며, 한반도와 동북아의 평화와 안전을 위협하는 도발적 행위이다"[22]와 같은 관련자 인터뷰만을 비중 있게 소개함으로써, 북한의 광명성 3호 발사가 '북미 2·29 합의'와 '유엔안보리 결의안 1874호' 위반임을 강조했다.

〈그림 12〉 북한 전역을 타격할 수 있는 신형 미사일을 소개하는 KBS《뉴스 9》 보도

KBS《뉴스 9》는 이와 같은 인식을 바탕으로, 주변국들의 광명성 3호 발사에 대한 군사적 대응 및 대북제재에 대해 긍정적인 보도태도를 보였다. 특히 군사적 대응과 관련하여 "쏠까요, 말까요? 묻지 말고 자동으로 응징한다. 언제까지? 적이 굴복할 때까지... (한국 김관진 국방부 장관)"이나 "북한은 거대 도시인 서울을 겨냥한 엄청난 양의 발사 시스템을 갖추고 있습니다.(써먼 주한 미 사

21) "[이슈&뉴스] 北 로켓 발사 초읽기…노림수는?."『KBS 뉴스 9』(2012. 4. 9).
22) "정부 "유엔 안보리 결의 위반…응분의 책임져야"."『KBS 뉴스 9』(2012. 4. 13).

령관)”[23)]과 같은 군부 발언을 부각하며, 한국군의 적극적이고 강력한 군사적 대응이 당연하다는 분위기를 조성했다.

또한 광명성 3호 발사가 실패한 이후, 북한이 추가로 핵실험을 강행할 가능성이 높다는 관계자들의 지적을 적극적으로 소개하며, 국제사회의 경고를 무시하고 북한이 핵실험을 강행할 움직임을 보일 경우 핵시설을 정밀 타격할 수도 있다는 미군 관계자의 발언을 내보냈다.[24)] KBS 《뉴스 9》는 이러한 발언 및 대응이 초래할 군사적 긴장에 대해서는 전혀 언급하지 않은 채, 단순히 북한의 추가도발 시도 자체를 무산시키려는 선제적 대응으로 받아들였다. 오히려 여기서 더 나아가, 북한 전역을 타격할 수 있는 한국군의 신형 미사일을 소개하며, 북한에 대한 강력한 경고이면서 탄도 미사일 사거리를 늘리기 위해 협상을 하고 있는 미국에 무언의 메시지를 보낸 것으로 해석하기도 했다.[25)] 또, “이번에도 세종대왕함의 탁월한 추적 능력은 유감없이 발휘됐습니다”라며, “앞으로 해군은 세종대왕함 등 이지스함에 함대지 순항미사일 등을 탑재해 탐지력 뿐만 아니라 공격력까지 보강할 계획입니다”[26)]라고 군사력 강화를 지지하는 듯한 보도태도를 보였다.

이와 같이, KBS 《뉴스 9》는 북한의 광명성 3호 발사를 사실상 장거리 미사일 발사로 규정하면서, 이에 대한 단호하고 강력한 군사적 조치 및 대응 방침에 대해 지지하거나 무비판적으로 보도하

---

23) “[이슈] 광명성 3호 발사 D-10, 美 본토 타격 가능.” 『KBS 뉴스 9』(2012. 4. 2).
24) “美 태평양사령관 “북핵실험 징후시 정밀 타격”.” 『KBS 뉴스 9』(2012. 4. 17).
25) “軍, 신형 탄도·순항 미사일 공개…北 전역 사정권.” 『KBS 뉴스 9』(2012. 4. 19).
26) “세종대왕함 45초 만에 로켓 탐지…실시간 추적.” 『KBS 뉴스 9』(2012. 4. 13).

는 태도를 나타냈다. 동시에 "발사 초읽기", "중대 도발" 등의 표현과 같이 군사적 긴장감을 불러일으키기 쉬운 보도태도를 보였다.

〈표 34〉 '광명성 3호' 발사와 관련한 KBS 《뉴스 9》보도

날 짜	제 목	시간
2012.04.02	[이슈] 광명성 3호 발사 D-10, 美 본토 타격 가능	5:45
2012.04.03	北 로켓 준비 사진 공개…"발사 변함 없다"	1:37
2012.04.06	"광명성 3호 14일 발사 유력"…극적 효과 노려	1:50
2012.04.07	한중일 외교장관회의…北 로켓 발사 집중 협의	1:30
2012.04.08	한중일 "북 로켓 발사시 안보리 회부 불가피"	1:41
2012.04.08	"북한, 로켓 발사뒤 3차 핵실험 움직임"	1:43
2012.04.09	[이슈&뉴스] 北 로켓 발사 초읽기…노림수는?	6:08
2012.04.09	日, 북한 로켓 발사 빌미 자위대 군사력 강화	1:40
2012.04.10	北 "로켓 발사 준비 완료"…한미 "중대 도발"	1:42
2012.04.11	北, 로켓 연료 주입 시작…이르면 내일 발사	1:25
2012.04.11	北 김정은 제1 비서 추대 '당권도 장악'	1:35
2012.04.12	"효과 극대화"…북한 로켓, 14일 발사 유력	1:45
2012.04.12	15일까지 기상, 북 로켓 발사에 지장 없어	1:31
2012.04.12	北 로켓 발사 초읽기…단둥 긴장 속 차분	1:35
2012.04.13	北 로켓 발사 강행…2분여 만에 폭발해 '실패'	1:25
2012.04.13	2분 지나 1차 폭발, 하강 때 2차 폭발 '산산조각'	1:34
2012.04.13	[심층취재] 엔진? 부품? '北 로켓 실패' 원인은?	2:29
2012.04.13	세종대왕함 45초 만에 로켓 탐지…실시간 추적	1:49
2012.04.13	해군, 北 장거리 로켓 잔해물 수거 작업 총력	1:20
2012.04.13	北, 4시간 반 만에 이례적인 실패 시인…왜?	1:27
2012.04.13	北, 실패 짐작했나?…외신기자 미공개 이유는?	1:31
2012.04.13	[이슈&뉴스] 北 로켓 왜 쐈나?…향후 예상 행보는?	6:10
2012.04.13	정부 "유엔 안보리 결의 위반…응분의 책임져야"	1:52
2012.04.13	美 "北 로켓은 대포동 2호 미사일"…제재 착수	1:41
2012.04.13	유엔 안보리, '北 로켓 발사' 오늘 밤 긴급 회의	1:35

2012.04.13	중·러, 대북 제재 '부정적'… 日 비난결의안 채택	1:44
2012.04.13	짙은 안갯속 단둥서 본 로켓 발사…"이 날씨에?"	1:32
2012.04.13	서해 5도 주민들, 대피령 없이 '평온한 일상'	1:33
2012.04.13	北 로켓 발사 속 주가↑·환율↓…금융시장 '안정'	1:37
2012.04.13	여야 일제히 비난·우려…국회, 규탄결의안 채택	1:31
2012.04.14	안보리 "개탄"…다음 주 초중반쯤 공식 조치	1:38
2012.04.14	"일부 부유물 분석 중"…한·중·러 수색 경쟁	1:59
2012.04.14	[집중진단] '발사 실패' 책임 전가 문책?…北 과소평가 금물	3:37
2012.04.15	북한, 대규모 열병식…김정은 육성 첫 공개	1:40
2012.04.15	잔해 위치 확인…'무수단 로켓'을 찾아라!	1:33
2012.04.16	"유엔 안보리, 오늘 밤 '北 규탄' 의장성명 채택"	1:28
2012.04.16	"北, 신형 장거리미사일 16주 동안 비밀 실험"	1:43
2012.04.16	연설로 본 김정은…'선군정치' 계승	1:45
2012.04.17	안보리, 북한 규탄 의장성명…추가 도발 경고	1:43
2012.04.17	美 태평양사령관 "북핵실험 징후시 정밀 타격"	1:51
2012.04.17	北 주민들, 강성대국에 실망감과 기대감 교차	
2012.04.17	연평도 확 달라진 대피소…폭탄 공격 끄떡없어	1:32
2012.04.18	북중 이상기류?…방북 취소·탈북자 북송 중단	1:40
2012.04.18	美 "2·29 없던일로"…류우익 "대북 유연화 유보"	1:52
2012.04.19	北 '서울 공격' 막말 성명…대남 협박 수위 높여	1:37
2012.04.19	軍, 신형 탄도·순항 미사일 공개…北 전역 사정권	1:44
2012.04.20	軍, 다연장포 무력 시범…北 추가 도발 억제	1:40
2012.04.20	[심층취재] 北 발사대 차량 중국 기술?…美·中 신경전	2:20

(2) CCTV 《똥팡스콩(東方時空)》의 보도태도

CCTV 《똥팡스콩(東方時空)》에서는 광명성 3호 발사를 '위성발사', '광명성 3호 발사', '광명성 3호 지구관측 위성'과 같이 일관되게 위성 발사라고만 불렀다. 이는 KBS 《뉴스 9》가 '광명성 3호 발사', '미사일 발사' 등으로 부르며, 위성 발사와 미사일 발사를 일관성 없이 사용한 것과 대조를 이룬다. CCTV 《똥팡스콩》은 호칭 뿐만이 아니라, 아나운서나 기자, 전문가의 발언 내용에서도 여러 가지 정황을 예로 들며 추진체에 탄두가 아니라 인공위성이 탑재됐을 가능성이 높다고 나타냈다.[27]또, KBS 《뉴스 9》와는 달리 북한의 '조선우주공간기술위원회' 관계자와의 인터뷰 장면을 여러 차례에 걸쳐 소개하며 광명성 3호가 날씨와 식량 생산, 자원탐측 등 경제발전에 필요한 정보를 얻기 위해서 발사된다는 북한 측의 주장을 여러 차례 내보냈다.[28]

이에 따라, 광명성 3호 발사를 탄도미사일 발사 능력과 연계하여 해석한 한국의 KBS 《뉴스 9》나 일본의 NHK 《뉴스워치9》와는 달리, 위성발사의 성공 가능성과 광명성 3호의 제원 등 기술적인 문제에 초점을 맞췄다. 그리고 광명성 3호 발사를 둘러싼 군사적 긴장 고조에 대해서도, 광명성 3호 발사 자체 때문이라기보다는 이에 대한 주변국의 과도한 반응이 긴장을 조성하고 있다는 논조를 보였다. 이에 따라, 전체 45건의 관련 보도 중에서 11건이 한국과 미국, 일본 등의 반응과 군사적 대응조치를 소개하는 내용으로 편성됐으며, 특히 일본이 이지스함과 PAC-3 등을 배치하며 적극적으로 요격을 준비하는 과정을 자세히 보도했다.[29]더 나아가 중국인 전문가와의 인터뷰를 통해 한국과 미국, 일본 등이 북한의 광명성 3호 발사를 탄도미사일 발사라고 규정하며 비판하고 있지만, 그럼에도 북한이 발사를 강행하는 것은 한·중·일 동맹들이 계속 북한을 정치, 군사, 경제적으로 압박하고 있기 때문이라고 소개했

27) "朝鮮 : "光明星3号"發射准備就緖." 『CCTV 東方時空』(2012. 4. 10).
28) "朝鮮火箭 : 何時發射?." 『CCTV 東方時空』(2012. 4. 10); "朝鮮 : "朝再次强調將發射衛星而非導彈.." 『CCTV 東方時空』(2012. 4. 9).
29) "日本東京圈部署導彈准備攔截." 『CCTV 東方時空』(2012. 4. 8); "日本海陸攔截防御网已成." 『CCTV 東方時空』(2012. 4. 9); "朝鮮火箭 : 會被攔截嗎?." 『CCTV 東方時空』(2012. 4. 8).

다. 특히, 북한이 이례적으로 김일성 탄생 100주년을 기념하기 위해 이번 발사를 투명하게 공개했지만, 서방세계는 여전히 의심의 눈으로 이를 비판하고 있으며, 한·미·일의 북한 압박이 이러한 결과를 낳았다는 분석을 내보냈다. 또, 북·미 간에 2월 29일 핵실험 중지와 식량제공 등을 합의했지만, 한·미가 연합 군사훈련을 계속하면서 북한을 압박했고, 이것이 북한으로 하여금 강력한 반제조치를 취하게 만든 가장 중요한 원인이라고 지적했다.[30]

〈그림 13〉 '광명성 3호' 발사를 인공위성 발사라고 인정하는 가운데 관련 보도를 내보낸 CCTV《똥팡스콩》

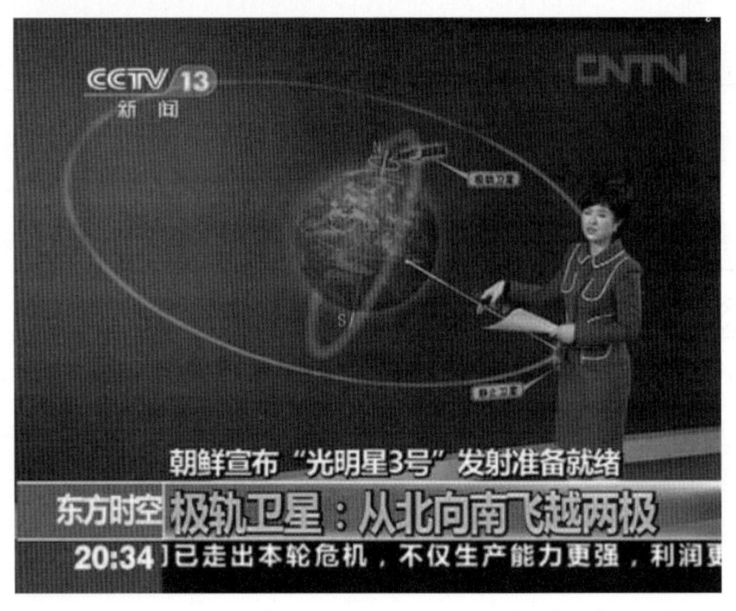

KBS《뉴스 9》와 NHK《뉴스워치 9》가 광명성 3호 발사 실패와 추가 핵실험 가능성에 대해서 높은 관심을 나타낸 것과 달리, CCTV《똥팡스콩》은 추가 핵실험에 대해서 언급하지 않았다는 것도 차

30) "各方戰略博弈 東北亞陷安全困境."『CCTV 東方時空』(2012. 4. 13).

이점으로 꼽을 수 있다.

전체적으로, CCTV 《똥팡스콩》은 광명성 3호 발사 자체를 군사적 긴장의 요인으로 해석하지 않고, 이에 대한 주변국의 민감한 반응 및 과도한 군사적 대응조치가 지역 정세를 불안하게 만들고 있다는 논조를 보였다. 이는 "각국이 냉정과 자제를 유지하고, 접촉과 대화를 해 나갈 때 한반도의 평화와 안정을 유지할 수 있다"[31]는 중국 외교부 입장을 반영한 것이라고도 볼 수 있다.

〈표 35〉 '광명성 3호' 발사와 관련한 CCTV 《똥팡스콩(东方时空)》보도

날 짜	제 목	시간
2012.04.02	朝美代表在德国举行非正式会谈 (북·미대표 독일에서 비정식 회담 진행)	0:29
2012.04.05	朝鲜邀请9大机构观摩卫星发射 (북한, 9곳의 기구에 위성발사 참관을 요청)	0:19
2012.04.05	日本 : "爱国者-3"型导弹今运抵石垣岛 (일본: "패트리어트 3호"형 요격미사일 오늘 이시가키 섬에 도착)	1:12
2012.04.07	东京部署多个移动导弹发射装置 (도쿄에 이동형 미사일 발사 장치 다수 배치)	1:19
2012.04.07	日本瞬时警报系统测试故障连连 (일본 실시간 경보시스템 시험시 고장 연발)	1:38
2012.04.08	日本东京圈部署导弹准备拦截 (일본 도쿄 권에 배치된 미사일, 요격을 준비)	1:39
2012.04.08	日本海陆拦截防御网已成 (일본 육해상 요격 방위망 이미 완성)	0:56
2012.04.08	韩国海警进入应急状态 (한국 해경 긴급 상황에 진입)	0:35
2012.04.08	"光明星3号"卫星详细资料 ("광명성 3호" 위성의 상세 재원)	0:38
2012.04.09	朝鲜火箭发射进入倒计时	3:21

31) "外交部 : 希望各方保持冷靜 堅持接触對話." 『CCTV 東方時空』(2012. 4. 13).

	(북한 로켓 발사 카운트다운 진입)	
2012.04.09	朝鲜火箭：首揭面纱 本台记者近距离观察 (북한 로켓: 처음 모습을 드러내다, 본사 기자 근거리 관찰)	2:18
2012.04.09	朝鲜火箭：何时发射？ (북한 로켓: 언제 발사?)	0:54
2012.04.09	朝鲜火箭：发射什么？ (북한 로켓: 무엇을 발사하나?)	2:19
2012.04.09	朝鲜火箭：成功率几何？ (북한 로켓: 성공률은?)	2:36
2012.04.09	"箭在弦上"发射只待"一声令下" ("시위에 올려진 화살" 발사는 "명령이 내려지기"만을 기다린다)	2:44
2012.04.09	朝鲜火箭：会被拦截吗？ (북한 로켓: 요격될 것인가?)	2:43
2012.04.10	朝官方暂未透露加注燃料情况 (북한 관계자 연료 주입 상황 아직 밝히지 않아)	
2012.04.10	极轨卫星：从北向南飞越两极 (극궤도 위성: 북극에서 남극으로 양극을 비행)	1:55
2012.04.10	"光明星"系列卫星的三次发射 ("광명성" 계통 위성의 세 차례 발사)	1:10
2012.04.10	朝鲜："光明星3号"发射准备就绪 (북한: "광명성 3호" 발사 준비 완료)	3:27
2012.04.10	朝再次强调将发射卫星而非导弹 (북한 다시 한 번 미사일이 아닌 위성 발사라고 강조)	1:35
2012.04.11	外交部：各方应保持冷静克制 (외교부: 각국 냉정과 자제 유지해야)	0:15
2012.04.11	燃料加注仍在进行当中 (연료 주입 여전히 진행 중)	3:04
2012.04.11	朝鲜初印象：车窗外的朝鲜 (북한에 대한 첫 인상: 창밖의 북한)	1:58
2012.04.12	朝鲜火箭发射进入最后倒计时 (북한 로켓발사 최후 카운트다운 진입)	1:27
2012.04.13	朝鲜今天卫星发射失败 败在何处？ (북한 오늘 위성발사 실패, 실패 원인은?)	1:22
2012.04.13	日韩媒体关注朝鲜卫星发射细节 (일·한 언론 북한 위성발사 자세한 정황에 주목)	1:35

2012.04.13	朝鲜今天卫星发射失败 败在何处？ (북한 오늘 위성발사 실패, 실패 원인은?)	4:37
2012.04.13	朝鲜：1998年首次试射 美国认定失败 (북한: 1998년 처음 발사, 미국은 실패로 규정)	1:43
2012.04.13	火箭发射的技术难点是什么？ (로켓 발사의 기술적 어려움은 무엇?)	4:11
2012.04.13	韩日俄对朝鲜发射卫星反应强烈 (북한 위성발사에 대한 한·일·러의 반응 강렬)	2:02
2012.04.13	各方战略博弈 东北亚陷安全困境 (각국 전략 게임, 동북아 안보딜레마에 빠지다)	2:53
2012.04.13	外交部：希望各方保持冷静 坚持接触对话 (외교부: 각국이 내정을 유지하고 대화와 접촉을 유지하길 희망)	1:51
2012.04.14	日本表示将寻求对朝单边制裁 (일본, 북한에 대한 단독제재 나설 것을 표시)	0:46
2012.04.14	朝鲜"光明星3号"卫星发射失败 (북한 "광명성 3호" 위성 발사 실패)	3:17
2012.04.14	安理会对朝发射卫星表示"痛惜" (안보리, 북한 위성발사에 대해 "매우 애석" 표시)	1:06
2012.04.14	美国称不会履行对朝粮食援助 (미국, 앞으로 대북 식량원조 이행하지 않을 것)	1:40
2012.04.14	朝鲜民众：不因失败而沮丧 (북한 민중: 실패 때문에 낙담하지 않는다)	0:50
2012.04.14	金正恩被推举为国家最高领导人 (김정은 국가 최고영도자로 추인)	1:40
2012.04.15	最新自制远程导弹第一次亮相 (최신 자주개발 장거리 미사일 처음 공개)	3:41
2012.04.20	韩部署导弹对朝 朝称"摧毁首尔" 韩武器发展迅猛 军售翻一番 (한국 미사일 배치로 북한에 대응; 북한 "서울을 때려 부수겠다"; 한국 무기발전 급속; 무기구매 두 배)	1:04
2012.04.20	韩部署导弹对朝 朝称"摧毁首尔" 朝鲜称已做好"摧毁首尔"准备 (한국 미사일 배치로 북한에 대응; 북한 "서울을 때려 부수겠다"; 북한, 이미 "서울 때려 부술" 준비 완료)	0:37
2012.04.20	韩部署导弹对朝 朝称"摧毁首尔" 将不顾美日韩反对继续发射卫星	1:30

	(한국 미사일 배치로 북한에 대응; 북한 "서울을 때려 부수겠다"; 미·일·한이 위성발사에 계속 반대하는 것 신경쓰지 않겠다)	
2012.04.20	韩部署导弹对朝 朝称"摧毁首尔" 韩称导弹具备世界最高精确度 (한국 미사일 배치로 북한에 대응; 북한 "서울을 때려 부수겠다"; 한국, 세계 최고 정밀도의 미사일 구비하고 있어)	2:18
2012.04.21	朝鲜称已查明"光明星3号"未入轨原因：未透露发射失败具体原因 (북한, 이미 "광명성 3호" 궤도진입 실패원인 찾아냈다 : 아직 발사 실패의 구체적 원인은 밝히지 않아)	1:13

(3) NHK《뉴스워치9(ニュースウォッチ9)》의 보도태도

NHK《뉴스워치9(ニュースウォッチ9)》도 광명성 3호 발사에 큰 관심을 가지며 보도했다. 우선 북한의 광명성 3호 발사를 기본적으로 "사실상의 미사일 발사"로 규정하며, 이러한 호칭을 일관되게 사용했다. 인공위성이라는 표현을 사용할 경우에는 자사의 의견이 아닌 북한이 그렇게 부르고 있다는 것을 강조하기 위해서 "북한이 인공위성이라고 부르고 있는"이라는 표현을 사용했고, 영상에 나오는 제목에서도 꼭 큰따옴표를 사용했다. 한편, 4월 13일 발사 당일의 뉴스에서는 아예 "사실상의"라는 수식어도 생략하고 "미사일"이라고만 표시하기도 했다.

NHK《뉴스워치9》에서 나타난 가장 눈에 띄는 특징은 "불안함"과 "불편함"을 강조하며 북한의 광명성 3호 발사를 비판한 것이다. 오키나와 현장 취재를 통해 불안해서 어업을 할 수 없다는 어민의 인터뷰를 방영했고, 보육원에서는 아이들의 안전을 위해 야외활동을 금지하고 있다는 내용을 내보냈다. 특히, 주민과의 인터뷰에서 "무서워요"라는 발언이나, 보육원 선생이 아이들에게 "미안하구나. 밖에 나가고 싶지?"라고 말하는 장면을 보여주면서 광명성 3호 발사로 인한 "불안"과 "불편"을 강조했다.

〈그림 14〉 광명성 3호 발사로 인한 "불안"과 "불편"을 강조한 NHK《 뉴스워치9》

〈그림 15〉 '광명성 3호' 발사를 '미사일 발사'라고 규정한 NHK《뉴스워치9》

이러한 가운데, PAC-3와 이지스함, 육상자위대의 배치와 같은 군사적 대응조치에 대해서 국민의 안전을 지키기 위한 불가피한 조치라는 인식을 보였다. 아나운서는 "자위대가 PAC-3를 오키나와 본섬과 미야코(宮古)섬, 이시가키(石垣)섬에 파견하여 그 이동을 완료했습니다. 자위대 전개는 그것뿐만이 아닙니다. 요나그니(与那國) 섬에도 만일의 부상자를 상정해서 육상자위대 부대가 도착했습니다"라고 소개하며 각종 장비 및 자위대원 이동 장면을 내보냈고, 여기에는 "만일의 경우, 부상자의 구조가 목적"이라는 큰 자막이 붙여졌다.[32] 일본의 자위대뿐만이 아니라, 미국 해군의 이지스함이 오키나와 섬 부근을 항해하는 것에 대해서도 "북한의 발사에 대응하는 목적으로 보여집니다"[33]라고 소개하는 정도였다. 더 나아가 "북한의 위협에 대항하는 최전선의 기지 알래스카를 취재했습니다"라고 하며, 비교적 긴 시간을 통해 북한의 미사일 공격에 대비하고 있는 미국의 미사일 요격 기지를 소개했다.[34] 여기에서는 북한이 미국의 본토인 시카고와 시애틀, 샌프란시스코를 향해 탄도미사일 3발을 발사한 상황을 상정해 요격 훈련을 실시하고 있는 미군의 훈련 장면을 내보냈는데, 중심 내용은 미국이 자국의 안전을 위해 거액을 들여서라도 대비태세에 만전을 기하고 있다는 것이었다.

NHK 《뉴스워치9》가 광명성 3호 관련 뉴스를 방영하는데 있어 중점을 둔 부분은 정보전달 시스템이었다. 전체 관련 뉴스 중 30% 정도가 'J-alert'와 'Em-NET' 등 정보전달 시스템에 대한 내용이었다. 특히 발사 당일 정보전달 시스템에 대한 문제가 드러나자 이에 대

32) "陸自部隊の展開「万一の救助で」." 『NHK ニュースウォッチ9』(2012. 4. 5).
33) "北朝鮮"發射"姿勢 備えは粛々と…" 『NHK ニュースウォッチ9』(2012. 4. 10).
34) "北朝鮮のミサイル開發 危機感强めるアメリカ." 『NHK ニュースウォッチ9』(2012. 4. 11).

해 집중적으로 분석하며 개선을 촉구했다. 한편, 평양에 파견된 기자가 "이번 실패를 만회하기 위해서 핵실험을 할 수 있다고 생각된다"고 말하는 등 광명성 3호 발사와 핵실험을 연계하여 보도하는 태도도 보였다.

전체적으로 NHK 《뉴스워치9》는 광명성 3호 발사를 "미사일" 발사로 여기면서, 이에 대해 비판적인 보도태도를 보였고, 특히 자국 국민의 "불안함"과 "불편함"을 강조하며 발사의 부당함을 나타냈다. 이에 따라, 자위대 및 미군의 군사적 대응조치에 대해 긍정적인 태도를 나타냈고, 더 나아가 북한의 미사일 위협에 대해 일본정부가 좀 더 적극적이고 면밀한 준비를 해야 한다는 입장을 보이기도 했다.

〈표 36〉 '광명성 3호' 발사와 관련한 NHK 《뉴스워치9(ニュースウォッチ9)》보도

날 짜	제 목	시간
2012.04.05	"人工衛星打ち上げ" 北朝鮮では。。。 ("인공위성 발사", 북한에서는...)	1:02
2012.04.05	"打ち上げ"に備え 情報伝達試験 ("발사"에 대비, 정보전달시험)	1:04
2012.04.05	PAC3 沖縄へ移動完了 (PAC3 오키나와로 이동 완료)	0:34
2012.04.05	ジョンウン氏が11日に総書記に (정은씨가 11일에 총서기로)	1:10
2012.04.05	陸自部隊の展開「万一の救助で」 (육상자위대의 전개, "만일의 구조를 위해")	4:18
2012.04.10	"人工衛星を搭載" 発射の構え ("인공위성을 탑재", 발사하려는 생각)	1:19
2012.04.10	海外メディアに"公開" こんな施設も (해외 언론에 "공개", 이런 시설도)	1:08
2012.04.10	体制固め図る北朝鮮 ピョンヤンは (체제 결속을 노리는 북한, 평양은)	1:11
2012.04.10	"キンジョンウン体制" 徹底図る北朝鮮 ("김정은 체제"를 철저히 구축하려는 북한)	1:18

2012.04.10	“透明性”アピール 北朝鮮の狙いは (“투명성”을 어필, 북한의 의도는)	1:15
2012.04.10	北朝鮮“発射”姿勢 備えは粛々と。。。 (북한의 “발사” 자세, 준비는 숙연하게...)	2:42
2012.04.10	北朝鮮“発射”姿勢 自制を求める国際社会 (북한의 “발사” 자세, 자제를 요구하는 국제사회)	0:40
2012.04.11	10時間後には 北朝鮮「予告期間」 (10시간 후에는 북한의 ‘예고기간’)	4:19
2012.04.11	“発射準備は最終段階”北朝鮮 周辺国は。。。 (북한 “발사준비는 최종단계” 주변국은...)	3:11
2012.04.11	“発射”強行の路線 新体制の方針？ (“발사” 강행의 노선, 신체제의 방침?)	0:49
2012.04.11	明日から発射予定期間 強硬姿勢の北朝鮮 (내일부터 발사 예정 기간, 강경자세의 북한)	0:44
2012.04.11	北朝鮮のミサイル開発 危機感強めるアメリカ (북한의 미사일 개발, 위기감 높이는 미국)	4:49
2012.04.12	“予告初日”発射無し ピョンヤンでは (“예고 첫째 날” 미발사, 평양에서는)	1:40
2012.04.12	“予告初日” 沖縄では。。。 (“예고 첫째 날” 오키나와에서는...)	3:03
2012.04.12	北朝鮮「予告期間」警戒を継続 (북한의 ‘예고 기간’에 대해 경계를 계속)	0:44
2012.04.12	北朝鮮“発射”「強く自制求める」 (북한 “발사”, ‘강력하게 자제를 요구’)	0:33
2012.04.12	“発射予告”初日 北朝鮮では。。。 (“발사 예고” 첫째 날, 북한에서는...)	2:30
2012.04.12	“発射予告”初日 持ち越しはなぜ？ (“발사 예고” 첫째 날, 왜 연기?)	1:07
2012.04.12	あす以降“発射”か 強硬姿勢の北朝鮮 (내일 이후에 “발사”할까, 강경자세의 북한)	1:11
2012.04.13	北朝鮮“ミサイル”強行 そして失敗 (북한 “미사일” 강행, 그리고 실패)	2:37
2012.04.13	北朝鮮“ミサイル” 情報伝達は。。。 (북한 “미사일”, 정보 전달은...)	2:26
2012.04.13	“失敗ミサイル” その時日本は (“미사일 실패”, 그 순간 일본은)	5:03

2012.04.13	北朝鮮"ミサイル" 情報はどう伝達 (북한 "미사일", 정보는 어떻게 전달)	2:00
2012.04.13	政府の対応は 想定どおり？ (정부의 대응은, 예상대로?)	1:40
2012.04.13	政府の発表はなぜ遅れたか (정부의 발표는 왜 늦었나)	1:35
2012.04.13	政府の対応 問題点は (정부의 대응, 문제점은)	0:49
2012.04.13	政府の対応を野党が批判 (정부의 대응을 야당이 비판)	0:41
2012.04.13	異例の"失敗発表" 北朝鮮に変化？ (이례의 "실패 발표", 북한에 변화?)	3:01
2012.04.13	外国メディアには"失敗"語らず (외국 언론에는 "실패" 말하지 않고)	1:20
2012.04.13	祝賀の一方"失敗" ピョンヤンでは (축하의 한편 "실패", 평양에서는)	0:59
2012.04.13	キムジョンウン体制 今後にどう影響 (김정은 체제, 앞으로 어떻게 영향)	1:09
2012.04.13	新体制の北朝鮮 変化はあるのか？ (신체제의 북한, 변화는 있을까?)	1:27
2012.04.13	"ミサイル"発射強行 世界の反応は ("미사일" 발사 강행, 세계의 반응은)	1:33
2012.04.13	北朝鮮にどう向き合う 各国の専門家は (북한을 어떻게 대하나, 각국의 전문가는)	2:21
2012.04.13	北朝鮮"ミサイル"失敗 我々に突きつけたものは (북한 "미사일" 실패, 우리들에게 남긴 것은)	0:39
2012.04.18	反発する北朝鮮 米朝合意破棄の考え (반발하는 북한, 미·북합의 파기의 생각)	3:30
2012.04.18	外国メディア受け入れ 北朝鮮の狙いは (외국 언론 수용, 북한의 의도는)	1:09
2012.04.18	現地記者が語る"公開"の実態 (현지 기자가 말한다, "공개"의 실태)	1:17
2012.04.18	北朝鮮の変化は (북한의 변화는)	2:15

(4) '무력 충돌' 방지에 소극적인 미디어

KBS 《뉴스 9》와 CCTV 《똥팡스콩》, NHK 《뉴스워치 9》의 3개국 방송뉴스는 모두 북한의 '광명성 3호' 발사에 높은 관심을 보이며 빈번하게 보도를 내보냈다. 하지만 KBS 《뉴스 9》와 NHK 《뉴스워치 9》는 '광명성 3호' 발사를 사실상의 미사일 발사로 인식했고, CCTV 《똥팡스콩》은 인공위성으로 인식하는 차이를 보였다.

이에 따라 KBS 《뉴스 9》와 NHK 《뉴스워치 9》는 '광명성 3호' 발사에 대응하기 위해 취해진 한국과 일본, 미국의 군사적 대응조치를 정당한 행위로 보도했고, 이로 인해 이 지역에 조성된 무력 충돌의 위험에 대해서는 우려하는 모습을 보이지 않았다. 특히 일본의 NHK 《뉴스워치 9》는 감정적인 호소를 통해 '광명성 3호'를 위협적인 것으로 묘사했고, 이에 대한 일본의 무력 대응은 '정당한' 행위로 표현하는 보도태도를 보였다.

반면, CCTV 《똥팡스콩》은 한국과 일본, 미국의 군사적 대응조치에 대해서 지역 정세를 불안하게 할 수 있는 요인으로 보고 우려하는 모습을 보였다.

결과적으로 무력 충돌의 위험이라는 관점에서 봤을 때, KBS 《뉴스 9》와 NHK 《뉴스워치 9》는 무력 충돌을 방지하려는데 소극적인 보도태도를 보였다고 평가할 수 있다.

2. '대화 및 교류'에 관한 보도태도

북한은 '광명성 3호' 발사가 평화적 우주개발사업임을 강조하며, 이를 증명하기 위해 이례적으로 외신 기자와 전문가를 초청했다. 이는 북한이 광명성 3호 발사를 준비하는 과정에서 제한된 범위이긴 했지만 국제사회와의 교류를 넓힌 사례라고 할 수 있다. 한편,

2012년 4월 13일 광명성 3호가 발사된 이후에, 유엔 안전보장이사회는 북한의 '장거리 미사일 발사'를 강력히 규탄(strongly condemn)하는 안보리 의장 성명을 발표했다. 일본은 독자적으로 대북제재 조치를 1년 연장했고, 미국은 북한에 대한 식량지원 계획을 철회했다. 한국에서도 개성공단 축소 등의 제재 논의가 전개됐다.

본 연구에서는 '대화 및 교류' 항목과 관련하여 한·중·일 미디어가 이러한 움직임에 대해 어떤 보도태도를 보였는지 살펴봤다.

(1) KBS 《뉴스 9》의 보도태도

KBS 《뉴스 9》는 북한의 광명성 3호 발사를 사실상의 장거리 미사일 발사로 인식하면서, 이에 따른 미국과 한국, 일본 등의 대응 조치를 긍정적으로 받아들이는 자세를 보였다. 특히, 북한이 광명성 3호 발사가 북·미간의 '2·29 합의' 내용에 위반되지 않으며 우주개발은 주권국가의 당연한 권리라고 주장한 것에 대해, 이를 부정하는 전문가의 인터뷰만을 내보내면서 북한의 주장을 간접적으로 비판했다. 이에 따라, 미국이 북한에 대한 식량지원 계획을 취소한 것에 대해서도 단순히 소개하는 정도에 그쳤다. 특히, 광명성 3호가 발사된 후 16일 채택된 유엔안보리 대북 의장 성명에 대해서는 "유엔 안보리가 대북 의장 성명을 만장일치로 채택했습니다. 로켓 발사를 '강력히 규탄'하고 '심각한 결의 위반'으로 규정했습니다. 기존 대북 제재의 대상을 늘리기로 하고, 핵 실험 등 추가 도발시 상응하는 조치를 취할 것을 분명히 했습니다. 비난과 경고의 수위가 2009년 의장 성명에 비해 한층 높아졌습니다. 특히, 추가 도발이 생기면 안보리가 자동 개입하도록 명시한 것이 큰 성과로 꼽힙니다"[35] 라고 하며 지지하는 태도를 보였다.

한편, 광명성 3호 발사 준비과정에서 북한은 외신 기자와 전문가들을 초청하였고, 실제로 많은 외신 기자들이 북한을 방문하여 제한된 범위에서나마 직접 취재를 할 수 있었다. 광명성 3호 발사 자체에 대한 정당성은 논외로 하더라도, 이와 같은 이례적 조치는 광명성 3호 발사를 둘러싼 북한과 국제사회의 상호 불신을 줄이고, 북한이 국제사회와 교류를 넓히는 데도 일정정도의 긍정적 역할을 했다고 평가할 수 있다. 하지만, 한국 정부는 한국 기자들의 방북취재를 허락하지 않았는데, KBS《뉴스 9》는 이러한 조치에 대해 어떠한 비판적인 견해도 나타내지 않았다. 오히려, "로켓 발사 장면을 공개하겠다며 외신기자들을 초청해놓고도, 정작 발사는 극비리에 실시한 것은 그만큼 자신이 없었다는 반증입니다"라고 하거나, "(선전을 위해 외신기자를 초청해) 큰 위험부담을 감수한 만큼 그만큼 손실도 보게 되지 않겠나...(류우익 한국 통일부 장관)"[36]라는 인터뷰를 내보내면서, 외신기자 초청을 부정적 혹은 무의미한 것으로 인식하는 태도를 보였다.

이와 같이, 광명성 3호 발사를 둘러싼 논란이 진행되는 과정에서, KBS《뉴스 9》는 발사의 부당함에 무게를 두며, 북한에 대한 미국의 인도적 식량지원 철회 조치를 단순히 전달하는데 그쳤고, 유엔 안보리의 대북 제재 강화 조치를 지지했으며, 북한이 취한 외신기자와 전문가 초청에 대해서도 의미를 부여하지 않았다. 이러한 조치들이 북한과 국제사회의 '대화와 교류'라는 측면과 관련된다는 것을 고려한다면, KBS《뉴스 9》는 광명성 3호 발사 과정에서 '대화와 교류'의 중요성 보다는 대북 비판과 단호한 대응조치에 무게를 둔 보도태도를 보였다고 해석할 수 있다.

---

35) "안보리, 북한 규탄 의장성명…추가 도발 경고."『KBS 뉴스 9』(2012. 4. 17).
36) "北, 실패 짐작했나?…외신기자 미공개 이유는?."『KBS 뉴스 9』(2012. 4. 13).

(2) CCTV 《똥팡스콩(東方時空)》의 보도태도

북한의 광명성 3호 발사와 관련하여 논쟁이 된 부분의 하나가, 이번 발사가 2012년 2월 29일 북한과 미국 간에 합의된 '2·29 합의' 내용을 위반했는지 여부였다. 미국과 한국, 일본 등은 북한의 광명성 3호 발사가 '2·29 합의'를 위반했다고 하며 이번 발사에 대해 비난하고 제재조치를 취하는 것은 당연하다는 입장을 나타냈다. 반면, 북한은 이번 광명성 3호 발사는 '2·29 합의'와는 상관이 없는 것으로 우주 공간의 평화적 개발과 관련된 자주권의 문제라는 입장을 나타냈다.

이에 대해, CCTV 《똥팡스콩》는 한·미·일과 북한의 입장을 모두 소개하면서도, 각종 정황과 발사체의 외관, 기술상의 이유를 근거로 위성발사에 무게를 두는 논조를 나타냈다. 이와 함께 '2·29 합의' 내용에 대해 "북·미간에 대화가 진행되는 동안 핵실험을 잠정 중단하고 탄도미사일 발사를 유예하며, 우라늄 농축활동 중지 및 국제원자력기구 인원의 핵시설 감독 허락 등"이라고 설명하며, 평화적 위성발사는 '2·29 합의'와 아무런 관계가 없다는 북한 측의 주장을 소개했다. 이는 한국의 KBS 《뉴스 9》나 일본의 NHK 《뉴스워치 9》이 광명성3호 발사가 '2·29 합의'를 위반했다고 하면서도 '2·29 합의'의 내용을 정확하게 설명하지 않은 것과 달리, CCTV 《똥팡스콩》은 '2·29 합의' 내용과 북한 측의 입장을 비교적 자세히 설명한 것이어서 비교되는 부분이다. 또 광명성 3호 발사가 실패한 후 유엔 안보리에서 채택된 성명서와 관련해서도 국가경제발전을 위해서 계속해서 실용위성을 개발해 나갈 것이라는 북한의 입장을 소개했다.[37)]

---

37) "韓部署導彈對朝 朝称"摧毁首爾" 將不顧美日韓反對繼續發射衛星." 『CCTV 東方時空』(2012. 4. 20).

한편, 광명성 3호 발사에 대한 일련의 보도에서 CCTV《똥팡스콩》이 보여준 특징의 하나는 북한에 파견된 특파원의 생생한 현장 보도였다. CCTV《똥팡스콩》은 이미 북한에 상주 특파원을 파견하고 있는 상황이었지만, 북한의 외신기자 초청에 응해 특파원을 추가로 파견했다. 이에 따라, 녹화된 화면은 물론, 뉴스가 방영되는 동안 생방송으로 북한에 있는 특파원과 직접 연결하여 현장의 상황을 생생하게 전달하는 모습을 보였다. 그리고 북한이 이례적으로 외신기자 및 외부 전문가를 초청하여 광명성 3호의 발사장과 통제센터 등을 공개한 것에 대해서도 '투명성'을 확보하고, 평화적 발사를 증명하기 위한 노력의 일환으로서 긍정적으로 해석하는 모습을 보였다.[38]

광명성 3호 발사가 실패한 후, 유엔 안보리의 대북 비난 의장 성명서가 채택된 것에 대해서는 즉각 보도하지 않고, 며칠 후 북한이 이에 대한 입장을 발표한 이후에 간단히 언급하는 수준에 머물렀다. 이는 의장 성명서 채택을 강조하는 것이 북한을 불필요하게 자극할 수 있다고 판단한 것으로 풀이된다. 실제로 의장 성명서가 채택된 후 한국과 미국, 일본이 북한에 대한 추가제재에 대해서 강조한 것에 비해, CCTV《똥팡스콩》은 중국 외교부 대변인의 "각국이 냉정과 자제를 유지하고, 접촉과 대화를 해 나갈 때 한반도의 평화와 안정을 유지할 수 있다"라는 발언을 내보내며 이러한 입장을 지지하는 모습을 보였다.

이와 같이, CCTV《똥팡스콩》은 광명성 3호 발사에 대한 보도과정에서 북한에 특파원을 직접 파견하고, 현장의 모습을 생생하게 전달하려는 노력을 보였다. 그리고 이를 통해, 어느 일방의 주장만이 아니라 각국의 반응을 균형 있게 소개하는 모습을 보였다. 또

38) "各方戰略博弈 東北亞陷安全困境."『CCTV 東方時空』(2012. 4. 13).

한, 광명성 3호 발사에 대한 대응으로 서로 자극할 수 있는 강경 한 조치보다는 상호간의 대화와 자제를 강조하는 모습을 보였다.

(3) NHK 《뉴스워치9(ニュースウォッチ9)》의 보도태도

NHK 《뉴스워치 9(ニュースウォッチ9)》는 북한의 외국기자 초청에 응해 특파원을 평양에 파견했다. 이에 따라, 중국의 CCTV 《뚱팡스콩》과 마찬가지로 뉴스 도중에 평양에 있는 특파원과 생방송으로 연결하며 현지 소식을 생생하게 전해 받는 모습을 보였다. 현지 특파원도 "북한이 투명성을 확보하려는 시도는 분명히 있었다고 생각합니다"[39], "미사일이라는 표현에 불만을 나타냈지만, 보도내용에 개입하거나 취재를 방해하지는 않았습니다"[40]라고 평가하는 등 북한이 취한 조치에 어느 정도 긍정적으로 평가하는 모습을 보였다. 물론 "정보 공개에 있어서 불충분한 점이 있다는 것도 사실입니다", "이런 대응을 통해서 발사에 대한 해외로부터의 반발을 억제하려는 의도가 있는 것 같습니다"[41]라고 말하는 등 부정적인 모습도 함께 나타냈다.

한편, 광명성 3호 발사를 계기로 각종 대화와 교류가 축소, 단절되는 현상이 발생했다. 이는 미국과 일본 등이 광명성 3호 발사가 유엔 안보리 결의안 1874호와 북·미간의 '2·29 합의'를 위반했기 때문이라며 제재조치를 취했고, 여기에 북한이 반발했기 때문이다. NHK 《뉴스워치 9》는 미국과 일본 정부의 입장을 지지했는

39) "新体制の北朝鮮 変化はあるのか?." 『NHK ニュースウォッチ9』(2012. 4. 13).

40) "外國メディア受け入れ 北朝鮮の狙いは." 『NHK ニュースウォッチ9』(2012. 4. 18).

41) ""透明性"アピール 北朝鮮の狙いは." 『NHK ニュースウォッチ9』(2012. 4. 10).

데, 이에 따라 미국의 식량지원과 일본의 추가제재 조치에 대해서 긍정적 또는 무비판적으로 단순히 전달하는 보도태도를 나타냈다. 또한 전문가 및 관계자와의 인터뷰도 "북한의 새로운 체제가 국제사회에 대해 잘못 생각하지 않도록 유엔 안보리 결의안을 위반했을 때 어떤 불이익이 오는지를 분명히 전달하는 그런 응분의 조치를 취해야 한다고 생각"[42], "반복되는 안보리 결의 위반에 대해서는 일·미가 잘 연계해서 안보리를 포함한 국제사회와 적절히 대응해야"[43] 등의 내용만을 인용하면서 간접적으로 유엔 안보리 결의안과 '2·29 합의'를 위반했다는 입장을 지지했다. 그럼에도 불구하고, 결의안 1874호와 '2·29 합의'의 어떤 내용을 위반했는지에 대해서 구체적으로 설명하는 보도는 전혀 없었다.

즉, NHK 《뉴스워치 9》는 북한의 광명성 3호 발사를 유엔안보리 결의안 1874호와 북미간의 '2·29 합의'를 위반한 것으로 규정하고, 이에 따른 식량지원 중단 및 추가제재 조치를 지지하는 모습을 보였다. 그리고 이로 인해 파생되는 대화와 교류의 단절 및 축소에 대해서는 우려하는 모습을 전혀 나타내지 않았다.

(4) '대화 및 교류'에 무관심한 미디어

'광명성 3호' 발사로 인해 발생한 각종 '대화와 교류'가 단절, 축소되는 현상에 대해서, KBS 《뉴스 9》와 NHK 《뉴스워치 9》는 당연한 것으로 받아들이는 보도태도를 보였다. 즉, 북한의 광명성 3호 발사 자체가 잘못된 것이므로, 이에 대응하기 위해서는 '대화와

---

42) "北朝鮮にどう向き合う 各國の專門家は."『NHK ニュースウォッチ9』(2012. 4. 13).
43) ""發射準備は最終段階"北朝鮮 周辺國は…"『NHK ニュースウォッチ 9』(2012. 4. 11).

교류'의 단절, 축소가 불가피하다는 입장이었다. 심지어 식량지원과 같은 인도적 지원도 취소해야 한다는 입장을 보였다.

반면, CCTV 《똥팡스콩》은 대화와 교류가 축소될 수 있는 조치들에 대해서 대단히 신중한 보도태도를 보였다. 또한 미국이 대북 식량지원을 취소한 명분이었던 '2·29 합의' 위반에 대해서도 미국의 주장뿐만이 아니라, 북한의 주장도 함께 소개하는 공정한 모습을 보였다.

한편, 광명성 3호 발사를 둘러싸고 북한과 국제사회 사이에서 통로의 역할을 할 수 있었던 북한 현지 특파원 파견에 있어서, CCTV 《똥팡스콩》과 NHK 《뉴스워치 9》는 적극적인 모습을 보였다. 하지만 한국의 KBS 《뉴스 9》는 정부의 특파원 파견 불허 조치에 대해 문제의식을 나타내지 않았고, 특파원을 파견하는 것 자체에 대해서도 회의적인 시각을 보였다. 이러한 자세는 안보의 중요한 요소인 '대화와 교류'에 대해 소극적인 보도태도를 보였다고도 해석할 수 있는 부분이다.

3. '냉전 구도'에 관한 보도태도

동북아 지역에서 미사일방어(MD)체계를 구축하기 위한 한국과 미국, 일본의 협력이 가시화되고 있는 가운데, 광명성 3호 발사는 이들 세 나라의 MD 체계 구축을 위한 명분 및 실전 훈련의 기회를 제공했다는 분석이 있다. 예를 들어, 미국의 국방부 핵·미사일 방어 정책 담당 부차관보인 브래들리 로버츠는 북한의 광명성 3호 발사 계획 발표보다 닷새 앞선 3월 12일 미 하원 청문회에서 다음과 같이 밝혔다.

"미국은 일본·호주 및 일본·한국과 3자 대화에 참여하고 있다. MD는 이들 대화에서 다뤄지고 있는 주제다. 이러한 3자 대화는 국제적인 MD 협력을 확대하고 지역 안보를 강화하며 동맹국의 능력을 향상시키고자 하는 미국의 노력의 핵심적인 요소이다.[44]

이러한 움직임에 대해 중국은 경계감을 나타냈으며, 북한 외무성은 직접적으로 "미국이 가고 있는 길은 조선반도뿐 아니라 동북아시아 지역에서 평화와 안정을 해치고 새로운 랭전을 불러오는 길이다"[45]라고 비판했다. 안보리 의장성명 채택과 추가제재조치 논의 과정에서도 한·미·일과 중·러 사이에 의견 차이가 존재했는데, 이로 인해 동북아 지역에서는 또다시 과거 냉전 구도가 반복되어 나타나는 것 아니냐는 문제의식이 제기됐다.

본 연구는 광명성 3호 발사 사건에 있어 '냉전 구도'와 관련하여 이러한 일련의 움직임에 주목했다.

(1) KBS 《뉴스 9》의 보도태도

광명성 3호 발사를 둘러싼 대립이 진행되는 과정에서 북한의 "미사일 발사"에 대한 한·미·일의 공동대응이 부각됐고, 특히 미사일 요격시스템과 정보 교환에 관한 움직임이 가시적으로 나타났다. 또한 광명성 3호 발사 직후에는 대북 추가제재 등의 강력한 조치를 요구하는 한·미·일과 규탄은 하되 불필요한 자극을 초래할 수 있는 추가제재조치에 대해 신중한 태도를 보인 중국, 러시아 사이의 의견 차이도 표면화 됐다.

---

44) "북한 '광명성 3호' 타고 한-미-일 '3각 MD' 급부상." 『프레시안』(2012. 4. 5), http://www.pressian.com/article/article.asp?article_num=30120404141416 (검색일: 2012년 8월 10일).

45) "조선외무성 식량지원공약 중지는 조미합의 핵심사항을 위반." 『조선중앙통신』(2012. 3. 31), http://www.kcna.co.jp/index-k.htm (검색일: 2012년 8월 11일).

이에 대해, KBS 《뉴스 9》는 "한미 외교장관은 긴급 전화통화를 갖고, 북한이 안보리 결의를 위반한 만큼 안보리를 통해 대응책을 마련하기로 했습니다. 김관진 국방장관은 성김 주한 미국대사, 제임스 서먼 주한미군 사령관과 만나 북한의 추가 도발 가능성에 대비해 한미 양국의 높아진 대북감시태세 등을 당분간 계속 유지하기로 했습니다"[46]라고 소개하며, 한·미 간의 긴밀한 연대에 중요성을 부여했다. 또한 "미국은 또 북한의 추가 도발 가능성에도 주목하면서 동맹국과의 안보 공약을 재확인했습니다"라고 하며, 동맹국 간의 대북 공동대응을 강조했다. 반면, 중국과 러시아에 대해서는 안보리의 대북 비난 의장 성명에 신속히 협조한 것에 대해서는 긍정적으로 해석하면서도, "하지만, 중국과 러시아가 추가 제재를 반대하는 입장이어서, 실효성 있는 대책이 나오기는 어려워 보입니다. 북한을 규탄하는 결의나 의장 성명이 나올 것으로 예상되는데, 얼마나 강도 높은 문구를 담아낼지가 주목됩니다."[47]며, 중국과 러시아의 소극적인 자세를 지적하는 태도를 보였다. 또, "북한이 지난 15일 김일성 100회 생일 기념 열병식 때 이동식 미사일을 깜짝 공개했었죠. 이 무기는 장거리 탄도 미사일로 추정되는데 직경 2m에 길이는 18m나 됩니다. 이 거대한 미사일을 실은 이동식 발사체 차량에도 이목이 쏠렸는데 중국 기술로 제작됐다는 의혹이 제기되면서 미국과 중국 간에 신경전이 가열되고 있습니다. 의혹을 키울 만한 정황들도 속속 드러나고 있습니다."[48]라고 하며 북한의 미사일 개발에 중국이 도움을 주고 있다는 의혹을

46) "정부 '유엔 안보리 결의 위반…응분의 책임져야'." 『KBS 뉴스 9』(2012. 4. 13).

47) "유엔 안보리, '北 로켓 발사' 오늘 밤 긴급 회의." 『KBS 뉴스 9』(2012. 4. 13).

48) "[심층취재] 北 발사대 차량 중국 기술?…美·中 신경전." 『KBS 뉴스 9』(2012. 4. 20).

제기했다.

한편, 일본의 미사일 탐지 및 요격 시스템 배치와 관련해서는 비판이 없었으나, 미사일 탐지 및 요격과 관련이 없는 육상자위대가 오키나와에 증파된 것에 대해서는 의문의 목소리를 나타내기도 했다.

이와 같이, KBS《뉴스 9》는 북한의 광명성 3호 발사에 대한 대응 조치과정에서 미국, 일본과의 협력을 비중 있게 보도했고, 특히 미국과는 '동맹'을 언급하며 공동대응 할 것을 강조했다. 반면, 중국과 러시아가 안보리 의장 성명 채택에 협조한 부분에 대해서는 긍정적으로 인식했으나, 안보리 차원의 대북 대응조치의 강도가 이들 두 나라 때문에 한계를 보일 수밖에 없었으며 특히 중국에 대해서는 북한의 미사일 개발에 도움을 주고 있다는 의구심을 나타냈다. 전체적으로 KBS《뉴스 9》에서는 한·미·일 사이의 동맹과 협력에 대해 긍정적 또는 무비판적 시각을 드러냈고, 반면 북·중·러 사이의 협력, 협조 분위기에 대해서는 비판적인 시각을 드러냈다.

(2) CCTV《똥팡스콩(東方時空)》의 보도태도

중국의 CCTV《똥팡스콩(東方時空)》은 광명성 3호 발사에 대한 한국과 미국, 일본의 대응조치에 대해 큰 관심을 보였다. 특히, 광명성 3호가 발사되기 전까지 전개된 한·미·일의 군사적 대응조치에 대해 비교적 자세히 보도하며 큰 관심을 나타냈다. 그 중에서도 일본의 이지스함과 PAC-3 배치 등의 상황을 자세히 보도하면서 높은 관심을 나타냈고, 특히 일본과 미국이 연합하여 북한의 광명성 3호 발사에 대응한다는 점을 강조했다.

한편, 아나운서나 기자, 또는 나레이션을 통해 한·미, 일·미 동맹이나 한·미·일 군사협력에 대해서 직접적으로 부정하는 표현은 나타내지 않았다. 하지만, 전문가와의 인터뷰를 통해 한·미·일이 계속해서 북한을 정치, 군사, 경제적으로 압박을 가했기 때문에 북한이 주변국의 만류에도 불구하고 광명성 3호 발사라는 강력한 조치를 취한 것이라는 분석을 소개했다. 동시에 '2·29 합의'에 대해서도 북·미간에 합의를 달성했지만, 그 후 한·미가 계속해서 대규모 군사훈련을 실시한 결과 북한도 행동대 행동의 차원에서 맞대응 한 것이라고 나타냈다. 그러면서, 한·미·일이 계속해서 강한 대응조치를 취하면 북한도 더 강한 조치로서 대응할 것이고, 이로 인해 동북아 지역정세는 더 불안해 질 수 있다고 지적했다.

이와 같이, CCTV《뚱팡스콩》은 광명성 3호 발사에 대한 보도 과정에서, 한·미·일과 북·중·러라는 냉전구도에 대해서 직접적인 언급이나 평가는 하지 않았다. 하지만, 전문가와의 인터뷰를 통해서 한·미·일의 군사협력과 이를 통한 대북 압박이 북한을 불안하게 만들어 강경한 대응을 초래했고, 결국 지역 정세를 불안하게 하고 있다는 입장을 간접적으로 나타냈다.

(3) NHK《뉴스워치9(ニュースウォッチ9)》의 보도태도

광명성 3호 발사에 관한 NHK《뉴스워치 9(ニュースウォッチ9)》에서는 직간접적으로 미·일 동맹 및 한·미·일 협력을 강조하는 내용이 보도됐다. 일본 자위대가 광명성 3호 발사에 대비하여 도쿄에 배치한 PAC-3 요격미사일을 미국 태평양군 사령관이 방문했는데, NHK《뉴스워치 9》는 이 장면을 방영하면서 화면에 "긴밀히 연계"라는 큰 자막을 띄웠다. 이어 "일·미동맹은 아시아 지역 안전보장의 기초로서 매우 중요하다"[49]라고 하는 미군 사령관의 발언을 내보냈다. 또한 일본 외무상이 워싱턴을 방문하여 미국 국무장관과 회담

한 소식을 전하면서 “일·미가 잘 연계를 해서 안보리를 포함한 국제사회와 적절히 대응해야”라는 발언을 내보냈다.

전문가와의 인터뷰에서도 이러한 경향이 나타났는데, 광명성 3호 발사 당일 각국의 전문가들이 이에 대해 어떻게 바라보고 있는지를 보도한 뉴스에서는 한국과 미국, 일본 전문가와의 인터뷰만이 소개됐다. 게다가 일본 전문가의 “일·미·한이라고 하는 틀을 확실히 만든 다음에 중국을 움직이고, 중국에게 적절한 역할을 하게 만드는 것이 일본의 국익을 지킨다고 생각한다.”[50]라는 발언을 내보내는 등 간접적으로 한·미·일 협력을 강조하는 방향으로 뉴스를 편집했다.

미·일 동맹 및 한·미·일 협력을 강조한 것에서 더 나아가, 광명성 3호 발사 전에는 “중국은 (북한에) 더 강력한 영향력 행사를”[51] “중국이 좀 더 개방적으로 눈에 보이는 노력을 해 준다면”이라고 하면서, 광명성 3호 발사문제에 있어서 중국을 압박하는 모습을 보였다. 이는 북한이 발사를 강행한다면 북한에 영향력을 행사하고 있는 중국이 이를 저지하지 못한 일정 정도의 책임을 져야 한다는 것으로도 해석될 수 있는 부분이다.

전체적으로, NHK 《뉴스워치 9》는 광명성 3호 발사와 관련해서 미·일 동맹과 한·미·일 협력을 중시하며, 중국의 역할을 압박하는 보도태도를 나타냈다.

---

49) “‘發射準備は最終段階’北朝鮮　周辺國は…” 『NHK ニュースウォッチ9』 (2012. 4. 11).

50) “‘發射準備は最終段階’北朝鮮　周辺國は…” 『NHK ニュースウォッチ9』 (2012. 4. 11).

51) “北朝鮮‘發射’姿勢　自制を求める國際社會.” 『NHK ニュースウォッチ9』 (2012. 4. 10).

(4) '한·미·일 vs 북·중·러' 프레임을 형성하는 미디어

KBS 《뉴스 9》와 NHK 《뉴스워치 9》는 북한의 광명성 3호 발사에 대응하기 위해서, 한·미·일 협력 및 한·미동맹, 일·미동맹의 중요성을 강조했다. 이는 외교적 차원의 협력뿐만이 아니라, 정보교환을 포함한 군사 방면에서의 협력도 포함됐다. 반면, 중국과 러시아에 대해서는 설득의 대상으로 인식하기도 했다.

한편, CCTV 《뚱팡스콩》은 한·미·일 협력 및 한·미동맹, 일·미동맹에 대해서 직접적으로 비판하지는 않았지만, 이러한 움직임이 북한을 자극하고 더 나아가 동북아 정세를 불안하게 한다는 보도태도를 나타냈다.

3절 소결론

2012년 4월 13일 발사된 북한의 '광명성 3호'는 동북아 지역 정세에 큰 파장을 일으켰다. 특히, 한국과 중국, 일본의 정부 차원에서뿐만이 아니라, 이들 국가의 미디어도 이 사건에 대해 큰 관심을 가지며 적극적으로 보도했다.

'광명성 3호' 발사에 대한 보도태도는 기본적으로 '광명성 3호'를 어떻게 인식하는가에서 큰 영향을 받았는데, 먼저 각 미디어가 이에 대해 어떻게 인식했는지 살펴보면 다음과 같다.

KBS 《뉴스 9》는 '광명성 3호' 발사를 '로켓 발사' 또는 인공위성을 가장한 사실상의 '미사일 발사'로 규정했다. 그럼에도 불구하고 미사일 발사의 근본 원인에 대한 관심보다는 '광명성 3호'의 발사 시기, 제원, 실패 원인, 주변국의 대응 조치 등에만 관심을 기울였다. 전체 48건의 뉴스항목 중에서 "왜 발사하는가?"에 대한 뉴스가 단지 2건에 불과했다는 것이 이를 단적으로 보여준다.

한편, CCTV 《똥팡스콩》은 기본적으로 '광명성 3호'를 미사일 발사가 아닌 인공위성 발사라는 시각에서 보도했다. 이에 따라 CCTV 《똥팡스콩》은 '광명성 3호' 발사를 북한의 미사일 문제와 깊게 연계하며 보도하지 않았다. 또한 '광명성 3호' 발사가 북한의 삼림자원 분포 및 자연재해 상황, 기후 측정 등 실용적인 목적을 위해 발사한다는 북한 측의 설명을 있는 그대로 보도했다.[52] KBS 《뉴스 9》와 NHK 《뉴스워치 9》가 이에 대해 보도하지 않은 것과 비교하면, 광명성 3호 발사를 인공위성 발사라고 주장하는 북한의 입장을 좀 더 반영한 것이라고 할 수 있다.

NHK 《뉴스워치 9》는 '광명성 3호' 발사가 '사실상의 장거리 탄도미사일' 발사라는 인식을 명확하게 나타내며, '광명성 3호'를 포함한 북한의 미사일 문제를 일본의 안보 위협이라는 차원에서 집중적으로 보도했다. 이에 따라, 북한의 미사일로부터 일본의 안전을 지키기 위한 PAC-3나 이지스함 배치, 육상자위대 파견 등에 대해 긍정적인 태도를 나타냈다. 특히, '광명성 3호' 발사에 대해서는 김일성 탄생 100주년을 축하하고, 새 지도자 김정은의 지도력을 대내외에 과시하기 위한 이벤트로만 해석했다.[53] 특히, NHK 《뉴스워치 9》의 보도는 광명성 3호 발사를 미사일 발사로 인식하고 있음에도 불구하고, 북한 미사일 문제의 본질인 북·미관계에는 거의 관심을 기울이지 않고, 자국에 대한 위협 차원에서만 문제에 접근하는 모습을 보였다.

이와 같은 기본적인 인식을 보인 3개국 방송뉴스를 동북아 지역 안보라는 관점에서 분석한 결과 다음과 같은 특징을 발견할 수

52) "'光明星3号'衛星詳細資料." 『CCTV 東方時空』(2012年04月08日).
53) "'發射予告'初日 持ち越しはなぜ?." 『NHK ニュースウォッチ9』(2012年04月12日).

있었다.

먼저, 3개 방송보도 모두 무력 충돌의 가능성을 높일 수 있는 군사적 대응조치에 대해 단순히 현상을 전달하는 소극적인 보도에 머물렀다. 특히 KBS《뉴스 9》와 NHK《뉴스워치 9》에서 이러한 경향이 뚜렷이 나타났고, 이 두 방송은 한국과 일본, 미국의 군사적 대응조치를 지지하는 태도마저 보였다. 무력 충돌이 지역안보를 위협하는 가장 직접적인 요인이라는 점을 고려했을 때, 이들 미디어가 무력 충돌을 방지하려는 모습보다는 이에 동조하거나 무관심한 보습을 보인 것은 우려스러운 점이라고 할 수 있다.

둘째, '광명성 3호' 발사를 계기로 취해진 대북 추가제재와 식량지원 중단 등의 조치에 대해서도 직간접적으로 지지하거나, 단순히 현상을 전달하는 경향을 보였다. 이 또한 KBS《뉴스 9》와 NHK《뉴스워치 9》에서 뚜렷이 나타났는데, 이는 KBS《뉴스 9》와 NHK《뉴스워치 9》가 '광명성 3호' 발사를 사실상의 장거리 탄도미사일 시험으로 규정했기 때문으로 보인다. 반면, CCTV《똥팡스콩》은 이 문제에 대해 거의 보도를 하지 않았다. 대화와 교류가 단절되는 상황은 서로에 대한 정보부족과 신뢰감소를 초래하고, 종국에는 '안보 딜레마' 등 지역 안보에 부정적인 요인으로 작용한다. 이런 점을 생각한다면, 한·중·일 국영방송의 보도태도는 동북아 지역 안보에 있어 긍정적인 모습이라고 보기 힘들다.

셋째, 한국의 KBS《뉴스 9》와 일본의 NHK《뉴스워치 9》는 '광명성 3호' 발사에 대한 대응과정에서 한·미동맹, 일·미동맹, 한·미·일 협력을 강조하고, 중·러에 대해 부정적인 태도를 보였다. 반면, 중국의 CCTV《똥팡스콩》은 북한의 '광명성 3호' 발사에 대해서는 비판적인 의견을 나타내지 않았고, 발사와 관련한 한·미·일의 민감한 반응에 대해서만 경계하는 태도를 보였다. 탈냉전 이후에도 동북아 지역에는 여전히 냉전구도가 형성되어 있고, 이것이

지역안보를 불안하게 만드는 요인으로 작용하고 있다. 이런 상황에서, '광명성 3호' 발사 사건에서 나타난 한국과 일본 국영방송의 보도태도는 이러한 구도를 강화하거나 긍정적으로 받아들이는 모습을 보였다고 할 수 있다.

미디어의 사회적 영향력, 더 나아가 지역 안보에 미치는 영향을 생각한다면 '광명성 3호'와 같이 지역 안보와 직결되는 문제에 대한 미디어의 보도태도가 얼마나 중요한지 쉽게 짐작할 수 있다. 하지만, 이에 대한 한·중·일 방송뉴스를 분석한 결과, 지역안보에 부정적인 보도태도가 발견됐고, 특히 한국과 일본 방송에서 이러한 경향이 더욱 선명하게 나타났다.

6장 결론

20세기 말 소련이 붕괴하면서 소련과 미국을 중심으로 한 냉전 구도가 해체되고, 초강대국 미국을 중심으로 세계질서가 재편되었다. 그리고 최근에는 중국이 급속히 부상하면서 정치, 경제, 문화 등 다방면에서 미국과 함께 세계적 강대국으로서 중요한 역할을 담당하고 있다.

이와 동시에 EU, ASEAN, NAFTA 등이 말해 주듯 지역협력 체제도 꾸준히 강화되어 왔다. 한국과 중국, 일본, 북한 등이 위치한 동북아 지역에서도 이러한 세계적 흐름에 맞춰 지역협력 체제를 강화하기 위한 노력이 다방면에서 진행되어 왔다. 하지만 동북아 지역에는 다른 지역과는 달리 안정적인 지역협력 체제를 갖추지 못하고 있고, 경제, 사회 등 분야에서의 교류와 협력도 불안정한 모습을 자주 보이고 있다. 이에 대해 많은 전문가들이 지역협력 체제를 이루기 위해 가장 기본이 되는 안보 분야에서의 안정이 이 지역에서는 결여되어 있기 때문이라고 지적한다. 이에 따라, 동북아 지역안보를 구축하기 위한 다양한 노력과 연구들이 진행되어 왔지만, 이 지역에서의 안보 문제는 여전히 많은 과제를 안고 있는 것이 현실이다.

이러한 배경 하에서, 본 연구는 동북아 지역안보와 미디어의 보도태도에 주목했다. 왜냐하면 동북아 지역 안보에 큰 영향을 미친 사안들에 대한 각국 미디어들의 보도태도가 과연 지역 안보에 긍정적인 역할을 했는지 의문을 갖지 않을 수 없었기 때문이다. 게다가 미국과 유럽 등의 지역에서는 1990년대 냉전 해체 이후, 미디어 보도와 외교정책의 관계에 대해 주목하면서 활발한 연구가 진행되어 온 반면, 동북아 지역에서는 이러한 연구가 매우 부족하기 때문이다.

본 연구는 우선 미디어 보도가 작게는 일국의 외교정책에서, 크게는 지역 안보에 영향을 끼칠 수 있다는 이론적 근거를 살펴봤다. 본 연구의 분석대상이 된 한·중·일 3개국 미디어 중에서 한국과 일본의 경우, 같은 자유주의 이념을 갖고 있는 서방의 연구 성과들을 중심으로 그 근거를 찾았다. 한편, 사회주의 이념을 채택하고 있는 중국의 경우에는 마르크스·레닌 및 중국 지도자들의 언론 사상과 중국 내에서 이뤄진 관련 연구 성과들을 바탕으로 이론적 근거를 찾았다.

결과, 중국에서는 미디어가 당과 정부의 외교정책으로부터 큰 영향을 받고, 같은 자유주의 국가인 한국과 일본 사이에서도 미디어와 외교정책 사이의 영향관계에 있어 일정한 차이가 존재함을 알 수 있었다. 하지만 이렇게 정도의 차이가 존재함에도 불구하고, 다양한 연구 성과들과 실례들은 미디어 보도가 외교정책에 일정한 영향을 끼치고 있다는 사실을 뒷받침 해 줬다. 동시에 일국 차원에서 미디어 보도가 외교정책에 영향을 끼친다는 사실이, 지역차원에서는 각국의 미디어 보도가 지역 안보에도 영향을 끼칠 수 있음을 뒷받침 해 줬다. 또한 언론학 영역에서도 미디어 보도와 지역 안보가 중요한 관계를 갖고 있다는 사실을 알 수 있었다.

이와 같은 이론적 근거를 바탕으로, 본 연구는 천안함 침몰 사건과 동북아 해양 귀속권 분쟁, 광명성 3호 발사 사건을 사례로 선정하여, 지역안보의 관점에서 한·중·일 3개국 미디어의 보도태도를 살펴봤다. 여기서 분석 틀이 되는 지역안보에 대해서는 '무력 충돌'의 위험이 적고, 국가 간에 '대화와 교류'가 정상적으로 이뤄지며, '냉전구도'가 해체되는 과정으로서 개념적 정의를 내렸다. 여기에 더하여, 해양 귀속권 분쟁에 대한 분석에 있어서는 국민들에게 분쟁지역에 대한 정확하고 공정한 정보가 제공되는가를 지역 안보의 중요한 요소로서 정의했다.

먼저, 천안함 침몰 사건에 대해서는 한국의 KBS 《뉴스 9》와 중국의 《환치우스빠오》, 일본의 《요미우리신문》을 중심으로 보도태도를 분석했다. 분석 결과, 천안함 침몰 사건이 전개되는 과정에서 '군사적 갈등'의 심화와 '대화와 교류'의 단절 및 축소, '냉전구도'의 강화와 같이 지역 안보에 부정적 영향을 미치는 현상들이 나타났다. 이에 대해, KBS 《뉴스 9》와 《환치우스빠오》, 《요미우리신문》 모두 소극적인 보도태도를 보이며 큰 문제의식을 나타내지 않았다. 특히, KBS 《뉴스 9》와 《요미우리신문》은 소극적인 자세를 넘어 대화와 교류의 단절을 방관하고 군사적 갈등을 조장하며, 냉전구도를 더욱 강화해야 한다는 보도태도마저 보였다. 반면, 《환치우스빠오》는 상대적으로 냉전의식에 대해서는 적극적으로 비판했고, 군사적 충돌에 대해서도 우려를 나타내는 등 지역 안보의 관점에서 볼 때 긍정적으로 평가할 수 있는 보도태도를 보이기도 했다.

다음으로, 독도, 이어도, 조어도 분쟁에 대해서는 한·중·일의 주요 신문 15개를 대상으로 분석을 실시한 결과 다음과 같은 결과를 얻을 수 있었다.

먼저, 자국이 분쟁의 당사국인 문제에 대해서 한·중·일 신문은 모두 단호하고 강경한 대응을 강조하는 경향을 보였다. 특히 조어도 분쟁을 둘러싼 중국과 일본의 신문에서 이러한 경향이 두드러지게 나타났다. 분쟁이 불거진 시기와 상황에 따라 표면적으로는 대화와 자제를 강조하는 모습도 나타났지만, 실질적으로는 여전히 대화와 교류를 저해하는 정책을 지지하거나 새로운 갈등을 유발할 수 있는 조치들을 주장하는 모습이 나타났다.

또한, 해양 귀속권 분쟁이 평화적이고 합리적으로 해결되기 위해서는 대화와 타협을 통한 외교적 해결이 필요한데, 이는 상대방의 주장에 대한 이해와 존중을 바탕으로 이성적으로 대응해 가는 자세가 필요하다. 특히 일반 국민에게 있어 뉴스 미디어는 중요한 정보원으로, 국민이 상대국의 주장에 대해 올바른 이해와 존중을 갖기 위해서는 미디어의 정확하고 공정한 정보 제공이 필요하다. 하지만, 독도, 이어도, 조어도에 대한 한·중·일 신문의 보도에서는 자국에 유리한 정보만이 편중되게 제공되고 있었고, 상대국이 어떤 근거로 주장하는지에 대해서는 거의 정보를 제공하지 않았다. 게다가 이어도 문제에 있어서는 해양경계선 획정 문제를 영토분쟁으로 잘못 보도하여 자칫 국민의 민족주의 정서를 자극할 수 있는 오류도 발견됐다. 특히, 지역 안보 차원에서 더욱 심각한 것은, 독도에 해병대를 파견하고, 조어도에 자위대를 파견하며, 심지어 핵까지 언급하는 등 무력 충돌을 야기할 수 있는 조치들이 미디어에서 주장되고 있었다는 점이다. 무력 충돌이 지역 안보에 가장 직접적인 불안 요인이라는 점을 생각한다면, 이러한 미디어의 보도태도는 지역 안보에 부정적 영향을 끼치는 심각한 문제라고 할 수 있다.

마지막으로, 광명성 3호 발사 사건에 대해서는 한·중·일 주요 텔레비전 보도프로그램을 대상으로 보도태도를 분석했다.

'광명성 3호' 발사에 대한 보도태도는 기본적으로 '광명성 3호'를 어떻게 인식하는가에서 큰 영향을 받았는데, KBS《뉴스 9》와 NHK《뉴스워치 9》는 '광명성 3호' 발사를 사실상의 '미사일 발사'로 규정했고, CCTV《똥팡스콩》은 기본적으로 '광명성 3호'를 미사일 발사가 아닌 인공위성 발사라는 시각에서 보도했다.

이와 같은 기본적인 인식을 바탕으로 3개국 방송은 다음과 같은 보도태도를 보였다.

먼저, 3개 방송 모두 무력 충돌의 가능성을 높일 수 있는 군사적 대응조치에 대해 단순히 현상을 전달하는 소극적인 보도에 머물렀다. 특히 KBS 《뉴스 9》와 NHK 《뉴스워치 9》에서 이러한 경향이 뚜렷이 나타났고, 이 두 방송은 한국과 일본, 미국의 군사적 대응조치를 지지하는 태도마저 보였다. 무력 충돌이 지역안보를 위협하는 가장 직접적인 요인이라는 점을 고려했을 때, 이들 미디어가 무력 충돌을 방지하려는 모습보다는 이에 동조하거나 무관심한 보습을 보인 것은 우려스러운 점이라고 할 수 있다. 또한, '광명성 3호' 발사를 계기로 취해진 대북 추가제재와 식량지원 중단 등의 조치에 대해서도 직간접적으로 지지하거나, 단순히 현상을 전달하는 경향을 보였다. 이 또한 KBS 《뉴스 9》와 NHK 《뉴스워치 9》에서 뚜렷이 나타났고, CCTV 《똥팡스콩》은 이 문제에 대해 거의 보도를 하지 않았다. 그리고, 한국의 KBS 《뉴스 9》와 일본의 NHK 《뉴스워치 9》는 '광명성 3호' 발사에 대한 대응과정에서 한미동맹, 일미동맹, 한·미·일 협력을 강조하고, 중·러에 대해 부정적인 태도를 보였다. 반면, 중국의 CCTV 《똥팡스콩》은 북한의 '광명성 3호' 발사에 대해서는 비판적인 의견을 나타내지 않았고, 발사와 관련한 한·미·일의 민감한 반응에 대해서만 경계하는 태도를 보였다.

이와 같이, 한·중·일 3개국의 미디어 보도를 살펴본 결과 전반적으로 이들 미디어가 지역안보에 긍정적인 역할을 하고 있다고 보기에는 힘든 결과가 나왔다. 특히, 한국과 일본의 미디어는 모든 사건에 대한 보도에 있어 심각한 '냉전 의식'에 사로잡혀 있는 것으로 나타났다. 지역안보에 심각한 영향을 주는 각종 사건을 보도하는데 있어, 대화와 타협을 통해 평화적이고 합리적으로 해결하도록 주장하기 보다는, 미국과의 동맹관계나 한·미·일 협력을 통한 문제 해결을 강조하는 모습을 보였다. 또한 군사적 조치와 각종 제재 조치 등 무력 충돌을 야기할 수 있는 대응수단에 대해서도 무비판적으로 그대로 전달하거나, 더 나아가 이를 적극 지지하는 모습도 나타났다. 반면, 중국의 미디어는 '냉전 의식'에 대해서 매우 적극적으로 비판하는 태도를 보였고, 군사적 대응 조치와 제재 등에 대해서도 신중한 태도를 나타내는 등 지역안보의 관점에서 긍정적인 모습을 보이기도 했다. 하지만, 중국의 미디어도 '대화와 교류'가 단절되고 축소되는 사태에 대해서는 전반적으로 한국, 일본의 미디어와 마찬가지로 무비판적으로 단순히 전달하는 소극적인 모습을 보였고, 한·미·일의 군사훈련에 대해서는 강하게 비판했으나, 자국의 군사훈련은 정당한 것으로 인식하는 등 이중적인 태도를 보이기도 했다.

한편, 본 연구가 선정한 세 가지의 사례 중에서 해양 귀속권 분쟁에 대한 보도태도 분석에서 가장 우려되는 결과가 나타났다. 해양귀속권 분쟁이 갖고 있는 민감한 성격이 미디어의 보도태도에도 반영된 것으로 보인다. 특히, 천안함 침몰 사건과 광명성 3호 발사 사건에 있어서 일정 부문 긍정적인 보도태도를 보인 중국의 미디어도, 해양 귀속권 분쟁에 있어서는 한국, 일본의 미디어와 크게 다르지 않은 모습을 나타냈다. 전반적으로 대화와 타협을 통한 평화적 해결보다는 단호하고 강경한 대응을 강조하는 태도를 보였고, 분쟁지역에 대한 정보제공에 있어서도 자국에 유리한 정보만이 편중되게 제공되어 미디어를 소비하는 국민의 입장에서는 상대국이 어떤 근거로 귀속권을 주장하는지 알 수가 없었다. 이와 같은 보도태도는 미디어를 소비하는 국민으로 하여금 '분쟁 지역이 여러 가지 근거에 비추어 우리 땅임이 분명함에도 불구하고,

상대국가가 아무런 근거 없이 자기네 땅이라고 우기고 있기 때문에 단호하고 강경한 대응을 취해야 한다'는 입장을 취하도록 만들 우려가 있다. 그런데 문제는 이러한 경향이 3개국에서 모두 나타나기 때문에 결국 해양 귀속권 분쟁을 둘러싼 대립은 더욱 심각하게 전개되어 지역 안보를 불안하게 할 수 있는 것이다.

이상에서 살펴본 봐와 같이, 한·중·일 3개국 미디어의 보도태도를 살펴본 결과 이들 미디어 보도가 동북아 지역안보에 긍정적인 역할을 하고 있다고 보기 어려운 모습들이 나타났다. 특히 한국과 일본의 미디어에서 이러한 모습이 더욱 현저하게 나타났고, 사회제도의 특성상 자유주의 국가에서의 미디어 보도가 외교정책에 미치는 영향이 더욱 크다는 점을 고려하면 시급한 개선이 필요하다고 할 수 있다. 비록 중국 미디어의 경우, 일정 부문 긍정적인 모습도 보이기도 했지만, 사회주의 언론의 특성상 정부의 외교정책에 따라 미디어의 보도태도가 언제든지 극단적으로 변할 수 있는 가능성을 배제할 수 없고, 실제로 일본과의 해양귀속권 분쟁을 둘러싼 보도에서 그런 우려가 현실로 나타났다.

본 연구는 동북아 지역에서 각국의 미디어 보도가 지역 안보에 미치는 영향에 대해 그 과정을 구체적으로 추적하거나, 영향력의 크기를 측정하지는 못했다. 또한 정보통신기술이 급속도로 발전하면서 뉴스 미디어뿐만이 아니라, 트위터, 페이스북, 웨이보(중국식 트위터) 등의 쇼셜네트워크 서비스(SNS)가 외교정책 및 지역안보에 미치는 영향도 무시할 수 없게 됐다. 이러한 점들에 대해서는 이후 추가적인 연구가 필요할 것으로 보인다.

참고 문헌

[국문]

강효백. 2009. “한중해양 경계획정 문제 : 이어도를 중심으로.” 『한국동북아논총』(제50집). 한국동북아학회, pp. 85-107.
구본학. 2004. 『세계외교 정책론』. 서울: 을유문화사.
구영록. 1986. 『인간과 전쟁』. 서울: 법문사.
김기수. 2005. 『동아시아 역학구도』. 서울: 한울아카데미.
김보근 외. 2010. 『봉인된 천안함의 진실』. 서울: 한겨레 출판.
김부찬. 2000. “韓中 漁業協定과 ‘이어도’ 주변수역의 법적 문제.” 『제주대학교 논집』(제10집). 제주대학교평화연구소, pp. 235-251.
김성해·강국진. 2007. 『국가의 품격과 저널리즘 외교』. 서울: 한국언론재단.
김영주 편. 1999. 『현대 북한 언론의 이해』. 서울: 한울아카데미.
김용호. 1999. 『외교안보정책과 언론 그리고 의회』. 서울: 오름.
김학준. 1990. “6·25연구의 국제적 동향 : 6·25연구에 관한 문헌사적 고찰.” 김철범 편. 『한국 전쟁을 보는 시각』, 서울: 을유문화사.
김현수. 1997. “센카쿠(조어도)분쟁의 국제법적 고찰.” 『해양전략』(‘97. 12), pp. 156-185.
남궁근. 1998. 『행정조사 방법론』. 서울: 법문사.
민군 합동조사단. 2010. 『합동조사결과 보고서 - 천안함 피격사건』. 대한민국 국방부.
박명규외 5명. 2010. 『2010 통일의식조사』. 서울대 통일평화연구소.
박명림. 2006. “동북아 시대, 동북아 구상, 그리고 남북관계.” 『동북아구상과 남북관계 발전전략』(통일연구원 학술회의 총서 06-03).
박인휘. 2010. “안보와 지역 - 안보개념의 정립과 동북아 안보공동체의 가능성.” 『국가전략』 제16권 제4호, pp. 33-61.
박종인. 2006. 『국익과 진실보도』. 서울: 커뮤니케이션북스.
박준영 외 공저. 2008. 『정치학』. 서울: 박영사.
박현모. 2000. 『국제정치학』. 서울: 인간사랑.
서훈. 2008. 『북한의 선군외교』. 서울: 명인출판사.
신용하. 2012. 『독도, 세계인이 ‘독도문제’를 이해하기 위한 16포인트』. 독도

학회.
오미영·정인숙. 2005.『커뮤니케이션 핵심 이론』. 서울: 커뮤니케이션북스.
유재천·이민웅. 1994.『정부와 여론』. 서울: 나남출판.
이봉우. 2004.『중국신문의 변화와 특성』. 서울: 한국학술정부(주).
이수혁. 2011.『북한은 현실이다』. 서울: 21세기북스.
이우승. 2004. "국내방송의 북한관련 보도 자세에 대한 연구 - KBS의 9시 종합뉴스와 남북의 창을 중심으로."『북한연구학회보』 제10권 제1호, pp. 258-289.
임수호. 2007. "실존적 억지와 협상을 통한 확산: 북한의 핵정책과 위기조성 외교(1989~2006)." 서울대학교 박사학위논문.
임수환. 1990. "한국외교정책과 언론의 보도태도 : 한·소 샌프란시스코회담을 접하고."『저널리즘』19(1990년 봄여름호), pp. 51-60.
전국대학신문기자연합 교육국. 1997.『세계를 바꾸는 대중언론 Ⅲ』. 전국대학신문기자연합.
조선어문학부용. 1989. "신문학개론." 평양: 김일성종합대학출판사.
채서일. 1992.『사회과학 조사방법론』. 서울: 학현사.
최용환. 2003. "북한의 대미 비대칭 억지강제전략 : 핵과 미사일 사례를 중심으로." 서강대학교 박사학위논문.
최태현. 2007. "외교적 방식에 의한 영토분쟁의 해결"『法學論叢』(제24집 제4호). 한양대학교 법학연구소.
팽원순. 1991. "언론의 자유와 국익."『언론중재』 1991년 여름호, pp. 6-11.
Peter Viggot Jakobson·최동철 역. 2001.『탈냉전시기의 강압외교』. 서울: 국방대학교.
何國平 저·김일억 역. 2012.『중국 대외보도 연구』. 서울: 커뮤니케이션북스.
하영선·남궁곤 편저. 2007.『변환의 세계정치』. 서울: 을유문화사.
한국역사연구회. 1994.『한국역사』. 서울: 역사비평사.
한승주. 1995. "세계화시대의 한국외교와 언론."『연세커뮤니케이션즈』 3 (1995年9月), pp. 88-94.
현인택. 1995. "국제안보연구의 재조명." 김달중·박상섭·황병무 공편.『국제정치학의 새로운 영역과 쟁점』. 서울: 나남출판사.
An Melissen ed·박종일·박선영 역. 2008.『신공공외교:국제관계와 스프트파워』. 서울: 인간사랑.

J. Herbert Altschull 저·양승목 역. 2005.『현대언론사상사: 밀턴에서 맥루한까지』. 서울: 나남출판, p. 81.

[중문]

单仁平. 2012. "钓鱼岛是篇长文章, 没有句号."『环球时报』(7월 14일), 7.
刘力. 2009.『国际政治』. 北京: 旅游教育出版社.
刘跃进. 2004. "试析危害国家安全的因素."『山西师大学报』(社会科学版) 第31卷 第4期, pp. 36-40.
刘锋. 2012. "谈南海, 一些中国媒体纰漏太多."『环球时报』(6월 29일), 7.
林婕. 2010. "中国公众外交中媒体的作用."『中国媒体发展研究报告』2010年00期, pp. 264-271.
门洪华. 2010. "东北亚安全困境及其战略应对." 黄大慧 主编.『构建和谐东亚』. 北京: 社会科学文献出版社, pp. 257-269.
夏鼎铭. 2001. "坚持马克思主义新闻观."『新闻界』.
邢悦·詹奕嘉. 2008.『国际关系：理论、历史与现实』. 上海: 夏旦大学出版社.
王德水. 2007. "从国际法视角看中日钓鱼岛主权争端."『海洋开发与管理』. 2007年3期, pp. 65-69.
王存刚. 2010. "公众对中国外交的参与及其影响."『外交评论』. 2010年第3期, pp. 74-96.
蒋昌建·沈逸. 2007. "大众传媒与中国外交政策的制定."《国际观察》2007年01期, pp. 43-50.
朱锐. 2008. "外交决策中的公众舆论与媒体因素."『当代世界』, 2008年08期, pp. 43-46.
朱锋. 2007.『国际关系理论与东亚安全』. 北京: 中国人民大学出版社.
中华人民共和国国务院新闻办公室. 2012.『钓鱼岛是中国的固有领土(白皮书)』. 2012年9月25日发表.
金灿荣. 2009. "东北亚安全合作的背景变化." 黄大慧 主编.『变化中的东亚与美国』. 北京: 社会科学文献出版社, pp. 20-34.
程曼丽.. 2006. "论我国软实力提升中的大众传播策略."『对外大传播』2006年10期.
程曼丽. 2008. "论'议程设置'在国家形象塑造中的舆论导向作用."『北京大学学

报(哲学社会科学版)』第45卷 第2期. pp. 162-168.
韩彩珍. 2010. "东北亚合作制度化的起点." 黄大慧 主编. 『构建和谐东亚』, 北京: 社会科学文献出版社. pp. 187-203.
何剑. 2008. 『东北亚安全合作机制研究』. 东北财经大学出版社.

[일문]

姜尚中. 2001. 『東北アジア 共同の家を目指して』. 東京: 平凡社.
和田春樹. 2003. 『東北アジア共同の家－新地域主義宣言』. 東京: 平凡社.
伊藤 高史. 2008. "外交政策とメディア, あるいはCNN効果--「政策-メディア相互行為モデル」の北朝鮮拉致事件におけるメディア--日本政府間関係への応用." 『メディア・コミュニケーション』 (慶応義塾大学メディア・コミュニケーション研究所) (58)2008年3月, pp. 101-114.
ホジェチョル. 2008. "日本メディアの北朝鮮報道." 同志社大学 修士学位論文.
島根県. 2008. 『竹島：かえれ 島と海』.

[영문]

Abbas Malek, Krista Wiegand. 1997. "News Media and Foreign Policy : an integrated review," News Media and Foreign Relations, Ablex Publishing Corporation.
A. J. Bacevich. 1996. "The Impact of the New Populism: Politics and Foreign Policy in 1996," Orbis, Vol. 40, No. 1.
A. Lijphart. 1971. "Compartive Politics and the Comparative Methods," APSR, 65:3.
Andrew Arno. 1984. The News Media in National and International Conflict. Westview Pr.
Baum, Matthew A. and Potter, Philip B. K.. 2008. "The Relationships Between Mass Media, Public Opinion, a-nd Foreign Policy: Toward a Theoretical Synthesis," Annual Review of Political Science. Vol. 11 Issue 1, p. 43.
Bernard Cohen. 1963. The Press and Foreign Policy, Princeton: Princeton University Press.
Bill Kovach and Tom Rosenstiel. 2006. The Elements of Journalism. New York: Three Rivers Press, p. 13.

CURRAN, James. 2002. Media and Power. London; Routledge

Daniel Hallin. 1989. The "Uncensored War": The Media and Vietnam. University of California Press.

David Baldwin. 1997. "The Concept of Security," Review of International Studies, Vol. 23, pp. 5-26.

David Eisenhower. 1996. "The Year of the Weary Electorate: Politics and Foreign Policy in 1996," Orbis, Vol. 40, No. 1.

Derek Miller. 2007. Media Pressure on Foreign Policy: The Evolving Theoretical Framework, NewYork: PALGRAVE MACMILLAN, p. 2.

D. F. Lancey. 1993. Qualitative Research in Education: An Introduction to the Major Traditions, New York: Lo-ngman.

Donald E. Nuechterlein. 1979. "The Concept of National Interest : a Time for New Approaches." Orbis(spring 1979), pp. 75-79.

Gadi wolfsfeld. 1997. Media and Political Conflict: News from the Middle East. Cambridge: Cambridge Unive-rsity Press.

Herman, Edward S. and Norm Chomsky. 1988. Manufacturing consent : the political economy of the mass media. New York : Pantheon Books.

H. Gans. 1979. Deciding What's News, London: Constable, p. 81.

H. Nicolson. 1964. Diplomacy. N.Y.: Oxford University Press, p.15.

James E. Dougherty and Rober I. Pfaltzgraff, Jr. 2001. Contending Theories of International Relations: A Comprehensive Survey, 5th edition. New York: Addison Wesley Longman. p. 344.

James Reston. 1967. The Artillery of the Press. New York: NY Harper & Row.

J. Herz. 1959. International Politics in the Atomic Age, New York: Columbia University Press, p. 157.

John Downing, Ali Mohammedi and Annabelle Sreberny-Mohammedi. 1995. Questioning The Media: A Critical Introduction (2nd ed.), Thousand Oaks: Sage, pp. 104-111.

John Zaller and Dennis Chiu. 1996. "Government's Little Helper: U.S. Press Coverage of Foreign Policy Crises, 1945-1991," Political Communication, Vol. 13, October-Cecember.

Jonathan Mermin. 1997. "Television News and American Intervention in Somalia : The Myth of a Media-Driven Foreign Policy," Political Science Quarterly,

Vol. 112, No. 3 (Autumn, 1997), pp. 385-403.

Joseph Frankel. 1988. International Relations in a Changing World. Oxford : Oxford University Press, pp. 135-38

Julio Borquez. 1993. "Newsmaking and Policymaking: Steps toward a dialogue," in Robert J. Spitzer (ed.), Media and Public Policy, Westport: Praeger.

Keith Hindell. 1995. "The Influence of the Media on Foreign Policy," International Relations, p. 73-83.

Lance Bennett. 1990. "Toward a Theory of Press-State Relations in the United States," Journal of Communication, 40(2), pp. 103-25.

L. Bennett. 1990. "Toward a Theory of Press-state Relations in the United States of America," Journal Of Communication, 40(2), pp. 103-125.

Leon Sigal. 1973. Reporters and Officials: The Organization and Politics of Newsmaking. D C Heath & Co.

Livingston·Todd Eachus. 1995. "Humanitarian Crises and U.S. Foreign Policy: Somalia and the CNN Effect Reconsidered," Political Communication, Vol. 12, No. 4. (October 1995), pp. 413-429.

Martin Linsky. 1986. Impact: How the Press Affects Federal Policymaking. New York: W.W. Norton & Co.

M. Linsky. 1986. Impact, New York: W. W. Norton & Company.

NaydaTerkildsen, Frauke I. Schnell, and Cristina Ling. 1998. "Interest Groups, the Media, and Policy Debate Formation: An Analysis of Message Structure, Rhetoric, and Source Cues," Political Communication, Vol. 15, No. 1.

Nic Gowing. 2000. "Media Coverage: Help or Hindrance in Conflict Prevention?," in Stephen Badsey. Ed. The media and international security, London : F. Cass, p. 205.

Nicholas O. Berry. 1990. Foreign policy and the press : an analysis of the New York times' coverage of U.S. foreign policy. New York : Greenwood Press.

Patrick O' Heffernan. 1991. Mass Media and American Foreign Policy: Insider Perspectives on Global Journalism and the Foreign Policy Process, Norwood: Ablex Publishing Company.

Peter Braestrup. 1977. Big story : how the American press and television reported and interpreted the crisis of Tet 1968 in Vietnam and Washington.

Westview Press.

Peter W. Rodman. 1996. "The Paradox of Presidential Campaigns: Politics and Foreign Policy in 1996," Orbis, Vol. 40, No. 1.

Piers Robinson. 2001. "Theorizing the Influence of Media on World Politics : Models of Media Influence on Foreign Policy," European Journal of Communication, pp. 523-544; Piers Robinson. 2002. The CNN Effect: The Myth of News Media, Foreign Policy and Intervention, London: Routledge Press.

Robert Jervis. 1976. Perception and Misperception in International Politics, Princeton University Press, pp. 172-187.

R. Tesch. 1990. Qualitative Research: Analysis types and software tools, New York: Falmer.

Siebert, Frederick S., Peterson, Theodore, Schramm, Wilbur. 1963. Four Theories of the Press: The Authoritarian, Libertarian, Social Responsibility, and Soviet Communist Concepts of What the Press Should Be and Do. Illinois : University of Illinois Press.

Simon Serfaty. 1990. The Media and Foreign Policy, MACMILLAN ACADEMIC AND PROFESSIONAL LTD.

Stephen M. Walt.. 1987. The Origins of Alliances. Ithaca & London: Cornell University Press, pp. 29-31.

Thomas E. Mann. 1990. "Making Foreign Policy: President and Congress," in Thomas E. Mann (ed.), A Question of Balance: The President, the Congress and Foreign Policy, Washington: Brookings Institution.

William A. Dorman·Mansour Farhang. 1988. The U.S. Press and Iran: Foreign Policy and the Journalism of Deference. University of California Press.

William Poundstone. 1993. Prisoner's Dilemma, Anchor.

W. Rivers, S. Miller & O. Gandy. 1975. "Government and the Media," in S. Chaffee(ed), political Communication, pp. 217-236.

[인터넷 자료]

돔 하우스(ドゥ・ハウス) http://www.myenq.com/topics/detail.php?topic_id=31

일본 ABC협회「신문발행사 레포트 반기(新聞發行社レポート半期)」(2010년1월~6월 평균) 요미우리 신문 판매부수 http://adv.yomiuri.co.jp/yomiuri/n-busu/abc.html

아사히 신문 판매부수 http://adv.asahi.com/modules/ad/index.php/about.html

"Harold Brown on International Security," Council on Foreign Relations, February 26, 2003. http://www.cfr.org/national-security-and-defense/harold-brown-international-security/p5642

Soo-Myung Ahn. 2012. "북한 잠수함이 남한 천안함을 침몰시켰는가?" www.ahnpub.com (검색일: 2012년 3월 7일)

이명박 대통령의 천안함 사건 관련 '대국민 담화' http://www.president.go.kr/kr/president/news/news_view.php?uno=1049&article_no=172&board_no=P01&search_key=&search_value= (검색일: 2011년 7월 21일).

중국 외교부 홈페이지. http://www.fmprc.gov.cn/chn/pds/wjdt/fyrbt/t714888.htm (검색일: 2012년 7월 5일).

한국 외교통상부 홈페이지. http://www.mofat.go.kr/trade/keyissue/dokdo/basic/index.jsp?menu=m_30_40

일본 외무성 홈페이지. http://www.mofa.go.jp/mofaj/area/takeshima/

시마네현 의회 홈페이지 (타케시마의 날 조례 제정 관련). http://www.pref.shimane.lg.jp/gikai/ugoki/takesima/takesima.html (검색일: 2012년 3월 7일).

일본 외무성 홈페이지의『尖閣諸島の領有權についての基本見解』, http://www.mofa.go.jp/mofaj/area/senkaku/index.html (검색일: 2012년 2월 3일).

일본 내각부 '외교에 관한 여론조사(外交に關する世論調査)', http://www8.cao.go.jp/survey/h24/h24-gaiko/index.html (검색일: 2012년 12월 13일).- "日米聲明、福島氏罷免など 鳩山首相記者會見の要旨",『朝日新聞』, 2010年5月28日, http://www.asahi.com/seikenkotai2009/TKY201005280480.html (검색일: 2011년 8월 3일).

"金正日對我國進行非正式訪問, 胡錦濤与其會談",『新華网』, 2010年5月7日, http://news.sina.com.cn/c/p/2010-05-07/100320223555.shtml (검색일: 2011년 8월3일).

"胡錦濤總書記同朝鮮勞動党總書記金正日在長春擧行會談", 《CCTV新聞聯播》(2010年8月30日), http://news.cntv.cn/china/20100830/104252.shtml

"中國宣布在蘇岩礁巡航,急的韓國媒体上躥下跳."『獵訊軍情网』, http://www.

1n0. net/Article/jqcb/129127.html (검색일: 2012년 3월 19일).
"조선반도의 평화보장체계수립에 관한 조선외교부 성명", 『조선중앙통신』, 1994년 4월 28일. http://www.kcna.co.jp/index-k.htm (검색일: 2012년 06월 12일).
"조미회담진행기간에는 미싸일발사를 하지 않을 것이다(조선외무성 대변인)", 『조선중앙통신』, (1999년 9월 24일). http://www.kcna.co.jp/index-k.htm (검색일: 2012. 06. 13).
"조선외무성 식량지원공약 중지는 조미합의 핵심사항을 위반." 『조선중앙통신』(2012. 3. 31), http://www.kcna.co.jp/index-k.htm (검색일: 2012년 8월 11일).
"정부 '천안함' 합동기자회견 문답" 『연합뉴스』(2010년 5월 24일), http://news.naver.com/main/read.nhn?mode=LSD&mid=sec&sid1=100&oid=001&aid=0003291148 (검색일: 2011년 7월 3일).
"北, 南대북조치에 `남북관계 단절' 대응(종합)" 『연합뉴스』(2010년 5월 25일), http://news.naver.com/main/read.nhn?mode=LSD&mid=sec&sid1=100&oid=001&aid=0003294644 (검색일: 2011년 7월 5일).
"北총참모장의 중대통고문 전문" 『아시아경제』(2010년 5월 27일), http://www.asiae.co.kr/news/view.htm?idxno=2010052715041224455 (검색일: 2011년 7월 5일).
"한·미 對잠수함 훈련, 8일부터 앞당겨 실시" 『조선일보』(2010년 6월 2일), http://news.chosun.com/site/data/html_dir/2010/06/02/2010060200188.html (검색일: 2012년 7월 5일).
"中, 韓·美연합훈련에 '맞불'… 東중국해서 실탄사격 훈련" 『조선일보』(2010년 6월 29일), 8; "[韓美 훈련 시작] 美·中, 조선반도 주변서 '군사적 대치'… 패권경쟁 불 붙나" 『조선일보』(2010년 7월 26일), 3.
"한·미 '불굴의 의지' vs 북한 "핵 보복성전"" 『중앙일보』(2010년 7월 26일), 1.
"南北장성급회담 합의서 〈全文〉" 『조선일보』(2004년 6월 4일), http://srchdb1.chosun.com/pdf/i_service/pdf_ReadBody.jsp?Y=2004&M=06&D=05&ID=040605040 (검색일: 2011년 7월 15일).
"북 국방위원회, "남측에 검열단 파견하겠다"" 『민중의 소리』(2010년 5월 20일), http://www.vop.co.kr/2010/05/20/A00000297117.html (검색일: 2011년 7월 21일).
"[일문일답]통일·국방·외교 합동 기자회견 '일문일답'" 『뉴시스』(2010년 5월

24일), http://news.naver.com/main/read.nhn?mode=LSD&mid=sec&sid1=102&oid=003&aid=0003254477 (검색일: 2011년 7월 21일).

"北, 南대북조치에 '남북관계 단절' 대응(종합)" 『연합뉴스』(2010년 5월 25일), http://news.naver.com/main/read.nhn?mode=LSD&mid=sec&sid1=100&oid=001&aid=0003294644 (검색일: 2011년 7월 21일).

『조선중앙통신』, 2010년 5월 27일, http://www.kcna.co.jp/index-k.htm

"정부, 천안함 먼저냐? 6자회담 재개냐? 고민" 『KBS 9시뉴스』(2010년 5월 6일), http://news.kbs.co.kr/tvnews/news9/2010/05/06/2092435.html (검색일: 2011년 7월25일).

"깨어있는 기자와 교수들, 당신들이 '희망' 기자협회 여론조사 "천안함 정보공개 불충분 76.5%"... 교수들"대북제재조치 반대"" 『오마이뉴스』(2010년 5월 27일), http://www.ohmynews.com/NWS_Web/view/at_pg.aspx?CNTN_CD=A0001389892 (검색일: 2011년 7월 28일).

"[브리핑] 샤프 "전작권 연기는 전략적 … 한·미 동맹 강화될 것"" 『중앙일보』(2010년 7월 1일), http://article.joinsmsn.com/news/article/article.asp?total_id=4282179&cloc=olink|article|default (검색일: 2011년 8월 2일).

"[종합]전작권 환수 연기에 與'환영' 野'맹비난'" 『뉴시스』(2010년 6월 27일), http://news.naver.com/main/read.nhn?mode=LSD&mid=sec&sid1=100&oid=003&aid=0003312180 (검색일: 2011년 8월 5일).

"북한 '광명성 3호' 타고 한-미-일 '3각 MD' 급부상." 『프레시안』(2012. 4. 5), http://www.pressian.com/article/article.asp?article_num=30120404141416 (검색일: 2012년 8월 10일).

"러시아, 천안함 침몰원인 '기뢰' 추정" 『한겨레신문』(2010년 7월 27일), 1. http://news.naver.com/main/read.nhn?mode=LSD&mid=sec&sid1=100&oid=028&aid=0002053663 (검색일: 2011년 8월 5일)

※분석 대상이 된 보도기사는 본문의 각주로 대신 함.

찾아보기

다..

라..

마..

바..

사..

아..

자..

차..

카..

타..

파..

하

허재철許在喆

중국런민(人民)대학 국제관계학원 외교학과에서 법학(정치학) 박사학위를 취득했고, 일본 도시샤(同志社)대학 사회학연구과에서 미디어학을 전공하여 미디어학 석사학위를 취득했다. 대학시절 4년 동안 학보사 기자생활을 하면서 사회문제와 남북관계, 통일문제에 관심을 갖기 시작했는데, 중국으로 유학을 가기 전에는 남북관계(통일문제) 전문지인《민족21》에서 기자생활을 하며 방북취재를 다녀오기도 했다. 주요 관심 주제는 '미디어와 국제관계'이며, 특히 동북아 지역을 주요 연구대상으로 하고 있다. 현재는 외교통일위원회 소속 국회의원의 보좌진으로 일하며, 현실감 있는 연구자가 되기 위해 노력하고 있다.

〈논저〉

"동북아 해양귀속권 분쟁 보도와 지역 안보: 한·중·일 미디어의 독도, 이어도, 조어도에 대한 보도를 중심으로", 『社會科學論集』(연세대학교) 제43집 2호, 2012, pp. 89-115.

"중국의 굴기와 미디어 전략", 김병철 편, 『중국의 재발견』, 서울: 차이나하우스, 2012, pp. 129-150.

"한국사회의 이념 갈등과 국제보도의 문제", 『2011년 재중한국유학생 학술포럼』(한연포럼), 2011, pp. 138-159.

"일본 대학신문에 대한 이해", 김성해 책임연구, 『민주공동체와 대학신문』, 서울: 한국언론재단, 2008, pp. 78-94.

(일문)"日韓メディアの'天安艦報道'と東北アジアの地域安保", 『第6回 RICKS 次世代研究者フォーラム』, 立命館大學コリア研究センター, 2011, pp. 59-68.

(일문)"日本メディアの'北朝鮮報道'", 同志社大學 修士學位論文, 2008.

(일문)"旧日本軍慰安婦に關する日本メディアの報道傾向", 『新聞學』 第22号, 同志社大學新聞學研究會, 2007, pp. 127-133.

(중문)"媒体報道對東北亞地區安全的影響: 以中·日·韓媒体相關報道爲中心", 中國人民大學 博士學位論文, 2013.

미디어 보도와 동북아 지역 안보

▯인쇄일 : 2013년 11월 05일
▯발행일 : 2013년 11월 15일

▯저 자 : 허재철
▯펴낸곳 : 경인문화사
▯펴낸이 : 한정희
▯편 집 : 신학태 문영주 김지선 송인선 조연경 강하은
▯영 업 : 최윤석 ▯관리 : 하재일 정혜경
▯주 소 : 서울시 마포구 마포동 324-3
▯전 화 : 02-718-4831~2
▯팩 스 : 02-703-9711
▯홈페이지 : kyungin.mkstudy.com
▯이 메 일 : kyunginp@chol.com
▯등록번호 : 제10-18호(1973.11.8)

ISBN : 978-89-499-0994-3 93300

※ 파본 및 훼손된 책은 교환해 드립니다.
값 20,000원